鸣　　谢

该项研究成果得到中国社会科学院大学－南开大学21世纪马克思主义研究院、中国社会科学院文学与阐释学研究中心、中国社会科学院大学黄埔高等研究院的大力支持，特此鸣谢！

21 世纪马克思主义文库

外国思想理论与学术的中国阐释丛书

德国古典哲学美学宗教观念的批判性阐释

张政文 等 著

中国社会科学出版社

图书在版编目（CIP）数据

德国古典哲学美学宗教观念的批判性阐释/张政文等著. —北京：中国社会科学出版社，2022.12
（21 世纪马克思主义文库）
ISBN 978-7-5227-1422-6

Ⅰ. ①德…　Ⅱ. ①张…　Ⅲ. ①德国古典哲学—研究　Ⅳ. ①B516.3

中国国家版本馆 CIP 数据核字（2023）第 025683 号

出 版 人	赵剑英
责任编辑	张　潜
责任校对	马婷婷
责任印制	王　超

出　　版	中国社会科学出版社
社　　址	北京鼓楼西大街甲 158 号
邮　　编	100720
网　　址	http://www.csspw.cn
发 行 部	010-84083685
门 市 部	010-84029450
经　　销	新华书店及其他书店
印　　刷	北京君升印刷有限公司
装　　订	廊坊市广阳区广增装订厂
版　　次	2022 年 12 月第 1 版
印　　次	2022 年 12 月第 1 次印刷
开　　本	710×1000　1/16
印　　张	19
插　　页	2
字　　数	270 千字
定　　价	99.00 元

凡购买中国社会科学出版社图书，如有质量问题请与本社营销中心联系调换
电话：010-84083683
版权所有　侵权必究

"21世纪马克思主义文库"编委会

主　任　王伟光

副主任　杨庆山　王永昌　张政文
　　　　　王新生　赵剑英　纪亚光

"21世纪马克思主义文库"编辑部

主　编　王伟光

主　任　赵剑英　王新生

副主任　王　茵　张　博　王维国

"21世纪马克思主义文库"总序

习近平总书记指出:"在人类思想史上,就科学性、真理性、影响力、传播面而言,没有一种思想理论能达到马克思主义的高度,也没有一种学说能像马克思主义那样对世界产生了如此巨大的影响。"坚持和发展中国特色社会主义,必须不断在实践和理论上进行探索,用发展着的理论指导发展着的实践,用发展着的实践推进发展着的理论。

21世纪是一个伟大的世纪,中国特色社会主义新时代是一个伟大的时代。伟大的世纪、伟大的时代必然爆发改天换地的伟大的变革实践,这就是21世纪中国特色社会主义的伟大成功,必然推动发展着的马克思主义孕育产生新的理论形态,这就是习近平新时代中国特色社会主义思想。加强对21世纪中国特色社会主义伟大实践的研究阐释,加强对21世纪马克思主义、当代中国马克思主义的研究阐释,在实践与理论的双向互动中,为中国特色社会主义的伟大实践,为21世纪当代中国马克思主义的伟大创新贡献全部心智,是哲学社会科学战线,特别是马克思主义理论战线工作者的初心与使命。身处这样一个伟大的世纪、伟大的时代,肩负中华民族伟大复兴进程中哲学社会科学和马克思主义理论工作者的责任担当,2019年9月,南开大学·中国社会科学院大学21世纪马克思主义研究院(以下简称研究院)正式成立。

研究院植根于两校马克思主义理论教学与研究底蕴,整合两校马克思主义理论、哲学、经济学、法学、文学、社会学等多学科力量,以大力推进21世纪马克思主义、习近平新时代中国特色社会主义思想的学习、研究、宣传为根本任务，旨在建立发展21世纪马克思主义创新体系。

研究院作为马克思主义理论研究的高端平台，着眼于当代中国马克思主义学科体系、学术体系和话语体系构建，专注于马克思主义理论骨干人才培养和马克思主义理论专家型教师队伍建设，致力于马克思主义理论研究服务社会能力的提升，注重于打造在国内外具有广泛影响力的21世纪当代中国马克思主义学术研究重镇、拔尖人才基地和阐释传播平台，为推进21世纪马克思主义、当代中国马克思主义研究阐释，繁荣发展新时代中国特色哲学社会科学做出更大贡献。

研究院成立以来，依托两校哲学社会科学人才资源丰富、学科门类齐全、基础研究优势明显、国际学术交流活跃的优势，以高度的文化自觉和坚定的文化自信，围绕坚持和发展21世纪马克思主义、当代中国马克思主义，聚焦新发展阶段面临的深层次思想理论问题和重大现实问题，开展跨学科、综合性、多方位的科学研究与理论创新，构建理论创新和实践发展良性互动的新格局，努力在学科建设和学术命题、学术思想、学术观点、学术话语上聚焦聚力，注重高原上起高峰，积淀先进发展经验，呈现蓬勃发展态势，聚集一批在马克思主义研究领域具有解决重大问题的综合研究能力、品德高尚、视野宽广、基础研究有突破的顶级学者，生产出一批有思想含量、理论分量和话语质量，对文化积累和学科建设具有重大意义、在国内外产生重大影响的引领性原创成果，为21世纪马克思主义的研究阐释做出开拓性努力。

"21世纪马克思主义文库"（以下简称"文库"）以两校为依托，以大力推进习近平新时代中国特色社会主义思想的学习、研究、宣传为根本宗旨，密切关注和超前研究21世纪马克思主义研究领域的重大理论和现实问题，更加注重学科建设、更加注重问题意识、更加注重话语体系建构。"文库"是研究院精心打造的21世纪马克思主义理论研究和创新发展的学术精品品牌，也是研究院坚持正确的政治方向、学术导向和价值取向，彰显中国特色、中国气派、中国话语的中国特色哲学社会科学的理论成果。"文库"的推出可谓厚积薄发、百川归海，恰逢其时、意义深远。

"文库"将借助与中国社会科学出版社和南开大学出版社的战略合作，加大21世纪马克思主义研究领域高水平创新成果的产出与传播，打通研究成果转化、展示、传播、推广的渠道，切实提升研究院的学术影响力和社会影响力，以高水平学术出版支撑研究院发展，为推进21世纪马克思主义研究阐释贡献智慧与力量，为新时代中国特色哲学社会科学繁荣发展做出应有贡献。

"群才属休明，乘运共跃鳞。"人类社会进入21世纪，中国特色社会主义进入新时代，我国进入全面建设社会主义现代化国家、向第二个百年奋斗目标进军的新征程，必将给21世纪马克思主义研究阐释提供强大动力与广阔空间。科学研究是永无止境的事业，持续推进马克思主义中国化、时代化、大众化，持续发展21世纪马克思主义、当代中国马克思主义任重而道远。

研究院将以"文库"建设为契机，自觉坚持以马克思主义为指导，自觉遵循习近平总书记在哲学社会科学工作座谈会上的重要讲话精神，自觉把习近平新时代中国特色社会主义思想贯穿理论教学研究全过程，自觉把个人学术追求同国家和民族发展紧紧联系在一起，主动担负起时代赋予的使命责任，用马克思主义观察时代、把握时代、引领时代，解读中国实践，构建中国理论，提炼标识性概念，指导中国实践，努力产出经得起实践、人民和历史检验的研究成果，不断增强理论自觉和理论自信，让世界知道"学术中的中国""理论中的中国""哲学社会科学中的中国"，让马克思主义在当代中国和当代世界放射出更加灿烂的真理光芒。

王伟光

2021年10月

外国思想理论与学术的中国阐释丛书

总　序

19世纪中期后,"西学东渐"逐渐成为中国思想文化的涌流。用西方治学理念、研究方法和学术话语重构中国学术体系、改良中国传统学术成为时代之风气,中国学术亦开始了从传统向现代的转换。不过,由于中西社会文化的历史性差异,在转换过程中出现了背景反差、语境异态、问题错位、观念对峙、方法不适、话语离散等严重状况,致使出现了西方思想理论与学术对中国的"强制阐释"和中国学术对西方思想理论与学术的"阐释失真"。因此在纠正西方思想理论与学术对中国"强制阐释"的同时,中国学术也亟需对西方思想理论与学术进行返真的中国阐释。

当代中国学术要成为中国特色的哲学社会科学,就必须在马克思主义指导下,立足中国、借鉴国外,挖掘历史、把握当代,关怀人类、面向未来,在中国特色、中国风格、中国气派的学科、学术、话语中深刻理解和深度阐释西方思想理论与学术,这样才能真正实现外国思想理论与学术在中国的有效转场。为此我们组织出版了这套"外国思想理论与学术的中国阐释丛书"。

"外国思想理论与学术的中国阐释丛书"基于中国视角,运用中国的理论、方法对外国思想理论与学术进行剖析、领悟与阐释,注重对历史的还原。丛书的每一部著作,都着力于重返外国思想理论与学术的历史生活场域、文化语境和思想逻辑的现场中,都尝试以真诚的态度、合理的方法和求真的标准来展示史实的真实性与思想的真理性，高度关注谱系追踪，澄明思想的演进谱系，回归历史的本真和理论的本义，实现宏观与微观的融合，达成文本、文献、文化的统一。同时自觉追求中国化的阐释，拒绝虚无主义和主观主义，以积极的态度来回应和阐释外国思想理论与学术。在对外国思想理论与学术的中国阐释中还特别关注思想史与学术史的回顾、反思、总结，以期达成中西的互鉴与互补。

今时今日，中华民族正站在"两个一百年"奋斗目标的历史交汇点上，以无比豪迈的身姿走在实现伟大复兴的道路上。科学合理的阐释是思想演进的关键方法，也是思想持续拓展、深化、超越的重要路径。如何在中国的文化语境下，博采人类思想之精华，集揽东西方智慧之长，运用中国智慧、借助中国话语、整合中国资源来建构、完善和发展阐释学理论，并付诸实践，是当代中国学人责无旁贷的历史使命，这部丛书的出版就是我们为实现这个宏大梦想而迈出的第一步。

前　言

德国古典哲学美学是西方思想、理论和学术的经典，是马克思主义哲学美学的来源之一，在中国更受到特殊的重视。百年来，德国古典哲学美学是中国哲学、美学构建理论与学术的重要资源。

中国学术界对德国古典哲学美学的研究和阐释是马克思主义理论指导下的西方哲学美学中国化的典范，彰显出中国学术界在中西思想文化碰撞、借鉴下，积极汲取各种优秀思想与学术资源以建构当代中国特色哲学社会科学学科体系、学术体系、话语体系的努力。

德国古典哲学美学从诞生到终结，一直处在德国新教的现场中，新教是德国古典哲学美学家们自幼至成熟时的生活内容、感知方式、思想灵魂的基本存在方式。德国新教文化观念渗透在德国古典哲学美学之中，隐性地、变形地对德国古典哲学美学进行着深刻地复制，是德国古典哲学美学特殊而又重要的基因载体和遗传信息编码，新教的怀疑精神与批判理性是德国古典哲学美学自由观的底色。

在德国古典哲学美学终结之后，马克思、恩格斯对德国古典哲学美学宗教观展开了深刻批判。马克思对德国古典哲学美学宗教观的批判与对当代资本主义的考察与揭露密不可分，马克思在对当代资本主义经济、政治、法律、社会生活的批判中对德国古典哲学美学宗教观进行了深刻地批判。马克思的宗教批判有两大独特的基本点，第一，作为文化的宗教，是一种普遍的社会意识形态。宗教本源于社会客观生活。对社会客观生活的主观反映和意识社会化是宗教的社会意识形态性本质；第二，马克思的宗教批判既不同于西方传统思想史上特定的宗教思想批判和宗教观念改造，也异于任何一种西方宗教和教会的改良与调整，而是最终指向现实的社会革命和宏观的历史改造。德国古典哲学美学虽对宗教有所批判却未从根本放弃宗教，而马克思要做的是对宗教的彻底埋葬。

随着费尔巴哈哲学，特别是马克思主义哲学的深刻影响，19世纪中期，德国古典哲学美学失去了哲学的时代领军、思想主流和教科书作用的统治地位，作为体系化哲学理论的德国古典哲学美学终结了，西方的哲学美学思想朝着多元发散、各领风骚的方向发展。至20世纪，德国古典哲学美学经历了有史以来空前严肃的思想批判和理论方法扬弃，在浩荡的精神意识洗礼中，德国古典哲学美学宗教观被转型了。20世纪对德国古典哲学美学宗教观的转型主要表现在几个主要方向上：一是语言学转向。20世纪语言学转向对德国古典哲学美学宗教观的转型集中体现在对德国古典哲学美学彼岸性的取消上，语言学转向直接导致德国古典哲学美学宗教观的根基发生大崩解。二是阐释学转向。20世纪西方阐释学的问世和哲学美学向阐释学的转向，阻断了德国古典哲学美学解释世界的基本路径，消解了德国古典哲学美学宗教观的普遍性。三是非理性主义转向。20世纪西方非理性主义转向，摧毁了德国古典哲学美学的精神实质，否定了德国古典哲学美学宗教观的理性基点和原则。四是形式主义转向。20世纪西方美学的形式主义转向剥除了德国古典哲学美学的历史性原则和意识形态性价值导向，颠覆了德国古典哲学美学宗教观的乌托邦未来。五是后现代转向。20世纪西方思想文化的后现代转向拆解了德国古典哲学美学的启蒙传统和使命，使德国古典哲学美学宗教观失去了现代性的中心、本质和依据。就20世纪西方哲学美学对德国古典哲学美学的根本态度而言，它们都极力反对德国古典哲学美学宗教观的精神普世化、思想普遍化、理论意识形态化、目标救世化、理想乌托邦化。

本书立足中国、借鉴国外，挖掘历史、把握当代，关怀人类、面向未来，秉持马克思主义宗教批判精神，从不同角度对德国古典哲学美学宗教观进行深入研究。在研究中，本书采取了还原性阐释、批判性阐释和对话性阐释有机结合的方法，通过融合宏观理论思辨与微观史料梳理，致力于还原德国古典哲学美学宗教观念的独特历史场景和文化生态，厘清康德、黑格尔等人思想中的新教基因染色体。在此基础上，从马克思主义立场出发，呈现马克思、恩格斯等人对德国古典哲学美学宗教观的批判性阐释，进而在20世纪思想语境中，多维度展示西方德国古典哲学美学宗教观对话性阐释。对德国古典哲学美学宗教观的批判性考察，凸显了德国古典哲学美学的独特文化性格，帮助我们走进德国审美现代性的话语深处，为破解深藏其中的未解之谜提供了路径，为其后更为深入的研究提供了有效的理论坐标，有助于推动马克思主义理论中国化的当代发展和中国特色哲学社会科学的学术体系构建。

目 录

上篇　德国古典哲学美学宗教观还原性阐释

第一章　德国古典哲学美学与新教 …………………………… 3
第二章　新教世界观与德国古典美学的基本架构 …………… 38
第三章　从马丁·路德到黑格尔的精神史 …………………… 73
第四章　康德哲学与德英宗教传统 …………………………… 84
第五章　英国自然神论对康德哲学美学的理论启迪 ………… 117

中篇　马克思主义对德国古典哲学美学宗教观批判性阐释

第一章　马克思对德国古典哲学美学宗教观的批判 ………… 133
第二章　马克思的犹太教批判及其精神前史 ………………… 148
第三章　恩格斯的宗教批判 …………………………………… 167
第四章　恩斯特·布洛赫的马克思主义宗教批判 …………… 188

下篇　20世纪西方德国古典哲学美学宗教观对话性阐释

第一章　当代西方哲学对德国古典哲学美学宗教观的转型……215
第二章　当代西方思潮对宗教超越维度的解构与重建……247
第三章　西方现代哲学与宗教分离的基本模式……266

后　记……286

上 篇

德国古典哲学美学宗教观
还原性阐释

第一章　德国古典哲学美学与新教[①]

第一节

如果我们采用谱系的方法来考察德国古典哲学美学与新教的关系，就会发现新教在某种意义可以被理解为德国古典哲学美学的基因染色体。

谱系是指关于家族世系、血统关系和重要人物的生平事迹，包括记述宗族世系或同类事物历代系统的书、家谱的系统、物种变化的系统、相同又相异的抗原特异性的过程与过程形态等。如果将谱系思想化、工具化，那么谱系就可以成为一种认识社会、阐释文化、领悟思想的历史方法。与一般的历史方法不同，谱系方法是在非历史主流的地方发现历史的真相。谱系方法更关注和重视社会、文化、思想的边缘问题对历史过程的潜在性的、特殊性的、渗透性的复杂作用和结果，重视事件与文本中的特殊性、偶然性而非本质性、共同性。

基督教的诞生与发展具有显性而确定的谱系关系与结构。《圣经》没有记载耶稣诞生在哪年。公元525年，教皇若望一世（Pope John I）

[①] 本章的部分内容可参见张政文《康德哲学：一种社会批判理论》，《求是学刊》1992年第6期，第22—27页；张政文《关于上帝之在的对话：论康德"批判哲学"的神学观》，《求是学刊》1996年第4期，第20—26页；张政文《恶·罪·善：康德的人性与宗教关系理论解析》，《天津社会科学》2004年第3期，第31—36页。

请神学家狄奥尼修斯（Dionysius Exiguus）为教会制定了不同于罗马历的新标准历法。新标准历法以耶稣降生那年为纪元。狄奥尼修斯推算耶稣降生在罗马历754年，并将此年称为公历元年。基督教创始人耶稣出生在犹太的伯利恒。耶稣用"尽心尽意尽力爱上帝"和"爱人如己"两个信仰改造了犹太教的教义与律法，创立了基督教。可以说犹太教是基督教的谱系源点。《圣经》的福音书记载，耶稣基督三十岁传道，三十三岁半被钉在十字架上殉道，据此推算，耶稣死于公元34年4月1日。死后第三天复活。公元325年，罗马皇帝君士坦丁召集各地基督教领袖们集聚于小亚细亚半岛西北部的尼西亚城，召开了一次世界性的基督教大会，为基督教制定了统一的信仰、教义、律法和释经标准，从此基督教成为罗马的真正国教，也成为世界性宗教。公元445年，西罗马帝国皇帝瓦伦丁尼三世发布诏令，授予罗马主教为基督教会立法的权力，命令其他教区的主教必须服从罗马主教，由此天主教派诞生，天主教会正式成立。目前，天主教主要集聚在世界的法语区、拉丁语区。公元451年，东罗马帝国皇帝在查尔西顿召开宗教会议，规定君士坦丁堡主教与罗马主教在教务上具有同等的权力，由此东正教派诞生，东正教会成立。目前，东正教主要集聚在世界的希腊语区、东斯拉夫语区。1517年，马丁·路德在德国发起了宗教改革，形成了与天主教、东正教并列的基督新教，是基督教第三大教派。目前，新教主要集聚在世界的德语区、英语区。以上可见基督教发展的基本造系过程和谱系结构。

那么，何谓"染色体"？染色体是分子生物学概念，指的是细胞在分裂时DNA存在的特定形式。德国古典哲学美学新教染色体是指德国新教文化观念渗透在德国古典哲学美学之中，隐性地、变形地对德国古典哲学美学进行着深刻地复制，它是德国古典哲学美学特殊而又重要的基因载体和遗传信息编码。

新教的诞生是基督教的一次突变，造成突变的根本原因有其必然性，但突变的直接原因却具有偶然性。其偶然性有以下几个谱系节点。

1505年7月2日，马丁·路德从曼斯费尔德去爱尔福特的途中，在施托特恩海姆村附近突遭雷袭，恐怖之中他向圣安娜发愿当一名修道士，终身信仰上帝。从此马丁·路德坚信只有内心虔诚信仰上帝，才能得到上帝的拯救，这使"因信称义"观念成为基督教最重要的观念，"因信称义"观念的重要性使其成为新教区别于天主教、东正教的核心标志性观念，是新教的灵魂。

公元1452年，天主教教皇尼古拉五世下令在梵蒂冈建造教皇主教堂，称为彼得大教堂。彼得大教堂由米开朗基罗等人设计、建造，1626年完成。建造彼得大教堂花费巨大。1517年，因工程经费严重不足，教皇派人到德意志地区兜售赎罪券，募集工程资金，遭到德意志各界的强烈抵制。1517年10月31日，马丁·路德在维登堡大教堂张贴了《九十五条论纲》，反对兜售赎罪券，反对天主教会，掀起了宗教改革运动，最终创立了新教。

德国社会，特别是德国思想界、教育界、文化界能够迅速接受并捍卫新教也有特殊的情境和缘由。范迪尔门在《欧洲近代生活》一书中给出了相应的解释。其一，大多数受过良好教育且口才极好的教士支持新教；其二，德国教士用德意志地方言布道，使民众亲近并广泛地相信新教；其三，中世纪以来德国教育事业欧洲领先，识字书读的人众多；其四，1440年德国发明了铅字印刷机，新教的德文版《圣经》在德国广为发行，被各阶层民众阅读、接受；其五，德国诸侯势力强大，在德国诸侯的保护下，教区自治，市民安全有保障，新教徒没有遭受天主教曾遭受过的大规模政治迫害和军事镇压。[①]

德国古典哲学美学从诞生到终结一直处在新教的现场中。1616—1648年德国爆发30年战争，战争的实质就是天主教与新教在德国争夺政治统治权、文化领导权和思想话语权，新教赢得了30年战争的最后

---

① [德]里夏德·范迪尔门：《欧洲近代生活》，王亚平译，东方出版社2005年版，第15—16页。

胜利。德国古典哲学美学始于1724年4月22日的康德诞生日，终于1831年11月14日黑格尔的逝世日。德国古典哲学美学生存于这百年的新教世界状态中，历经了新教在德国夺取政治统治权、文化领导权和思想话语权后这百年的全部重大历史时刻，应该说是胜利了的德国新教给予了德国古典美学以血脉。德国古典哲学美学尤其经历了反对法国拿破仑入侵的七年战争，在接受了法国民主、自由思想洗礼的同时，也打造了由德国新教精神铸成的平等、解放的文化自信。

德国古典哲学美学家们都出身于新教家庭，他们本人都是新教教徒。康德出生于德国东普鲁士首府哥尼斯堡的一个新教敬虔派家庭。父亲约翰、母亲安娜都是虔诚的新教徒。康德表示是母亲让他懂得了爱上帝、爱自然。康德9岁就学于腓特烈公办学校，在校期间受到极严格的新教学习与训练。16岁入哥尼斯堡大学，专攻新教神学与哲学形而上学。康德的导师舒尔茨教授是著名的新教学者，康德说舒尔茨教授对他产生终身影响。费希特出生于德国普鲁士萨克森州的一个新教家庭，出生后即正式受新教洗礼。童年在博尔塔贵族学校学习，受到正规而系统的新教教育。之后在耶拿大学短暂预科后，考入莱比锡大学专攻新教神学。谢林出生于德国符腾堡的一个新教家庭，自幼赴图宾根贝本豪森修道院学校学习，他父亲就是该校的牧师、教授，15岁进入图宾根大学专攻教父神学和古希腊哲学。黑格尔出生在斯图加特的一个公务员家庭，父母都是刻板的新教徒。黑格尔10岁进入图宾根文科中学就读，受到系统的新教教育，18岁进入图宾根大学新教神学院攻读神学，获神学博士学位。

由此可见，新教是德国古典哲学美学家们自幼至成熟时的生活内容、感知方式和思想灵魂的基因、底色。无论他们对新教的态度、理解和情感有什么不同，他们在建造德国古典哲学美学时，在有意无意间会流露出新教意蕴，新教成为德国古典哲学美学的染色体是偶然中的必然。

自罗马帝国后期至18世纪现代化进程全面展开的一千多年中，宗教决定着欧洲社会的基本状况。直至今天，宗教对欧洲的生活秩序和文化生活还有着巨大而深刻的影响。在欧洲长久的历史中，一方面基督教通过其合法而有效的社会组织系统，为人们提供物质和经济的保障；另一方面基督教决定了个人或群体是否可以合理、合法地生活在社会中，是否可以受到各种法律、政治、道德、习俗的保护，是否有权享用各种公共资源。因而，在欧洲，基督教不是简单的个人信仰、个体生活行为。基督教意识、基督教行为是任何人都无法回避、无法抗拒的公共事务。基督教是社会意识形态，是社会组织，是社会生活。新教不仅是一种新的基督教意识、教义，在本质上，新教是一种新的意识形态、新的社会组织、新的社会生活。

新教不同于天主教的基本教义。第一，新教主张以教皇为首的天主教教士不是上帝与人的中介。第二，《圣经》是唯一的信仰资源和信仰起点。第三，天主教教会无权垄断对《圣经》的解释，人人都有解释《圣经》的权力。第四，上帝是不可知的，人不可能认识上帝。第五，人与上帝的相遇唯有信仰。现世的善行或捐买都无法实现救赎，信仰是人获救的唯一路径和方法。

首先，新教成为德国古典哲学美学的精神基因，新教的"因信称义"经过德国古典美学的哲学化与世俗化，复制到西方审美现代性中，就呈现为关于人的解放、关于普遍人性、关于人的历史、关于美的普遍有效性等审美现代性的标志性命题。

其次，德国古典美学的主体性理论是新教福音观念的世俗复制。在新教福音学说中，上帝创造了人，人（亚当、夏娃）犯下原罪，被逐出天堂。上帝降耶稣，以耶稣之死为人类赎罪。耶稣死后三天复活，传播所谓人类救赎与自由的福音，这就是福音学说中的弥赛亚，死而复活的神迹传达着人类可以赎罪获救的福音。上帝在德国古典哲学美学中转换为绝对理念，救赎转换为绝对理念正反合的辩证运动。人的获救转换为实现了的感性与理性绝对统一的自由与解放。新教福音学说复制为审美现代性的哲学命题。

再次，新教怀疑精神与理性批判是德国古典哲学美学自由观的底色。在新教福音学说中，个体直接面对上帝，也就受到上帝的关怀，从而在上帝面前人人平等、人人自由。个体生存具有了终极价值。这种平等自由的神学观念复制在德国古典哲学美学中，现实生活中的个人也就平等与自由了。这种平等与自由是先验的、不证自明的，德国古典哲学美学中主体的生存和生活也就具有了普遍性权利和形而上的价值。

最后，在新教福音学说中，上帝面前人人平等、人人自由，就使人人皆负有对上帝的义务，复制在德国古典哲学美学中，便转换为每个人对他人都负有责任，从而构成了权利与义务对等的公平正义的社会。在公平正义的社会中，每个人也因此而拥有了自己的历史性和历史责任。

天主教的道德根基是好坏善恶，与生活的现世目的和利益直接相关。新教认为真正的道德是普遍的，与具体的好坏无关。德国古典哲学美学承认了新教的道德观，并将新教的道德观转换为信仰理性的实践命题。信仰不是屈从或盲从，信仰是理性的认同和理性的共识，信仰是最终与最高的诉求和践行，但信仰不是生活唯一的目标和内容。信仰的领地在自我精神世界中，不在世俗公共生活内。不能用信仰管控生活，而只能用信仰引导生活。

天主教认为通过世俗教会的努力，人可获救。新教则相信无论怎样，人无法自我获救，唯有上帝方能使人获救，所以只能信仰上帝。新教的"因信称义"就是在信仰中等待他救。新教的"因信称义"复制并转化为德国古典哲学美学关于"人的历史"的命题，自律不是人定胜天而是人因信仰获得自由的解放路径。

于是，康德设立了物自体的观念。他认为人的感官既不是客观的也不是主观的，而是主体的。作为一种主体的能力，它便无法证伪。当我们与世界不关联时，我们不谈是与否的问题，不在场则不讨论。康德还设立了另外两个观念，一个是无限的观念，一个是上帝的观念。而物自体的观念、无限的观念、上帝的观念这三个基本观念可以互通，因为都不可认识、都不可思考，信则在，不信则不在。但是你若不信，则对于经验世界的很多东西，你将无法经验得到，无法做出判断，因此，你只能信。所以康德把所有问题都设立在主体性上。到了费希特，他发现自我还是统一不了，借用马克思的话语来说，无法对象化，所以费希特进一步从自我出发，设定非我，再回到自我。费希特是第一位真正地开始思考人的对象化的哲学家，黑格尔的对象化理论直接受到费希特的影响。谢林对费希特的观点仍然不满意。谢林特别强调直观，他最终要解决的问题是精神与自然如何和解的问题。所以他讨论绝对的同一，精神就是敞开的自然，自然就是沉默的精神，只有基于主体，才能够实现这种绝对的同一。黑格尔对他们的观点都不满意。黑格尔首先关心的就是逻辑与历史的统一，主观世界、客观世界、精神世界、物质世界最终究竟怎么才能统一。对黑格尔来说，真正的主体就是绝对精神。绝对精神作为"一"，是在"多"中，而不是在"多"之外，如果在"多"之外，那就是柏拉图的思路了。

今天，人类历史复杂多维，社会生活丰富多彩，我们要在多视野中、多方法中认识世界，把握人生，恩格斯就曾说："历史是这样创造的：最终的结果总是从许多单个的意志的相互冲突中产生出来的，而其中每一个意志，又是由于许多特殊的生活条件，才成为它所成为的那样。"① 所以，我们今天用谱系方法去解析德国古典哲学美学的新教基因，目的是让人们更深刻地理解真实的历史，让真实历史如明灯般照亮人类的未来。

第二节

康德所面临的真正挑战并不是哲学，而是整个由物质霸权、精神

---

① ［德］恩格斯：《致约·布洛赫》，载《马克思恩格斯全集》第 37 卷，人民出版社 1971 年版，第 461—462 页。

破坏、技术胜利、认识悖反所构成的现代工业社会。这个社会的主要目的就是与传统文化压抑共谋、相勾结以消解人的自由。康德哲学美学试图追回失去的人格，恢复人的价值，争取人的自由。所以，康德哲学美学是哲学，也是公众意识，是学术，也是对宗教的深刻社会批判。

康德时代，随着人文主义、自由、平等、博爱的自我意识和机器化的技术生产方式的到来，社会组织方式与个人生存已不再需要具有原初异化特征的宗教来显现了。宗教曾有的合理性转变为对个体的心理解放与社会的文化自由的软性内在压抑，特别是宗教的软压抑与近代资本主义物质技术的硬宰制的共谋、合作，使得社会进步的加速似乎与人的不自由的加剧联系了起来。康德悲哀地发现，人对人的最有效征服和摧残恰恰发生在人类文明跨时代飞跃的时期，恰恰发生在人类的物质和精神成就仿佛可以使人建立一个自由世界的时代。这一切使康德相信：人在现代所处的状况使个体心理研究与社会批判的传统距离不再有效。原先自主、独立的个体精神已被以宗教为支柱的国家霸权文化同化和侵蚀了，心理的问题成为文化的问题，个体的精神失调直接反映了整个社会的强迫症状。对个体精神失调的医治直接依赖于对社会强迫症状的医治，而实现对社会强迫症状的总体性医治，首先必须放逐上帝。

欧洲对宗教的全面冲击始于启蒙运动。狄德罗在启蒙运动中最早喊出无神论的口号，伏尔泰用他那充满智慧的笑声撕碎了教会的荣誉、宫廷的尊严，卢梭甚至将文明视为宗教的产物而怒责文明是道德的沦丧，理性是感性的压抑，进步是人与自然的背离，历史的正线上升必然伴随着负线的倒退、堕落。然而，法国启蒙主义大师们对宗教的态度与其说是批判上帝，不如说是反叛教会和封建国王。他们对宗教的愤怒更多地源于第三等级对第一等级的不满，他们对宗教的理解并未超越法国市民的视界。因而当法国大革命爆发之后，大师们的观点给法国带来了巨大的灾难。

康德对宗教的拒绝并非源于简单的功利不满或偏狭的阶层立场，而是出于对人类尊严的捍卫，对历史的使命意识以及对自己能够战胜一切邪恶并将获得真理的自信。"我相信，有时人对自己的能力怀着高尚的信任并非无用。这种信心使我们的一切努力生气勃勃，推动我们对真理的探索迅速前进。"① 康德对宗教的批判首先是在经验的认识领域中放逐上帝，摧毁宗教赖以依存的终极依据。在《纯粹理性批判》一书中，康德指出，对存在的真理的认识来自经验，任何存在不经人类主体经验的建构都是不可知的、虚无的，将不可知或虚无作为实存的真理加以阐释，这不是愚昧就是欺骗。

上帝在、上帝与我同在的信仰和上帝怎样在、上帝怎样与我同在的疑问可能都源自康德的童年经验。康德的母亲 Q.R.鲁特是位虔诚的基督徒。她曾教诲康德信奉上帝，培育他一心向善，引导他幼小的心灵热爱生活，启迪他自觉地聆听来自灵魂的声音。所有这些都影响着康德，以致他临终之际还萦怀不已。但八年的腓特烈公学的求学经历又让康德深受心灵煎熬。腓特烈公学的宗教仪式以及对上帝之在的教条主义、神秘主义和经验化的灌输使康德倍受精神压迫。世俗宗教对个人情感与意志自由的伤害，对现世的否决与对末世的狂想，加之教会的虚伪、欺诈，又使康德对世俗宗教观念深深的失望和逆反。

康德认为"如果上帝是一切事物存在的本源，那它一定为绝对的必然"②。"绝对的必然"不可能被经验所理解，也无法由知性所认知，对于根本不生成于现实经验中的东西，经验与知性又怎么能够把握它呢？可以断言，现象的此岸所言及的上帝绝非现象自身，上帝应是经验世界的非在。但是自古以来，人们并不将上帝之在阐释为我们对上帝的理解，也不视为我们言说自身的生存处境。亚伯拉罕、以撒、雅各的上帝

---

① 转引自齐良骥《〈纯粹理性批判〉论人的两种特性》，《哲学研究》1982 年第 1 期，第 18 页。
② Immanuel Kant, *Critique of Pure Reason*, trans. F. Max Müller, London: Macmillan, 1907, p.361.

都是可以经验认知的实体存在。教会则声称，上帝不仅决定着我们的灵魂，而且主宰着我们的肉体。上帝无所不能，上帝是人类正义、良知、幸福、快乐的前提，也是人类罪恶的审判者，而教会作为上帝在人间的寓所，是所有这一切的代言人和传令使者。为此，教会、神学家们一直试图以各种经验的、知性的方式来论证上帝的实存。康德将他们的种种论证归为本体论证明、宇宙论证明和自然神论证明三种类别，指出无论哪一类别的证明皆为无法自洽的理论悖谬。

在人类历史上，主体经验从没有证实上帝的存在，在公众意识中，上帝是由非经验的启示来证明的。这种非经验的启示分为三类，即"宇宙论的""本体论的""自然神论的"。

康德认为教会关于上帝"宇宙论的"证明企图在认识论领域获得一个绝对自足的概念，以证明上帝的存在。它的出发点基于将某些偶然随机的经验确立为普泛的存在经验，同时，把这独断化了的"存在经验"建构成不受任何限制的绝对自足的概念，这概念既可认知又绝对自足，这就是关于上帝存在的概念。然而，任何概念总有所指，宇宙论无疑说在一切可能的存在之中，有一存在具有绝对的无定性的必然特质，而这只能是实在却又完全不同于其他实在的上帝，所以上帝必在。对宇宙论的证明，康德指出，经验世界的一切存在皆为实存，因而能够被人感知和认识，作为人对世界认识成果的概念也就必然具有规定性，有特定的内涵和外延。如果说存在着绝对无规定性的实存，那么这实存必不在经验世界之中，我们的经验亦不可能感知和认识它。所以，关于上帝的概念既虚假又无意义，无异于"一人自语道：我从永恒中来，到永恒中去。在我之外除由我的意志使之存在，绝无其他事物存在"①。康德确信教会的神学家们想通过认识论的方式来设立绝对概念以证明上帝之在，如同诡辩。对于这种诡辩，稍具有认识论知识的人，一眼便能看出

---

① Immanuel Kant, *Critique of Pure Reason*, trans. F. Max Müller, London：Macmillan, 1907, p. 152.

其中的破绽。在日常经验中，因果关系只有通过主体经验直观和思维知性的建构才具有必然的真实性，一个偶然的事物生成一系列必然因果链才是现实的。一旦将日常经验的这一规律涉入超验界，将会出现不可避免的悖误。

　　康德认为教会采用"抽去一切经验，完全用先天的纯粹概念论证最高原因的存在"① 的"本体论的"方式证明上帝的存在，同样也是荒谬的。因为在基督教教义中，上帝的存在是判断的宾辞，存在并未给予作为判断主辞的上帝以新的规定性，而仅是设定主辞上帝自身存在于一切宾辞之中（存在、有 Sein 即一切），判断对象与判断结果绝对同一，主辞与宾辞之间就只能构成同义反复的虚无关系，所以上帝是否存在根本不可知。首先，在逻辑内容方面，关于上帝的本体论推论矛盾深刻。我们知道，在任何一个同一律命题中，如果摈除判断的宾辞而只保留主辞，判断一定发生逻辑悖反，所以宾辞必属于主辞。而在神学本体论推论中，上帝是世界的最后因，世界则是上帝的逻辑展开，是上帝的必然结果。世界作为判断的宾辞，属于判断主辞上帝。然而，绝对、完满的上帝并未演化出一个真善美的具体世界。相反，作为判断的宾辞的世界却充满着罪恶、虚伪、丑陋，具有反上帝的性质。这一切就像假设一个三角形却又摈除其三个角一样荒谬。当然，消除这种逻辑内容的矛盾也不是不可能，只要在判断中将主辞和宾辞全部摈除，就像将三角形和三角形的三个角全部摈除那样，矛盾即可解决。不过，如果对上帝的本体论推论照此办理，上帝也就不存在了。其次，在逻辑价值方面，神学本体论推论上帝存在仍旧荒谬。如果说有世界终极之因，世界当是上帝之果，在逻辑价值方面上帝就是全能的，但神学本体论在推论上帝为世界之因时，已将上帝包含在世界之中。于是乎，在主辞上帝与宾辞全能之间并未增添任何价值内容，这样，"即使我在思考一个存在者为最高的

---

① Immanuel Kant, *Critique of Pure Reason*, trans. F. Max Müller, London: Macmillan, 1907, p.376.

实存而毫无缺陷时，这个存在者是否在现实中存在依然成为问题。因为我们不可能在感知中获得关于它的真实内容"①，如此被推论出来的上帝对我们毫无现实的价值意义。一言以蔽之，教会神学本体论以感知或感性世界为基点推论上帝的存在是无谓的。人们绝对不可能感知到世界的整体，认识世界的一切，人们又怎么能够将世界的所有连成一个线性因果链，找出其间的一切因果关系，并以此指证上帝的存在是这一因果链的第一原因呢？

康德认为自然神论证明上帝之在的方法是将某些具体的主观经验或由具体经验所认知的感性世界的特殊性质作为逻辑起点，依据因果律，在三段论的推理形式中，为每个实存找出背后的决定因，直至推演出一个世界之外而又决定着这个世界的最高原因——上帝。康德承认自然的完美和人类社会的合目的性的确容易使人们产生有一至高的原因决定着这一切的意识。如果说上帝之在的神学本体论证明和宇宙论证明还只是神学家苦思冥想的话，那么这种源于对大自然与人类社会的热爱、敬仰而产生的探索最终原因的冲动，则是绝大多数人在日常生活中确认上帝之在的最普遍的方式。尽管这一切可以理解，但它毕竟是错误的。就现实经验而言，没有人能够在日常经验中把握世界的总体以及诸如世界总体与全能的关系、世界总体与最高智慧的关系。自然和社会中如此多的和谐与合目的现象也不过是某种自然或历史之偶然，无法实证其必然性。将偶然现象视为上帝之在的基础和证明上帝存在的根据，本身就使上帝失去了绝对性、必然性。因而，康德说："自然神论的证明，虽能引发我们对世界创造的伟大、智慧、全能的赞美，却无法使我们有任何的进步。"② 在人类文化心理方面，如果视上帝为世界之最初因、一切的创造者，那么上帝是人神同形的，因为包括我们在内的一切存在皆

---

① Immanuel Kant, *Critique of Pure Reason*, trans. F. Max Müller, London: Macmillan, 1907, p. 359.
② Immanuel Kant, *Critique of Pure Reason*, trans. F. Max Müller, London: Macmillan, 1907, p. 386.

不过是它的展开。《圣经》就告诉我们，上帝按自己的形象创造了我们，并给予了我们其最重要的性质——灵魂。果真如此的话，上帝定高高在上，像一个专制的父亲，赋予我们生命和其他的一切，我们因此永远对其有所赊欠，上帝也就有权用严峻森冷的眼睛监视着我们，威逼我们向其赎还，而教会则是现世的催账人。这正是基督教原罪说的实质。在这种生存境遇中，人类对上帝的信仰、赞美不过是一种恐惧和畏避罢了，这种境况也是对具有自由意志的人的最大迫害。所以，康德说我们应该满怀信心地向一切自命不凡的自然神学家挑战。莱布尼茨、斯宾诺莎和许多诗人、艺术家以大自然美丽、有序、和谐为由，坚信上帝是存在的"自然神学的"证明，其谬误则在于"把现存世界所有的经验作为一种证明基础。但这种经验基础却不能使我们产生最高的存在者一定存在的信念"①。上帝是纯粹超验观念，即使用全部的经验也无法确证它，没有任何经验可以指证自然的美丽、有序、和谐是上帝存在的依据。

总之，康德无情地指出，无论以何种方式论证，也"决不会达到任何神学"②，一切希冀在现实世界中为上帝的存在找到此岸界域的根据并想以此实现某种异化统治的努力，都是徒劳的。

由此可见，康德在此岸世界放逐上帝，对整个人类精神文化和社会文明的进步产生了深刻的影响。如果说此前对宗教的拒绝大多还只是某种学术思想或某种不满于教会堕落的愤怒的话，康德对宗教的指控和对上帝存在的消解则是彻底清绝了几千年来根植于世人心中最大禁忌的理性宣言。在康德之前，许多宗教的叛逆者在背叛宗教时，内心深处还经受着原罪的煎熬，在潜意识中还不能容忍对上帝的处决，伏尔泰、狄德罗对卢梭的抱怨、挖苦就说明了这一点。只有康德以其

---

① Immanuel Kant, *Critique of Pure Reason*, trans. F. Max Müller, London: Macmillan, 1907, p. 364.
② Immanuel Kant, *Critique of Pure Reason*, trans. F. Max Müller, London: Macmillan, 1907, p. 381.

深刻的二元世界观念，无情地将上帝逐回彼岸世界，使世人在理智上彻悟上帝并非真实的存在而只是信仰的观念，打消了淤积于民众心理一千多年的赎罪意识，使人们的生存不再受到一双高高在上、严峻森冷的眼睛的监视，使人们的个性发展不再受到一条残忍凶恶的锁链的捆绑，使人们在选择自己的幸福生活时不再有一种自虐式的折磨。从此之后，社会的异化统治再也不能用宗教这一灵符来遮蔽它那物化的罪恶，再也不能用上帝来压抑人们对非人统治的反抗。这为马克思批判资本主义社会制度的反动性、弗洛伊德控诉社会文化的压迫性、马尔库塞揭露现代技术文明的异化性奠定了基础。康德对上帝的放逐是人类社会批判的里程碑。

但是放逐上帝仅仅是对文化压抑的恶的否定，这种否定如果不能扬弃为对人的自由的肯定，仍然要给人类带来不幸。18世纪法国的思想启蒙与暴力革命将宗教、国王送上了断头台，但失落与盲动的困扰并没有从此息止。一方面，表面上的"自由"泛滥为可怕的危机和动荡。平等意识越来越紧密地依附于阶级关系，为掌握了政权的意识形态服务，成为一种专政的手段而不是人民自由幸福的目的。另一方面，失去价值参照的个体找不到衡量个体存在意义的尺度，只能把金钱、技术、物质享乐作为显现自我与确证自我的唯一方式，这极大地刺激了资本主义社会的物化进程，资本成为一切人的存在与发展的标准。法国启蒙运动和大革命在处死上帝的同时，又受到了失去上帝的煎熬。康德要对启蒙理论进行重建。重建不是恢复或复兴，因为恢复无非是回到一度被曲解的出发点，复兴无非是重新继续曾一度中断的传统。重建是分解与组构一种意识并使之以一种崭新的方式出现，以便更好地达到这种意识给自己规定的目标。这个目标就是人不仅要批判自己，同时还要维护自己。人的存在不应成为自我疏远化的本质，不应成为上帝的奴隶，也不应是由人所创造的物化产品与利益的仆人，更不应成为自身自然本性的俘虏。人之所以成为真正的人，关键在于对主体道德自由的追求。

历史似乎已经证明了这一点，无论是宗教、天命还是科学技术、文化知识都无法实现人类至善。受压抑、变态了的人类生活内容既不能借助上帝获得康复，也不能通过科学或自然本性而得到解放。然而意识到这一点，并不只意味着对现实生活的单纯反抗、拒绝，像法国启蒙者和大革命的领袖们那样，而是超越现实世界的存在原则，建构一种全新的、富有人性的、更为合理的生存世界。

经过长期地沉思和深刻地体悟，康德发现人的生存世界是二元的。一方面，人要在经验的现象世界中感性地生存，这种人的生存包括人的生理活动、认识活动和其他必须用其感性能力或经验去实现、满足的一切活动。人在经验的现象世界中感性地生存被严格地限定在时间中，受人所活动或满足的对象限制，因而人在经验的现象世界中感性地生存服从着不可抗拒的因果律规定；但是，人又在超验的本体界中理性地生存着。人身处感性物化世界中可以骄傲地、自尊地意识到自己不是物而是超越物的人。人可以其意志品格战胜自然规律和生物本能，逃脱因果律的控制、时间的局限，自由地选择自己，自主地决定自己，自觉地操作自己。正是这种性质，人成为世界的意义施发者、价值赋予者，人使整个自然和社会具有了属于人的生命性，使世界有了历史。所以在宇宙中，人是唯一的本体、唯一的自由。康德认为，现实的人本源地处于这种二元分立的状态中，但是最终能够从这二元分裂中拯救自己，自由最终能取代必然，理性最终能扬弃本能，受物质奴役的人们最终能够在自觉自主的选择与行为中超越有限。他坚信，人类有知识并不足以自豪，人的自豪来自道德。人之所以具有人格、尊严、自由都在乎道德。只要道德仍然是属人的，仍然保持着对人类自由、幸福与和平的坚定期望，即便这种期望只是一种幻觉，它也比致力消除这种幻觉的科学技术、人类本能、物质功利具有更多的真理价值性。

康德心目中的道德与法国启蒙主义所倡导的道德大相径庭。法国启蒙者的道德把追求快乐的幸福主义当作人生唯一的合理要求。康德认为，所谓的幸福道德是任意的，一个人，如果"他的幸福概念也随他的需要而定"①，那么，这种幸福不仅使他永远沉沦于本能的渊薮中，还会因他本能的自私与功利而给别人造成痛苦，其本身不但不具普遍有效性，而且完全不是道德的至善本身。道德之所以体现了人的自由、自觉，正在于自主、自愿地牺牲这种感性的幸福，放弃个体私己的利益、爱憎，不屈服本能欲望的追求。真正的道德生于每个人心底的绝对律令，这绝对律令"呈现出一个独立于动物性，甚至独立于全部感性世界以外的一种生命来。这一层是至少可以从这个律令所指派给我们的有目的的命运所推断出来的。这个命运不是限于今生的条件和限制上，而是达到无限"②。

康德要求人们将现实世界所遵奉的道德视为一种"普遍立法"，对人的行为起指令和监督作用。"普遍立法"与日常伦理的良心的根本不同在于道德的"普遍立法"出自人性的内在力量，是人对自我价值的显现，是真正的心声。而日常伦理的良心则为外在的权威，是父母、教会、国家和公众舆论的意志、禁令投诸内心的压抑反应。真正的道德是自主的，依据自己对生命、社会、历史的理解和体验而绝不是履行某一权威的命令、承诺。这样，道德成为个人自我创造和自我完善的表现，成为对属于人的自由的召唤和实现，而不是自我本质的受抑、疏远与异化。在道德的"普遍立法"下，人避免了把自己的存在与本质依附到外在于自己的他物上去，成为他物的奴隶而失去自由。每个人通过道德把握自己，从而也就意识到自己不再属于现象世界无休止的因果关联中的一部分，领悟到自己属于理性世界或理想世界，洞达自己正从感觉的现象中发现本体的自我。世界不再是外我的、冷漠的、不可把握的物自体，而成为自己亲和的无机身体，成为确证我成为自由人的对象。

---

① [德] 康德：《实践理性批判》，关文运译，商务印书馆1965年版，第24页。
② [德] 康德：《实践理性批判》，关文运译，商务印书馆1965年版，第158页。

道德也应使整个社会成为每一个人的自由生存和发展的保障与场所，社会的类性质应成为每个获得自由本质的依据。康德认为，道德的基本内涵就是"在任何情况下把人当作目的，决不只当成工具"①。这就要求由人构成并物化为超越个人之上的整个社会在对待每一个生命个体时，应始终将之视为整个社会的某一具体存在方式，把社会存在、社会发展和社会进步的每一次运动目的和实现过程都看作为了这个社会中的每一个现实人，而决不能把个体当成实现社会整体利益的手段，把一些人当成另一些人获得功利满足的牺牲品。康德对历史上许多统治者把民众视为草芥，甚至为个人的好恶、意气而随意发动战争、政治迫害和残杀人民表示了极大的愤怒，他曾指出，当一个人将其他人作为满足自己欲望的工具时，本身就取消了他自己作为人的资格与权利。社会是否尊重其每一个成员，是否把这个社会的所有成员视为本社会存在与发展的唯一根据是这个社会是否具有历史合理性的最终尺度，是这个社会是否是一个道德社会的基本标准。

道德必定化为行为。每个理性存在者都应懂得真理和应做什么的区别。真理和行动都可以以理性为基础，并通过理性而改进，但是只有行动才能实现人应做什么的真理，而行动的依据绝不是幸福而是义务，康德将这一义务视为"意志自律"。"意志自律"是一切价值的宝库，它为人的行动规定了范围，并使人们的行动符合信仰。义务的"意志自律"不存在假设，因而也不会造成"意志自律"行动者的压抑。相反，"意志自律"是实现自由的关键，每个人只有履行自己的义务，才能真正地成为自由人，因为这个义务不是别的，正是视"每个有理性东西的意志的观念是普遍立法的观念"②。人们的自由之所以能导致普遍的立法，就在于人们永远不无视他人、压迫他人的自律。在这里，对他人的义务指明了"神圣意志"的可能性，对自己与他人的

---

① ［德］康德：《道德形而上学原理》，苗力田译，上海人民出版社1986年版，第43页。
② ［德］康德：《道德形而上学原理》，苗力田译，上海人民出版社1986年版，第83页。

自由权利的尊敬与忠诚成为信仰，变成了超越知性和感性的确定性。尊重的对象不再是物化的功利和幻想的上帝，而是铭刻于心的责任品格，民众所追求的必然王国成为他们通过意志自律的义务而实现了的合目的的自由王国。

康德通过"普遍立法""人是目的"和"意志自律"确立了对人的主体道德的尊奉，道德再不是本能的还原和自私的专制，而成为人类相互尊重、相互协作、相互负责的内在要求，成为人们估判历史价值、展现人类未来的实现的客观规则，成为人类自由的唯一路径。由于有了道德，人类在摆脱了疏远化的本质——上帝之后，点亮了自身价值的火炬，照亮了黑暗、愚昧、盲动野性的生活，树立起永恒的信仰和希望。

按照康德对世界的二元理解，作为主体道德的自由是本体的，属于意志界域，与现象界是无法直接沟通的。然而，人的现实存在不仅是本体的，也是现象的。人在具有意志的目的性时，还具有认识的因果性和其作为生物存的必然性。因而，对于整体的人而言，只在本体的意志界承认自由，至多不过是对现世苦难的安慰，不过是激发个体意志的神话、臆想。重要的不是在本体界中设定无限的自由的存在，而是在我们日常的现象性生活中感受、体悟和实践着自由，使无限的自由不仅作为信仰，而且成为人类拥有的生存方式。那么本体世界的道德如何从彼岸世界回归此岸的怀抱，有限的日常生活如何确立无限的自由呢？1790年，康德终于向世人宣告，将本体的自由返回现象的生活的通途就是审美与艺术创造。

在日常生活中，审美是极为平凡的事，它几乎在人的情感过程中完成对对象的把握。康德发现，审美并不囿于现象的有限之中，它还在有限的形态中生成无限的本质。当人们沉浸在审美之中时，时刻占有并体验着全部生命力的洋溢与灵魂的升华，具有某种解放的性质。这种解放的自由感绝不是单纯的道德服从，而是内心的自主欢悦。这是因为，情感在本质上是想象力、知性力和表现力和谐的统一体。情感的对象既不是现象，也不是纯粹的本体，而是美。在审美中，人们可以"不凭任何利益计较而单凭快感或不快感来对一对象或形象的显现方式进行判断"①，摆脱人类一般现象性活动的占有性就超越了对象的物性而直接以主体的方式显现与确证了自己。同时，每个审美个体所获得的美感都具有普遍有效性。这种普遍有效性"不涉及概念而普遍地使人愉快"②，即获得的个人愉快不再像功利性现象活动所实现的满足感那样只对自己有效，而是对所有人类有效，体现出人类的本质。审美中出现的这种普遍有效性与认识的普遍有效性不同，认识所具有的普遍有效性源自存在于每个认识个体中人类共有的知解力。而审美的普遍有效性寓于审美个体的情感力和想象力。所以，审美不服务于任何具体的功利性目的，却内在地指向一个总体性目的，这个总体性目的不是别的，正是总体的人。由于有了这一指向，审美对于人的现象性生存而言具有一种必然性，它必然地产生作为主体的审美个体的愉快。这愉快是个体在现象界中显现了本体自由的欢悦，是对日常生活中受到各种物的束缚与遮蔽的人的解放与肯定。

在审美中，最能在有限的现象中显现无限的本体，最能在必然的物理过程中表达、确证主体的自由性质的莫过于对崇高的鉴赏。康德认为，美在一种更具感性特质的轻松愉快中，以和谐的方式在有限中确立无限。而崇高则不一样，它的实现借助于感性与理性的对抗。当主体否定了必然、本体扬弃了现象、感性提升为理性时，崇高感才能产生，否则只能导致主体的恐惧、惊吓和萎顿。康德把崇高分为两种形态。一种他称之为"数学的崇高"。主体观照无限大的对象时，这无限大的对象无法用某种具体的感性直观或知性概念来衡量，人的现象性知解力、想象力无力把握对象而遭摧毁时，就出现了一个困境。一方面知解力、想

---

① Immanuel Kant, *The Critique of Judgement*, trans. James Creed Meredith, Oxford: The Clarendon Press, 1952, p. 50.

② Immanuel Kant, *The Critique of Judgement*, trans. James Creed Meredith, Oxford: The Clarendon Press, 1952, p. 60.

象力要求统摄对象,但无限大的整体不是经验能够把握的,从而使主体的认识系统陷入"二律背反";另一方面主体知性力、想象力功能的丧失使人的感性生命力受到极大的压抑,主体在感觉上产生极大的痛苦。这两方面的因素共同刺激着主体,使主体在否定的状态中焕发出深藏于主体底层的理性自我意识——自由观念,并以"主观合目的性"的姿态建构着对象,使主体"主观地和对象相合致。就是说产生一种内心的情调,这情调符合着那一种情调(指由于知性力与想象力无法把握对象所产生的困境),并和它协调着,这就是一定的观念(自由)对情绪(痛感)发生影响时所产生的情调"[1],在感性的痛苦中实现了理性的升华、在现象的有限中展开了本体的无限、在生理的必然中显现了精神的自由。另一种形态的崇高被康德称为"力学的崇高"。当主体去审视某种无法抗拒的威力时产生这种崇高。巨大的威力成为主体"恐惧的对象",主体的恐惧唤起了主体自由的理念,而"把我们平常关心的东西(财产、健康和生命)看得渺小,因而把自然的威力看作不能对我们和我们的人格施加粗暴的支配力,以至迫使我们在最高原则(自由)下,须决定取舍的关头,向它屈服。在这种情况下自然之所以被看作崇高,只是……心灵认识到自己的使命的崇高性,甚至高过自然"[2]。这样,在日常生活中,主体通过对现象的超越性统摄,显现了自身自由的本质价值,使人成为不受必然羁绊的自为主体。

艺术创造也是在现象界实现本体自由,在有限中确立无限的重要方式。康德认为,应将以理性为活动基础的意志活动的创造称为艺术。因而,艺术不是自然的产品,它是人类有目的性的活动的成果,它在现象的、感性的具体经验中显现并确证本体的自由。同时,康德指出,艺术活动与科学也不一样。科学是人类认知能力对经验的建构。科学活动必

---

[1] Immanuel Kant, *The Critique of Judgement*, trans. James Creed Meredith, Oxford: The Clarendon Press, 1952, p. 104.

[2] Immanuel Kant, *The Critique of Judgement*, trans. James Creed Meredith, Oxford: The Clarendon Press, 1952, p. 111.

须以经验为界域，一旦超越了这个界域，科学便失去真理性而成为谬误。所以科学是现象的、有限的，不可能表达本体的自由，只能揭示自然的必然。艺术与科学的区别还在于艺术不仅需要艺术经验，而且需要艺术技能。这种技能在很大程度上来自天才这种生命力的自由表现，艺术对本体自由的传达不是教育和训练能够做到的，它依靠人的天才创造力。同时，艺术也不同于一般的手工活动。在康德看来，手工活动为挣得报酬，而艺术仿佛是一种游戏，不像手工活动那样被迫、痛苦。艺术的活动是真正非异化的活动，它的全部意义寓于整个过程之中，而这个过程正是通过现象的创作冲动和审美意象，表达着主体的自由本质。在这个意义上，艺术的审美意象只可体悟、领会而不能分析、传达。正是在这领会、体悟的创造性活动中，有限的现象显现了无限的本体，在日常生活中实现了自由的享受与拥有。

作为一种宗教的社会批判，康德哲学与法国启蒙思想共同构成了近代西方批判意识的主流，它为之后的西方批判思想奠定了理论基础。从席勒到马克思，从斯宾格勒到马尔库塞无一不受到理论的影响，它成为西方文化思潮中最富有生命力的一部分。

上帝在且与我同在是康德终身的信仰，就像他一生对自由的追求一样。超常的执着和坚定，使康德可以和历史上包括托马斯·阿奎那、马丁·路德在内的所有神学家相比而毫不逊色。有所不同的是在其他圣徒那里，上帝怎样在亦确定无疑，而这却是康德花费巨大精力和心血去领悟、思索的问题。他多次表示，若能够给这一问题以令人信服的答复，那就真正在科学技术已遍布世界、文化知识深入生活的时代中言传了福音，有所惠施，为人类的历史指出了一条林中之路。

康德确信只有对人的问题达到最高综合的观念，才是真正的理性观念。这样的理性观念只能是关于精神的观念、关于世界的观念、关于神的观念。三大理性观念并非来自人对外在世界的认知，而是源自对主体自身的反思。理性观念指向自我，与外在实存无涉。它亦不以感性、知性为存在方式。它的存在方式即为审视、评判自我的主体先验理性形式。所以，我们无法通过感性和知性的认识功能在经验世界中把握理性观念，理性观念也无法用感性与知性的方式来理解。世俗宗教神学用本体论、宇宙论和自然神论的方法在经验界、认识域建立关于神的观念，并用认识论加以阐发，必然造成世俗宗教神学建立的各种关于上帝之在的理论偶然随意、意义虚无。经验界、认识域既不能证明上帝之在，又不能证明上帝不在。不掌握关于上帝之在的真理的世俗教会只能被迫拘泥教条、容忍信徒，拒绝与任何人对话，从一开始就使关于上帝与人生的相遇变得不可能，把上帝之在改为了教义、教规之在。实质上，一个团体或个人固执地坚持刻板的教义、教规的立场，就意味着放弃了与上帝的真正对话，康德终生不参加世俗教会活动正说明了这一点。

康德在给友人J.K.拉法特的信中曾写道："我把道德上的信仰理解为对神助的无条件信仰。任何一个人，只要他有一天向道德上的信仰敞开自身，就会不需要历史上的辅助手段，自动地相信道德上的信仰的正确性和必然性。"① 这表明康德对上帝的确立和肯定完全出于对道德自我完善的评判。道德自我完善表现为良知的圆满实现，是理性意志对感性现象需求的彻底扬弃，这时主体亦达到了真与美统一以及意志自由的最高境界——至善。至善是现世道德的终极理想，也是一切符合人生的上帝之国。因而在道德至善中，人类应相信上帝之在，所以，"道德学说无疑是福音的基本理论"②，它使我们懂得必须做什么。同时在这里，上帝之在也确证了理性价值的意义，为理性道德的现世完成提供了先验的本体依据，并设定了道德的现世终极目标。这又使我们明白了我们可以希望什么。康德从道德出发设定上帝，这是一个道德的上帝，也许是上帝之在唯一的肯定。在这一肯定中，内在的理性精神将我们引向了一个从未有过的生存向度，引向一个崭新的生活域。它用无言的方式鼓荡

---

① ［德］康德：《康德书信百封》，李秋零译，上海文艺出版社1994年版，第44页。
② ［德］康德：《康德书信百封》，李秋零译，上海文艺出版社1994年版，第43页。

着我们，用巨大的崇高和深刻的神圣感召着我们，但它本身又对我们的现世苦难深深窘迫，而我们则更多地在遭受苦难时直观它，渴望它，向它倾诉，领悟它的启示。的确，人类似乎总处于等待某种未知却又深感焦虑的状态，常常感受到危机的逼近，摆脱这种处境需要政治、科技和其他社会方面的努力，更需要遵从人性，而是否相信上帝之在的真实性对于这种人性观念又至关重要。只有用上帝之神性反观人类现实，给人类生活以照亮，人们才能再度返回人性。在这一基点上，任何关于上帝之在的知识探讨都无法言表人与上帝之在的关系，也不可能得到关于上帝之在的价值意义。可以说，对现实人生的存在而言，不需要关于上帝的学问而需要关于上帝的询问。向上帝询问必定有个如何询问上帝的问题。可以肯定的是，询问上帝不会像世人言说物之在一般，语之凿凿，言之晰晰。康德心底倾向这样的想法，即对上帝的询问不是日常的话语言说。我们实在无法用感性的言说来询问深居心灵深处、只与自己的希望同在的上帝。对上帝的询问只能发自理性的信仰。在人的信仰中，"上帝必然在自己意旨的深层，隐藏着对我们缺陷的某种补充"①。对上帝的信仰绝不是笃守宗教仪式，形式化的外在仪式只意味着对上帝的异化、否定。相反，只有在现实的道德行为中，信仰才能表现为上帝的真实显现，上帝才不是彼岸之在而成为现实人生之在。所以，道德的理性行为才是通过信仰对上帝的唯一询问。信仰使我们行动，行动又达成了人与人之间的相互和解，建立了人的尊严，人作为自由和对自己负责的生灵完成了人性的确定，从而使我们相信我们在上帝之中，上帝亦在我们之中。

当我们在信仰中，以行为的方式向上帝询问时，上帝之在已现实地转换为上帝怎样与我在，上帝成为个人自我实现的重要因素。康德"批判哲学"对上帝之在所做的全新诠释，完全终结了千年来教会神学关于上帝的母题，为近现代神学指向上帝与个体对话打下了基础。同时，道

---

① ［德］康德：《康德书信百封》，李秋零译，上海文艺出版社1994年版，第43页。

德世界的上帝与我的希望同在，为我行动而又产生了新的精神内涵。由于本体的上帝不可认知，在对话中，上帝依然是沉默的，不过对话者却可以在这一无言的对话中领悟到自己向上帝的询问、倾诉。于是我们无法领悟上帝，却领悟到与上帝的对话，领悟到我们对上帝的提问、冀盼和求索。这样，一方面，上帝对所有人而言，既是最亲近的，又是最沉重的，上帝既是每一个人本来总愿意并必须言说者，又是人们根本无法言说者；另一方面，对话一方面的永恒沉默也使对话的人在体验自己的对话过程中，相信上帝的沉默意味着它是一个未成之物，需要主体不断地建构，这又使人们为完善心中的上帝，永远走在道德自由的旅途之上。

　　上帝之在不可认知，始终沉默，而我们与上帝的对话又无法借助日常语言，所以与上帝对话就成为理解上帝之在的一种特殊的思。这种思不仅不是思维和概念性思想，相反是对思维和概念性思想的限制。这思犹如黑暗中的光明、苍穹中的星斗，它使我们在经验中、在行动中直悟上帝之在，洞彻上帝与我们的共同精神内涵。由此可见，这思是源于信仰、显于道德行为的生命直觉。在这关涉生命价值的直觉的信仰之思中，人们极有可能真正接近日常经验之后的生活价值和存在意义，使人们从经验欲望的生存渊薮中醒悟过来，并在醒悟中理解人的此在。当然，必须承认，作为一个启蒙的现代思想家，康德对这一问题的理解还很模糊，也许只是一种直觉。在康德那里，信仰之思与上帝的对话使本体的上帝通过对至善的行为追求显现在个人的自我经验之中，显现不是人对外部世界的反映，出现在经验中的并不一定起于经验，亦不一定源于经验。显现是在人对上帝之在的询问中生发出来的，蕴含着上帝成为现实人生的深层向度中的主题，成为"人类超越自己的那种东西"①。康德一再重申，上帝在经验中的意义显现只关涉个体的精神体验和道德行为，绝不能像世俗教会那样，将之理解为某种集体意志、团体主张，

---

① ［德］康德：《康德书信百封》，李秋零译，上海文艺出版社1994年版，第83页。

视为意识形态或社会思想。上帝在经验中显现的真实性必须在个人追求自由良知、道德至善的实践经验中,在个人之在的一切价值标准之上才有效。正是在这个意义上,康德指出,人与上帝相遇、对话的历史意义亦不是千年来教会的"历史强权",而应是个人投入历史的同时又超越此在历史之外,为人们脱离奴役、追求自由、根除痛苦这个有史以来的时代标志的良知在奋斗。

当人与上帝对话、人在心中相信上帝之在的意义时,人的道德行为便是一种向上帝的无言祈祷,道德就在作为人的心灵独白的同时,亦为与上帝对话的体验。此时,人亦完成了反思。反思是现代以来所有文化的共同任务。康德以为,追本溯源,反思上帝之在本身意味着人类对自我之在的反思。人的本质是自由、是理解,人面对上帝、解释上帝就是在面对自我、解释自我。在解释中,谁真正相信了上帝,谁也就相信了自己和其他人心底深处的人性的真实存在。其实,我们之所以要用上帝来解释自己,无非是我们心灵世界太深奥,无法用思想与语言来表达罢了。当我们坚信上帝之在,并且用道德行为维护这种坚信时,我们也就扬弃了自己的异化之性,超越了自己,人也就领悟到我们正向上帝敞开,上帝也正接纳我们。我们的尊严以及属于我们的真正需求亦就与没有上帝时完全不同了,我们已经成为精神之在,成为自我理解之在,成为自由之在了。因此,康德说道,真正的上帝应是人的自由生存的注解,在上帝之中,人懂得了应做什么和应该希望什么,"人成为道德法则的主体"[①],成为值得赞美的理性自觉之在。

康德对世俗宗教神学关于上帝存在证明的批判,否定了在经验世界营造上帝的传统,杀死了一个统治现世千年之久如同残暴君主、专制父亲一般的上帝,让人们有了与属于自己的上帝相逢的机遇并为人们找寻到自由的生命希望,这一切具有巨大的意义。一方面,这深化了当时反封建、反专制的欧洲启蒙运动,为争取社会自由的启蒙运动增添了信仰

---

① [德]康德:《康德书信百封》,李秋零译,上海文艺出版社1994年版,第134页。

自由的思想深度，为人们推翻封建主义官方意识提供了强有力的思想武器；另一方面，颠覆经验界的上帝统治，也为近代科学技术的发展扫平了道路，人们可以在现实经验世界中自由地解释自然，科学地认识自然，合理地利用自然。更重要的是，康德此举也使人们在发展科技、征服自然的同时，为精神世界，尤其为人类良知和信仰保留了坚固的寓所，正像康德所说的那样，在经验的现象界放逐上帝就是使人们在精神的本体界更好地遵奉上帝。这又为防止技术异化、道德沦丧，使人们在更真实、更有益的境况中与上帝同在创造了良机。康德的这些思想又使上帝怎样在的问题得以突出，成为现代宗教界最关注的理论主题之一，极大地深化了人们对宗教价值的认识。

  我们知道，康德批判哲学运用先验综合方法，从阐释知、意、情主体能力出发，在真、善、美三个领域中阐明了人能认识什么、人应该做什么，人可以希望什么三大经典哲学命题，被称为"哥白尼式"的思想家。然而，当康德用其三大批判解决了三大经典哲学问题后，随之而来的另一个更为深刻、宏大的哲学问题开始困扰着康德，即阐明了三大经典哲学问题是否意味着已解决了人是什么这个哲学最根本的问题？回答显然是否定的。晚年的康德以其三大批判为基础，对人性、善恶、宗教、道德、法律、国家、世界历史等一系列问题，进行了哲学人类学研究，试图回答人是什么的问题，为此，他撰写了大量文章。这些文章曾不同程度地影响过谢林、费希特、黑格尔、费尔巴哈、马克思和许多20世纪人本主义思想家。尽管这些文章论及的问题和表达的思想最终并未以系统的、单独的论著形式问世，但卡西尔还是将之称为与《纯粹理性批判》《实践理性批判》《判断力批判》并列的第四大批判。

  哲学的终极关怀在于理解人并在理解中向人自身施予深切的关怀。当哲学说明了所有具体问题时，它必将直面于人，回答人性的本质究竟是什么的问题。人们常在许多领域以不同的方式来论述人性的方方面面，然而，就其根本而言，人性问题的实质是人与世界的关系问题，是人试图在世界复杂的图景中确立自身独特性的某种追问和解答。关于人性，有性善论、性恶论两种不同的观念。康德之前，西方思想界多数人相信善是人性的本质。在古希腊，人性本善是苏格拉底的思想根基。在苏格拉底看来，世间多恶、人生频错并非人性邪恶，而是由于人的无知致使人性之善不能实现。苏格拉底一生以求知为人生目的，并视指引民众求知为己任，就是在表达他对人性本善且只有通过求知达真才能实现人性之善的坚定信念。柏拉图则认为先验的、完满的理念是世界存在的本源，没有关于假、丑、恶的理念。现实生活中的假、丑、恶是人们忘却了理念的结果。消除现实生活中的假、丑、恶的唯一方法只能是对被忘却的理念的追忆。追忆既为求真，也为求善。中世纪基督教哲学普遍坚持上帝创造了人，上帝将无忧无虑的生存方式和纯净无瑕的灵魂赐予人，使人具有神性，在天堂幸福生活。人由于违背上帝的旨意而堕落，失去神性而犯罪。罪使人生活在邪恶之中，只有赎罪，人方能重获神性，再返天堂，灵魂永生。上帝创世，并与真、善同在，人为上帝所造，人性本善无论在逻辑上还是在情感上都是注定的。文艺复兴、启蒙运动、浪漫主义运动颠覆了中世纪基督教的霸权意识形态，性善论却依旧是文艺复兴艺术家、启蒙运动思想家、浪漫主义文学家的内在情怀。文艺复兴歌颂人的自然天性，启蒙运动标榜人的理性智慧，浪漫主义文学家倡导人的个性情感，所有这一切都基于人性之善良与美好的信念。

性善论成为德国古典哲学诞生之前人们阐释人性的思想主流。然而，康德敏锐地意识到，如果人性本善，那么人又为何追求善、实现善呢？如果人性本善，人只是因某种原因而失去善，所以要重新找回善的话，那么善的回归究竟具有怎样的本体意义和历史价值呢？所有的努力不过是回复到原来的起点罢了。由此，康德断定人性的本质一定是恶，因为恶，才要求人类在生存中努力向善，才迫使人类从落后走向进步，才让历史发展具有了必然性、普遍性。

康德从历史与逻辑两个方面对恶进行了考察。他通过解读历史文献发现人类历史并非处处表现为黄金般的时代、天堂似的生活。相反，"人们对世界之邪恶的抱怨就像有记载的历史那样古老。甚至像更为古老的诗歌那样久远"①。恶的古老意味着恶与历史与生俱来，是历史自身内在的某种存在，而非历史之外的附加。历史上的每一代人都在极力歌颂善、营造善，却无法回避恶时时笼罩着人们的生活这一事实，这使得人们在历史中始终怀有消除现实之恶的冲动。当现实之恶无法根除时，人们又转而寻根，希望昭示恶之根源。康德将历史上人们对恶之根源的讨论归为三类。第一类将恶之源归之于祖先遗传；第二类则认为恶之源来自对前人遗产的继承；第三类把恶之源归因于人类祖先从事了违抗神意的行动。

然而，历史上无论是遗传学的、法学的还是神学的对恶之寻根都不能使康德折服。根据康德的批判哲学理论，人同时存在于经验和本体两个世界中。遗传学属于医学，医学是科学的一个门类。康德在《纯粹理性批判》一书中指出，科学只能在经验世界中有效，一旦超越经验世界，科学将陷入二律背反，无法证真，亦不能证伪。科学不可能发现恶之根源，也无法消除恶。今天科技如此发达，却对恶无能为力，甚至有时被恶利用就是明证。而法律则只能判定一种行为是否合法，无法证明人是否有恶，更不能揭示人之恶的根源。在康德看来，生活中的法律是具体的，它维护的是一部分人的现实利益，确认的是人在现世生活中的一部分具体的权利，而不是所有人的所有权利。从根本上说，法律只能界定具体的罪。至于世俗宗教神学，康德采取了断然拒绝的态度。在康德看来，世俗神学依据教条、戒律规范世人缺乏合理性与合法性，因为世俗宗教神学并不源自普遍人性，又非对所有人关怀赐爱。世俗宗教不仅不能为人类除恶扬善，而且对生活于经验世界的人而言，它可能就是恶。康德相信，只有在本体中而不是在现象的经验世界中，才能真正探明恶的本质，寻到恶的根源。根据康德的批判哲学，人生活在现象的经

---

① [德]康德著，瑜青主编：《康德经典文存》，上海大学出版社2002年版，第164页。

验世界的同时，还生活在本体世界之中。深受启蒙思想教化的康德相信，对人而言，只有一种东西是全人类共有且绝对普遍并全然不受规律、欲求、功利左右的，那就是人生而有之、必然存在的自由意志。自由意志就是康德心目中人的真正本体。所以，康德坚持认为恶"不可能是一个经验的事实"①，"人是恶的这一观点仅仅是指：他知道道德法则，但是却因此接受违犯法则的行为准则"②。现象的经验世界中人的具体生活内容不同，所处环境各异，所拥有的禀赋各有个性，每个人的生活命运大相径庭，他所受到自然规律的控制、欲求冲动的左右、利害关系的决定在内容、方式等方面千差万别，过失、错误、罪行也就完全不一样。所以，过失、错误、罪行等不可能是恶的根源，而只是恶在经验世界、日常生活中的表现。恶根源于人性，是人性的本质特征，正如康德所言，"本性是恶的就等于是说，将这种属性视为它这个种类本身就具有的，而不是从人这个特定概念中所能够推断出来的；但是我们却无法凭借着从经验得到的对他的了解来对其作出判断，也许我们可以事先假定它是每一个人在主观上必须具备的，甚至最完美的人也是这样"③。

在《判断力批判》一书中，康德曾自信地宣称，在所有动物之中，唯有人拥有自由意志、理性精神，因此，人是世界的唯一目的，人是世界上最应受到尊重的。晚年的康德一再说，违背自由意志、理性精神是恶之根源。然而，人作为世界上唯一的理性存在怎么会违背自由意志、理性精神呢？这是一个严重的逻辑悖论。康德意识到，逻辑自身是无法解决这个二律背反的，唯有在人类学的层面上，才能扬弃这一生存的矛盾。康德认为，人是理性的，这只是说人是唯一的理性动物。人类不仅有理性精神，同时还有感性肉身。人在具备自由意志、理性精神的同时，不可否认地存在着感性生理的需求，康德将人的感性生理需求称之

---

① ［德］康德著，瑜青主编：《康德经典文存》，上海大学出版社2002年版，第167页。
② ［德］康德著，瑜青主编：《康德经典文存》，上海大学出版社2002年版，第176页。
③ ［德］康德著，瑜青主编：《康德经典文存》，上海大学出版社2002年版，第177页。

为习性，他说："实际上习性只是一种追求快乐的倾向，当主体有了体验后就会出现这种倾向，所以，所有未开化的人都有沉迷于事物的习性。"① 由此可见，感性肉身的习性也是与生俱来的，是人的本能，它是自由意志的对立面，是理性精神的否定。当感性自身的习性背离了自由意志、理性精神之后，恶便出现了。恶在人生的三个层面上展开。其一，人性的脆弱层面。康德举例说，一位传教士说自由意志与我同在，但我不知怎样运用它，这就是人性的脆弱。因为理性精神还只是某种弱的自觉意识，而未能成为自主选择和自由决定的生存方式，所以意识到感性肉身之恶却无力抗拒它，这是大多数人有罪恶感的普遍原因。其二，心灵的不纯洁层面。当人已明确懂得应按善行事并将之付诸行动时，却在行动中将善与利己目的挂钩，使善的行动成为实现功利的手段。康德认为，心灵的不纯洁层面的恶，属于明知故犯，是对理性精神和自由意志的有意践踏。其三，心灵的堕落层面。运用自己的理性智慧，调动全部的意志能力有意为恶，这是最为可怕、最为严重的恶。人类历史上所有重大浩劫、巨大苦难均由这种心灵的堕落层面上的反人道之恶造成。

值得注意的是，三个层面的恶不仅仅是某些社会现象，而且是人类普遍的天性，是人性本质固有的，它潜伏在人的本体世界中。换句话说，人世间的每一个人都有可能作恶，因为他的本性如此。所以，每个人都应该对"恶的习性承担责任"，人必须从意志信念上彻底克服源于人性的恶，否则，人在生存倾向上"就有可能从恶""人也不再是原来意义上的人了"②。由此可见，康德关于恶是人性本质的观念是极其严肃的，是对人最为深刻的透视，只有理性而冷峻地面对人性本质之恶，人类才有可能借助理性意志努力向善，才有可能摆脱野蛮走向文明，才有可能真正扬弃、消除人类自身固有的恶之天性，从而实现人

---

① ［德］康德著，瑜青主编：《康德经典文存》，上海大学出版社2002年版，第167页。
② ［德］康德著，瑜青主编：《康德经典文存》，上海大学出版社2002年版，第179页。

的自由与进步。

　　对人性的沉思使晚年的康德深深地感到多维度的人整体地生存着，本体世界的人性之善与人性之恶总要相遇。当人性之善意识到本能之恶时，人便会产生发自内心深处的恐惧。恐惧也许是人类自由意志所表现出来的最初自觉。恐惧恶却又无法自主的抗拒作恶，善的疲弱只能为主体设立禁律以防止人作恶。禁律是强制性规则，它使人恐惧作恶的意识固定化、形式化、权力化。这种被固定化、形式化、权力化的规则在世俗宗教产生后，就变成教义、戒律，而避恶就善的主体意识经过教义、戒律的改造与固定，便对象化为神。神像一位永远知情的父亲，处于人的自我意识之中，审视、督察着我们内心的一切，一旦人性之恶在内心有所流露，就会遭受神的裁决和惩罚。当然，人可以逃避或免除神的裁决和惩罚，这便是以特有的方式如忏悔、服从、信奉，甚至杀身成仁等方式与神的裁决、处罚交换。于是，在世俗宗教的交换中，恶便变成了罪，理性地从善以抵抗作恶变成了克己从教的赎罪，自由意志变成了强制性戒律，人们不再用内在的善自觉地消除恶，恶真正成为本体世界的主角，善从此被无情地抛弃了。所以，康德强烈批评世俗宗教，认为世俗宗教不过是一群人被强迫共守着某种法律规则和政治制度而建立起来的政治团体。在这样的政治团体中，个人从来没有意志自由、理性自主，剩下的只能是供奉上帝、忘我服从，这绝不是康德心中的宗教。

　　康德在《纯粹理性批判》一书中对世俗宗教在现象的经验世界里确立上帝、愚弄百姓进行了彻底的颠覆。康德认为："如果上帝是一切事物存在的本源，那它一定为绝对的必然。"① 绝对的必然不可能被经验所理解，也无法由知性所认知，对于根本不生成于现实经验中的东西，经验与知性又怎么能够把握它呢？可以断言，现象的此岸所言及的

---

① Immanuel Kant, *Critique of Pure Reason*, trans. F. Max Müller, London: Macmillan, 1907, p. 359.

上帝绝非现象自身，上帝应是经验世界的非在。但是，自古以来，世俗宗教并不将上帝之在阐释为我们对上帝的理解，也不视为我们言说自身的生存处境。亚伯拉罕、以撒、雅各的上帝都是可以经验、认知的实体存在。教会声称，上帝不仅决定着我们的灵魂，而且主宰着我们的肉体；上帝无所不能，上帝是人类正义、良知、幸福、快乐的前提，也是人类罪恶的最后审判者。教会作为上帝在人间的寓所，是所有这一切的代言人和传令使者。为此，世俗宗教的神学家们一直试图以各种知性的方式论证上帝的实存，这就是基督教会对上帝的宇宙论、本体论和自然神论三种证明。康德认为理性的自由意志意识到人性之恶所产生的恐惧本应是人们本体之善的自我意识，然而，当恶变成罪、从善成为赎罪，内在的自由向往固定化为外在的强制戒律时，世俗宗教从根本上阻止了人们实现善的可能。正是在这一点上，康德成为历史上最深刻地解构世俗宗教神学的思想家之一。

  人性本质是恶的，世俗宗教无法扬弃人性之恶，难道人类真的万劫不复了吗？康德对人类克服本能之恶而获得自由、实现至善充满了希望。他坚信"从人格上说人所具有的不仅是有理性的个体，还具有作为责任个体的能力"①。正是理性与责任使人能够以理性道德为意志，将善既作为人生之奋斗目标，又作为生活之基本存在方式，使人最终脱离动物界成为真正意义上的人。

  理性道德不由现实经验的感性欲望构成，不以快乐与物质满足为旨归。理性道德也不是对自然规律的揭示与描述，不在知性认识外部世界的活动中完成。理性道德高于科学、超越知识。理性道德作为社会存在与个体生活的本体应是人类普遍的精神需求和个体的生存价值在内心深处的相遇、重合与显现，是最为属人的实践性行为。在实践性行为中，理性道德对某个人有效的同时也对全部人有效，所以理性道德又被康德称为绝对命令。绝对命令为所有人立下共同的法度，即每个人必须对人

---

① ［德］康德著，瑜青主编：《康德经典文存》，上海大学出版社2002年版，第171页。

类有义务，对包括自己在内的所有人类负有责任。不过，道德的责任、义务不能被理解为"由外在意志而来的一种任意的、偶然的命令"，不是权威的戒律，而是依据主体对生命、自然、社会、人类历史的理性判断和实践性行为所产生的"每一个自由意志本身的本质的法则"①，这本质的法则不是别的，正是人的善。善的核心是责任，而责任的基础则是人对自由的呼唤和实现。

"批判哲学"曾从多角度、多层面对自由进行了深入的研究。自由是绝对的、不受任何感性本能或因果定律制约的。其实，康德所讲的善就是人用于超越自然的自主选择与自觉行动的主体意志与行为。自由可概括为"在任何情况下把人当成目的，决不只当成工具"②。也就是说，在任何时候都承认人在世界中的优先权，肯定人在现实存在中的中心位置，尊重人、呵护人，反对一切奴役人的思想和行为，将平等、公正和宽容视为人世间所有尺度之上的最高尺度并按此尺度行动。当然，善不可能由经验和知性提供、确认，而只能来自人的心灵深处，来自人类对良知的坚守。良知既是人类心灵深处对假、恶、丑的恐惧，亦是对善的渴望。所谓至善是人类相信人格无止境的进步。人格的进步即为人之本体的灵魂的无限提升。当灵魂达至无限，表现出对一切感性欲求和外在满足的全面超越并诉诸责任且在理性道德行动中获得意义确证时，人们称之为灵魂不朽。由此，人们相信在所有这一切之中存在着一个伟大的神圣的上帝。这上帝并不高高在上，也不能通过任何公理、逻辑、感知去证明，却深藏于每个人的自由意志之中，它就是我们心底自由与良知的福音。也可以这样说，正是有了这样的上帝与我们同在，我们的道德、责任、良知、灵魂才有现实的价值。

既然理性道德已经面对自己颁布了无条件的绝对命令，责任义务已经成为人们实践性行为的目的与基础，那么，为何还需要上帝呢？康德

---

① ［德］康德：《实践理性批判》，关文运译，商务印书馆1965年版，第132页。
② ［德］康德：《实践理性批判》，关文运译，商务印书馆1965年版，第158页。

告诉我们，主体存在的基本方式之一便是不断地向自己询问，并要求自己做出完满的答复。人最终会向自己提出这样的问题，即究竟是一种怎样的在、一种怎样的真实在日常经验的彼岸等待我们，准备迎接我们呢？道德对此无法提供答案。不过道德的终极追求——至善却为这一问题的答复提供了现实的契机。至善的动机不是神，至善的动机是我们对至善追求的良知。世俗宗教不可能使我们成为有道德的人，所以，理性道德追求的结果必是对上帝之在的确认。我们在现实生活中凭良知支撑自己的精神，却也常常发现，我们越是深刻而广泛地拥有自由意志，越真切地感受到生存的不自由，但这也不是良知能给我们解释的。所以，无论是在精神世界中追求至善，还是在现实中生存都必然产生信仰上帝的结果，正像康德所说的那样，对上帝的信仰"使人目标坚定，并且使人自觉地在道德进步中始终不变"①。从这里可以看出，由于期盼达到理性道德的圆满实现，人们确立了自由与良知，而为了使自由与良知达到至善，才肯定了上帝之在。因此，上帝之在是理性的原则而非感性的幻想与狂热，不可能像世俗教会那样，把上帝之在解释为某种经验或形而上学的陈述。上帝之在不可见，也从未作为现象随其他事物出现过。上帝之在是关于上帝的价值。上帝在人间唯一的寓居之地是我们的灵魂，而对灵魂最有意义的证明则是自由、良知这些由意志所产生的信仰。这是当下经验和知性认识所不可把握的，只能通过信仰来体悟。在这一领域中，经验与知性可能最不真实可靠，但这个领域却是个体直接面对自己的唯一领域。面对自己，才能面对上帝之在，与自己灵魂对话，才能与上帝相遇。因而，上帝是灵魂存在的最后依据和最终结果，它虽不能被感知、思考，却为我们提供生存的意义，即它使道德成为理性的普遍立法，也成为我们追求至善的最终希望。所以，在现实中，我们不可以纯然经验或超然地在理论上言说上帝之在，而只能在生存中用灵魂理解上帝。

---

① ［德］康德：《实践理性批判》，关文运译，商务印书馆1965年版，第126页。

康德对人性之恶的阐发、对世俗宗教的批判、对理性之善的确立、对道德上帝的信仰构成了完整的人性与宗教关系理论，并深刻地影响了德国古典哲学的发展，甚至对马克思宗教批判思想的形成也有很大的借鉴作用。正是康德关于人性与宗教关系的理论，使人们懂得了人性之缺陷，明白了为什么在高度发达的物质文明世界还需要精神的信仰和内心希望。

第二章　新教世界观与德国古典美学的基本架构

第一节

16世纪下半叶以降，新教就在德意志思想文化领域牢固地占据着主导地位。伴随着启蒙运动如火如荼地展开，18世纪下半叶的德意志知识界又悄然掀起了一场对希腊古典文明的狂热崇拜。英国学者巴特勒（Eliza Marian Butler）将这一时期独特的历史文化现象比作"希腊对德意志的暴政"（The Tyranny of Greece over Germany），"如果说希腊是暴君，那么德意志便是命定的奴隶。希腊深刻地影响了现代文明的整体走向，希腊的思想、标准、文学形式、意象、视野和梦想，只要是世人能够寻获的，都在这场运动中发挥出足够的威力。希腊精神最为彻底地渗透并征服了德意志人的精神和梦境，同时，德意志人较之其他任何族群更为彻底地吸纳了希腊精神。简言之，希腊精神之欧洲影响力是难以估量的，不过，其烈度在德意志臻于顶峰"。① 这无疑宣示了德意志人对希腊文化的情之所钟，但这种德意志对古希腊的接受究竟是一种"暴政"，还是德意志人自觉将民族命运与希腊理想相关联的精神历程？这仍有待进一步分疏和考察。

---

① ［英］巴特勒：《希腊对德意志的暴政》，林国荣译，社会科学文献出版社2017年版，第8—9页。

对古典希腊（包括古典罗马）的崇拜乃是欧洲人文主义的核心，从历时维度观之，古典人文主义并非肇始于启蒙运动中的德意志，而可上溯至日耳曼人立国之初，布克哈特（Jacob Christopher Burckhardt, 1818—1895）曾断言，"查理大帝所代表的那个文化在七世纪和八世纪的蛮族面前基本上就是一种文艺复兴（Renaissance）"①，而发生在14—16世纪意大利的文艺复兴乃是一场更为彻底、影响更广阔的复古运动。德国教育学家斯普兰格（Eduard Spranger, 1882-1963）就指明了18世纪德意志新古典人文主义运动正是对14—16世纪的文艺复兴运动精神上的传承。② 从共时维度观之，人文主义并非意大利和德意志所独有的文化现象，在英格兰国王贵族制与法兰西君主专制政体成型后，两国知识界亦爆发过"崇古"与"崇今"的古今之争，但不同之处在于，英、法两国的"崇今派"最终占据上风，他们认为研究古典为的是与古代遗产决裂，在统一民族国家架构和君主政体下，国家兴盛不在于崇尚古希腊罗马，古典人文主义的理想在英、法遭到了沉重打击。由是，18世纪中后期德意志的"新古典人文主义"（Neuhumanismus）文化运动（约1750—1820）方显出其特殊的意义。德意志新古典人文主义之精髓并不掌握在古典学家那里，而是体现在诸如温克尔曼、莱辛、歌德、席勒、威廉·洪堡、黑格尔、荷尔德林，乃至谢林等诗人和哲学家的思想之中，其开端可上溯到18世纪中后期，以1764年温克尔曼（Johann Joachim Winckelmann）出版的《古代艺术史》为标志，而1800年席勒的长诗《希腊诸神》（*Götter Griechenlands*）修订版问世则可视为这场运动的顶峰。时间跨度上，德意志新古典人文主义运动与德国古典哲学产生发展的进程大致平行，二者存在深度交叠。黑格尔的《哲学史讲演录》中关于希腊哲学的引言在更深邃的精神层面上流露出这种古典人文

---

① ［瑞士］雅各布·布克哈特：《意大利文艺复兴时期的文化》，何新译，商务印书馆1983年版，第167页。
② Vgl. B. Stiewe, Der "Dritte Humanismus", *Aspekte deutscher Griechenrezeption vom George-Kreis bis zum Nationalsozialismus*, Berlin: De Gruyter, 2011, S. 4.

主义的内在气质。"一提到希腊这个名字,在有教养(Gebildet)的欧洲人心中,特别是在我们德国人心中,自然会引起一种家园之感(Heimatlich Zumute)","我们之所以对希腊人有家园之感,乃是因为我们感到希腊人把他们的世界化作家园;这种化外在世界为家园的共同精神(der gemeinschaftliche Geist der Heimatlichkeit)把希腊人和我们结合在一起"。① 概言之,这种古典人文理想和德国古典哲学具有深层的精神共性,在18、19世纪的德意志,古希腊罗马的文化遗产并不局限于专门性的学科研究对象,古典理想的存在更多被视作教化(Bildung)的内核。与之相对应,作为科学体系的哲学本身也被寄予了将德意志人带往自由的内在期待,因此二者的结合就显得自然且深切。无论是哲学抑或艺术,其真正的天职就在于通过活动使"一个完整的人将在他的各方面都臻于完善,在内部变得圆满无缺,在外部变得十分干练,可以达到他在时间过程和永恒状态中的一切目的"②。

19世纪德国大诗人海涅曾颇为诗意地勾勒出德国哲学与新教传统的内在脉络:"自从路德说出了人们必须用圣经本身或用理性的论据来反驳他的教义这句话以后,人类的理性才被授予解释圣经的权利,而且它,这理性,在一切宗教的论争中才被认为是最高的裁判者。这样一来,德国产生了所谓精神自由或有如人们所说的思想自由……凡是承认宗教改革的诸侯,都把这种思想自由合法化了,思想自由开出的一朵重要的具有世界意义的花朵便是德国哲学。"③ 马丁·路德所开启的伟大事业极其深刻地重塑了德意志文化的内在精神禀赋,更对整个欧洲文明史的走势产生持续性影响。马丁·路德依托希腊语与希伯来语原文将《圣经》翻译为浅白晓畅的德意志语言,斩断了中世纪罗马教会传统的

---

① Georg Wilhelm Hegel, *Vorlesungen über die Geschichte der Philosophie I*, TWA, Bd. 18, Frankfurt a. M.: Suhrkamp, 1971, S. 173-174.
② [德]费希特:《对德意志民族的演讲》,载梁志学主编《费希特著作选集》卷五,商务印书馆2006年版,第391—392页。
③ [德]海涅:《论德国宗教与哲学的历史》,海安译,商务印书馆2017年版,第44—45页。

沉重锁链,"路德版圣经"(Lutherbibel)的广泛传播对于现代德语的形成起到了至关重要的作用,这成为德语走向统一化和标准化的里程碑事件。语言的统一构成了政治统一的文化根基,而宗教改革呼唤起内心的虔敬,教义的修正更持续导致了世俗生活的结构性变化。信义宗(Luthertum)倡导政教分离,相信唯有教会与政府各自运作于上帝所给予的特定范围,各自履行不同的职责,才会获得合宜的政教关系,而这无不得益于理性思维的光照。三十年战争之后,欧洲政治格局出现了根本性改变,教权的日趋没落伴随着主权国家的兴起,德意志也逐渐走向政教分离,这种分离既使得日常生活的种种无一不可表达个体的内心虔敬,新教与日常生活联系得更为紧密;客观上又促使现代意义的世俗社会治理科层制度诞生,宗教与现实社会制度的进一步疏离。民族语言的革新和世俗社会结构的革新事实上确立了德意志民族的身份认同方式,民族身份认同与文化立国潜在地构成了德国新教对希腊古典人文理想内在吸纳的基本理路和总体目标。马丁·路德有意识地从希腊语原文新约入手进行德语《圣经》的翻译,以建构起德意志民族与古希腊人在语言上的亲缘性。德意志新古典人文主义及德国古典哲学美学对于古希腊人文理想的崇拜与新教观念有着密不可分的联系。

将德国古典美学中"德意志—希腊亲缘性"叙事的出现置于18世纪启蒙运动德、法文化竞争的基本视域加以考察,能更准确地把握德意志崇尚希腊(而非罗马)的根本原因。将希腊树立为典范首先涉及的是德、法之间文化竞争以及德意志民族自我身份认同的建构。从欧洲人文主义发展史来看,所谓欧洲古典文化其实包含着古希腊和古罗马的双元结构,而在德意志新古典人文主义运动之前,无论是在加洛林文艺复兴或是意大利文艺复兴之中,复古的主要对象都指向古罗马文化,这也使得长期以来欧洲人对古典的理解偏向于罗马—意大利—法兰西的拉丁文化一元。按意大利史家莫米利亚诺(Arnaldo Momigliano)的看法,罗马长期以来占据古典文化核心的根由在于,"希腊从来没有能够为自己建立起民族的政治历史的传统,简单的理由是他们从来没有在政治上统一过。对于他们来说，埃及比希腊更容易被描述成为一个政治主体。罗马人——而不是希腊人——把民族的历史观念流传给了文艺复兴"①，意大利人作为罗马人的直系后裔，文艺复兴以来一直牢固地占据着拉丁文化的中心，但随着路易十四建立起强大的中央集权、君主专制的民族国家，17世纪拉丁文化的领导权就此转移到了法国。无论是意大利还是法国，其所尊奉的古典文化均是以罗马为核心，而希腊则居于从属地位。而18世纪的德意志上层风尚依然笼罩在法兰西宫廷风所主导的审美趣味之下，因此就不难理解德意志为何试图越过拉丁文化直追欧洲文明的源头，直接建立起与希腊的亲缘性，其根本目的指向在地缘政治上彻底摆脱法国的影响，从而确立自身民族文化，乃至民族国家的独特身份，"从一开始，德意志古典主义就一直是在一种德意志民族重生的希望下产生的。返回古希腊，轻视法国传统，这总是被解释为一种民族身份的发现"②。而在文化立国的角度上，人文主义运动本身就是政治统一诉求最显性的文化表征。根据人文主义运动的谱系，"加洛林文艺复兴"（Carolingian Renaissance）实质上不单纯是一场返回古罗马文艺和科学的文化运动，它不仅促进了日耳曼文化、古典、基督教文化的实际融合，更标志着日耳曼蛮族由此成为一个政治统一体。与此类似，意大利的智识阶层如彼特拉克（Francesco Petrarca，1304—1374）、马基雅维利（Niccolò Machiavelli，1469—1527）之所以在文艺复兴中不约而同地将目光投回古罗马文化，其根由不唯在于亚平宁半岛乃是古罗马的发源地，同样也试图借助文化的统一促进意大利君主专制政体的形成。这亦构成了意大利和德意志迥异于英格兰、法兰西的根本之所在，对英、法这样早已出现君主政体的近代民族国家而言，国家富强之道绝不在于崇尚古希腊罗马的人文理想。而巴姆巴赫所描绘的希腊—德意志式图景，

---

① ［意］莫米利亚诺：《现代史学的古典基础》，冯洁音译，华东师范大学出版社2009年版，第109页。
② ［德］施莱希塔：《尼采著作中的德国"古典主义者"歌德》，载奥弗洛赫蒂、黑尔姆编《尼采与古典传统》，田立年译，华东师范大学出版社2007年版，第244页。

同样道出了文化身份选择背后的政治意图:"在 18 世纪中后期和 19 世纪早期,这种希腊—德意志原生性神话由温克尔曼、洪堡、席勒、费希特、荷尔德林等人设置起来,其目的是建立一种新的德意志文化身份。"①

在民族身份认同和现代国家文化竞争的双重动因之下,新教世界观乐于与古希腊人文理想结成紧密的同盟,以从根本上扭转德意志相对于整个拉丁—天主教文化传统的政治劣势。德国古典哲学美学,乃至整个德意志新古典主义运动中德意志—古希腊的亲缘性叙事切中了宗教改革文化立国的深层动因,因而希腊文化在德意志的全面复兴和深度传播实际上构成了德意志国家重组的预演。施莱希塔将这种文化移植明确归结为一种民族重生的政治诉求,"这总是被解释为一种民族身份的发现……马丁·路德在他那个时代倾听着古老圣经的纯粹之言,而现在,人们则诉诸纯粹的人的形式,这种人的形式就是温克尔曼在其希腊人意象中创造的形式"②。这一诉求不仅从根本上脱胎于马丁·路德所开启的新教世界观,而且还指向了 1800 年前后德意志极端危急的现实处境。德意志—希腊亲缘性叙事的建构在这一时段达到高峰,在某种程度上也正是当时德意志国家危机的文化投射。1800 年前后对德意志来说乃是一个生死攸关的时刻。法国大革命爆发后,普鲁士和奥地利恐惧于大革命思潮在欧洲的扩散,倾覆旧有的社会结构和政治体制,竭力联合其他欧洲国家君主,先后组建反法同盟干涉大革命,但 1792—1805 年间先后三次反法同盟战争均惨遭失败,伴随着拿破仑军队在奥斯特利茨大破俄奥联军取得"三皇会战"的辉煌战果,第三次反法同盟宣告瓦解;1806 年,在拿破仑的威势下,16 个神圣罗马帝国成员邦签订《莱茵邦联条约》,战败的弗朗茨二世不得不自去"神圣罗马帝国皇帝"封号,存续八百余年的神圣罗马帝国彻底走向末路。野心勃勃的拿破仑占

---

① [美] 巴姆巴赫:《海德格尔的根》,张志和译,上海书店出版社 2007 年版,第 303 页。
② [德] 施莱希塔:《尼采著作中的德国"古典主义者"歌德》,载奥弗洛赫蒂、黑尔姆编《尼采与古典传统》,田立年译,华东师范大学出版社 2007 年版,第 244 页。

领了大片德意志土地，获得大量战争赔款，在拿破仑入侵德意志之初，大刀阔斧地推进了多项改革，一时之间，使得许多出身于德意志市民阶层的知识分子包括普通民众都视拿破仑为"救星"；但德意志人很快发现，拿破仑的初衷绝非拯救德意志，法军在占领期间横行无忌、大肆敛财，迫害有异议的市民，德意志人不得不忍受法军的一切镇压和剥削，在民族尊严受到如此践踏之后，德意志的民族意识彻底觉醒。战争进程让德意志的知识分子充分认识到本民族的文化基础实际上不堪一击，战争和政治失败的根本正在于文化的失败，面对残酷的政治现实，德意志的有识之士不约而同地将文化视为存国保种的真正根基。德意志古典人文主义者和古典哲学的大师们默会于心的共识正是将文化视为政治的替代物，以文化作为政治的根基，在这样的视野下，古典希腊绝非仅是一种人文理想，更代表了一种政治理想。在此架构下，新教与希腊异教的融合或者说"德意志—希腊亲缘性叙事"就是让德意志民族或普鲁士王国通过文化革新而最终"成为单一民族国家，且走得更远，成为民族主义的国家"①。

古典人文理想与新教世界观在民族国家建构上一拍即合，从表面上看，德意志思想家对古典希腊的引入不啻一场异教文化对新教——日耳曼精神的入侵，而德意志史学家梅尼克（Friedrich Meinecke，1862—1954）则意识到世界观冲突之下深层的一致性，因为新教对希腊世界观接纳的方式本身就是新教式的，"在温克尔曼对希腊美的标准的经典化中，我们同样见证了古代思想方式的一场胜利。然而，甚至在温克尔曼看来完全是古典世界的异教徒的地方，他还是一个德意志人……保存了一些德意志新教的遗产。即使在罗马，在他为自己的感悟而欢呼唱歌时，也是在唱一首来自新教的赞美诗集的晨赞歌"②。古典人文理想在

---

① [德]彼得·贝格拉：《威廉·冯·洪堡传》，袁杰译，商务印书馆1994年版，第69—70页。
② [德]弗里德里希·梅尼克：《历史主义的兴起》，陆月宏译，译林出版社2009年版，第269页。

被德意志人引入的过程中由一种客观的历史存在转化为一种内在的审美存在，即马丁·路德所开启的宗教意义上的"内在性"原则，这也成为德国古典哲学美学的大师们和新古典人文主义者们看待希腊古典理想的方式。

在德意志新古典人文主义运动的奠基人温克尔曼那里，古典希腊就代表了一种由宗教的内在性转换而来的审美的内在性，温克尔曼对希腊雕塑的经典判断"高贵的单纯和静穆的伟大"①，实质乃是将雕塑外在的坚实性转化为了心灵的伦理之德，赫尔德认为温克尔曼塑造的古典希腊并非历史的希腊，而是关于美的历史形而上学。这一基本模式为德国古典美学的大师们所继承，如歌德、席勒也将希腊式的人格特质规定为内在审美式的，"审美式"的特性成型的标志是"内在形式"感的养成，外部世界和内心世界的平衡最终落实为内心的各种能力的充分发展与和谐一致，"内在形式"的人具有真正的可塑性，是真正意义上"古典类型"，本身就是美、和谐、自由。这种古典希腊不仅在现代性批判的维度构成了对现代世界种种分裂的内在拯救，而且在艺术发展的历史维度也构成了无可超越的典范。

这无疑在广度上又大大拓展了温克尔曼开启的新古典人文主义运动，古典希腊与现代（Neu-Zeit，即新时代）间的不同并非审美趣味的差异，而是内在主导原则的差异，"在希腊的国家里，每个个体都享有独立的生活，必要时又能成为整体；希腊国家的这种水螅性如今已被一架精巧的钟表所代替，在那里无限众多但都没有生命的部分拼凑在一起，从而构成了一个机械生活的整体"②"如果今人，正如现在刚刚发生在我们身上的情况一样，每每进行一次观察，便要把自己抛入无穷之境，以便最终（如果他能成功的话）重新返回到有限的一点上，那么古人却能即刻感受到那唯一的、位于美的世界之迷人范围以内的愉快，

---

① ［普鲁士］温克尔曼：《论古代艺术》，邵大箴译，中国人民大学出版社1989年版，第44页。
② ［德］席勒：《审美教育书简》，冯至、范大灿译，北京大学出版社1985年版，第29页。

而无需去走什么弯路"①。对歌德和席勒而言，只有通过艺术与希腊的审美图景，才能进入一种自愿的和谐一致、一种幸福的平衡，或者道德与感性无差别的状态之中，从而"把万有和生命神化为意志，以便在自己的直观中获得安宁和幸福"②。谢林、黑格尔在历史哲学维度中承袭了歌德、席勒的洞见，但他们又在深度上超越了前者。谢林和黑格尔比歌德、席勒更为冷静，他们一方面意识到现代艺术本身就浸透着现代性原则，它不再表现和谐统一和美，相反开始着力表现日常生活和个体的内心世界；另一方面则基于新教的内在性原则从哲学思辨的角度肯定了基督教世界观对希腊世界观超越的历史必然性，由此在将古典希腊理想确立为艺术典范的同时，也论证了艺术在现代必须将拯救分裂的任务让渡给更能体现内在性原则的哲学。谢林在《艺术哲学》中指出，如果说和谐完善是希腊世界的特征，那么基督教"取代了与自然无意识的同一（Identität），取代了与命运的决裂，在更高的幂次（Potenz）上重新创造了统一（Einheit）"③，而黑格尔也在总体上与谢林保持类似的判断，基督教将人与神、有限和无限都对立起来，永恒分裂成为现代世界全新的原则，因此艺术不再纯粹表现统一性，而不得不立足于有限，从分裂中实现统一，使艺术转入个体的内省，这更多是新教世界观发现的真理，而非艺术在希腊古代世界的使命。从这个角度来看，谢林在《艺术哲学》中对希腊的自然神话的颂扬和黑格尔的《美学讲演录》中对古典型艺术的推重，"它把理念自由地妥当地体现于在本质上就特别适合理念的形象"④，构成了德国古典哲学美学中德意志—希腊亲缘性建

---

① 歌德：《温克尔曼》，载《歌德文集》第10卷"论文学艺术"，罗炜译，人民文学出版社1999年版，第414页。

② Vgl. Friedrich Wilhelm Nietzsche, *Nachgelassene Fragmente*, KSA (Kritische Studienausgabe) Band 12, Hrsg v. Giorgio Colli und Mazzino Montinari, Berlin & New York: Walter de Gruyter, 2003, S. 443. 中译参见尼采《权力意志》上，孙周兴译，商务印书馆2007年版，第507页，译文略有改动。

③ Friedrich Wilhelm Joseph Schelling, *Sämmtliche Werke Abt. 1*, Bd. 5, hrsg von K. F. A. Schelling, Stuttgart: Cotta, 1859, S. 290.

④ ［德］黑格尔：《美学》第1卷，朱光潜译，商务印书馆1979年版，第97页。

构的高峰,宣告了理性内在性对审美内在性的提升和扬弃。

对于德意志—希腊亲缘性独特的建构,斯宾格勒(Oswald Arnold Gottfried Spengler,1880—1936)精准地总结出这批德国古典哲学的大师们以希腊之酒浇自己之块垒的实质,"他们有意不去多看古典的东西,这样他们就保全了自己关于古典的内心影像——其实,古典是一种背景,是用来衬托他们自己所创造的、用自己的心血培育起来的生活理想的,它是一件装着自己的世界感情的容器,是一个幻景"①。而这种颠倒的幻景却又恰好是新教内在性特质运作方式的产物,"在某一特定的内容中自己对自己发生关系——精神的生命,就在于显得是他物的东西里面回归于自身"②,可见德意志民族乃是基于由宗教改革真正恢复的自我意识的原则而将希腊古典人文理想与自身的命运紧密联系在一起,并将之颠倒为自身未来的影像。

第二节

除了对希腊异教世界观的内在整合之外,新教对其他基督教教义理论的吸纳和重构同样体现在德国古典美学特殊的话语形态之中,典型案例便是新教对自然神论的批判和改造,这种批判和改造具体表现为康德在《判断力批判》中所建构起的自然与艺术之间的类比关系。这一类比关系之要义在于自然"向我们展现出一个如此不可测度的多样性、杂多性、秩序、合目的性和美"(A622/B650)③,这种特殊的自然存在可以从理智上回溯到存在一个更高的理智或心灵作为其创造者而得到理解。然而,将之理解为新教世界观对自然神论模式的整合又是疑问重重

---

① [德]斯宾格勒:《西方的没落》上,齐世荣、田农、林传鼎译,商务印书馆1953年版,第52页。

② Georg Wilhelm Hegel, *Vorlesungen über die Geschichte der Philosophie I*, TWA, Bd. 20, Frankfurt a. M. : Suhrkamp, 1971, S. 57.

③ 中译参见[德]康德《纯粹理性批判》,邓晓芒译,人民出版社2004年版,第492页,之后引用将沿用国际惯例,只注出A版和B版的标准码。

的，其困难有三。首先，思想界对自然神论本身还缺乏一个比较明确的规定；其次，康德本人虽然多次提及自然神论，但他对自然神论的援引，乃至规定与自然神论本身是否相符还需要考察；最后，康德构建的自然与艺术之类比关系的方案是否被理解为一种新教对自然神论模式的吸纳还有待进一步的讨论。

从历史渊源来看，自然神论（Deism）产生于17世纪的英国，随后传播到荷兰、法国和西欧国家，最终成为启蒙运动中理性宗教的形态，且本质上与近代自然科学的进展相适应；① 但从思想规定来看，这一术语从产生至今都缺乏明确的意义。② 例如国内比较熟悉的对自然神论的主要主张——神在创世之后不再干预世界，而让法则自行运作——这可以对应法国自然神论者，如伏尔泰，却不能适用于英国自然神论者，如托兰德（John Toland，1670—1722）、雪堡的赫伯特勋爵（Edward Herbert，1583—1648）等。产生这种复杂性的原因主要在于大部分被归入自然神论范畴的思想家们本身其实持有截然不同的信念与立场，"从质疑基督教者到近乎无神论者的有神论者都有"③。阿伦·伍德（Allen Wood）认为自然神论者的称呼很可能来自其论敌，④ 他们被视为虽然承认神的存在，却反对基督，乃至对基督教的圣典表示怀疑之人。⑤ 根据这一点大致可以判断，17、18世纪的自然神论者无论他们对基督教信仰持支持或反对的立场，都对基督教或新教的启示神学观表现出不同程度的怀疑，并且倡导一种基于理性而非信仰的自然宗教观。启示和理性

---

① Cf. William Bristow, "Enlightenment", *The Stanford Encyclopedia of Philosophy* (Fall 2017 Edition), (First Published in August 20, 2010; Substantive revision 9 August 29. 2017) https://plato.stanford.edu/archives/fall2017/entries/enlightenment/2021.12.31.

② Cf. Roger D. Lund, "Introduction", *The Margins of Orthodoxy: Heterodox Writing and Cultural Response, 1660–1750*, edited by Roger D. Lund, Cambridge University Press, 1995, p. 5.

③ William J. Wainwright, "Deism", *The Cambridge Dictionary of Philosophy* (Second edition), edited by Robert Audi, Cambridge: Cambridge University Press, 1999, p. 216.

④ Cf. Allen Wood, "Kant's Deism", *Kant's Philosophy of Religion Reconsidered*, edited by Philip J. Rossi & Michael Wreen, Bloomington: Indiana University Press, 1991, pp. 1–2.

⑤ Cf. Allen Wood, "Kant's Deism", *Kant's Philosophy of Religion Reconsidered*, p. 2.

的区分虽然粗疏，但的确在一定程度上构成了判断自然神论者之归属的实用理据。那么康德是如何看待自然神论基本的理论立场呢？他在《纯然理性界限内的宗教》中有针对性地提出了启示宗教和自然宗教的区分，前者乃是"为了把某种东西承认为我的义务，我必须实现知道它是上帝的诫命"，后者则是"必须能够承认某种东西是上帝的诫命之前，就知道它是义务"①，在康德看来，启示宗教将神的启示视为义务的根据，而自然宗教则是基于理性的态度将神设定为义务的需要。基于这一区分，康德将自然宗教的立场——将神视为道德之必需——规定为理性主义，而理性主义内部又可以进一步区分出三种对待启示的不同态度。一是自然主义者，他们否认任何超自然启示的现实性；二是纯粹理性主义者，他们允许超自然的神的启示，但主张认识这种启示是现实的，对于宗教来说并不是必须要求的；三是超自然主义者，他们认为启示的信仰是普遍宗教必需的②。从总体上看，纯粹理性主义者的立场属于康德对自己的定位，他虽然反对将宗教建立在启示的基础上，但也反对自然主义者对启示可能性的彻底否认，他对自然主义者的描述比较符合"自然神论者"的总体态度。③

从思维方式来看，自然神论不仅是一种对待启示的理性态度或否定立场，还代表了一种认识神与自然之间关系的基本模式。在自然神论者看来，自然的秩序类似于机械运作结构，基于这种机械的因果性可以从结果的相似性推导出原因的相似性。在休谟的《自然宗教对话录》中，克里安提斯从自然与机器的相似性出发，推导出一个类似于人类思维但更加伟大的理智作为世界的创造者。④但是休谟自己也深刻反思了这种

---

① ［德］康德：《康德著作全集第6卷：纯然理性界限内的宗教、道德形而上学》，李秋零译，中国人民大学出版社2007年版，第155—156页。

② 参见［德］康德《康德著作全集第6卷：纯然理性界限内的宗教、道德形而上学》，李秋零译，中国人民大学出版社2007年版，第156—157页。

③ 参见李科政《康德与自然神论：当代争论背景下的反思与辨析》，《哲学评论》2019年第2期，第136—149页。

④ 参见［英］大卫·休谟《自然宗教对话录》，陈修斋、曹棉之译，商务印书馆2002年版，第18—19页。

设计论证明的困难。首先，从相似的结果到相似的原因的推理建立在经验归纳的方法论上，这种归纳的内核是一种类比关系，难以建立起逻辑上严密的因果性；其次，从自然到人类机器的类比只能是一种比例上的类比，这种回溯性类比既无法确证神在本体论上的优先性也无法从这个类比中得到神的其他属性，比如全知或全善。① 应该看到，自然神论基于经验主义原理，基本是一种机械因果律来看待神与自然，休谟从彻底的经验论立场揭示了自然神论的缺陷。这种揭示无疑从外部给了康德以巨大的启示，他意识到自然神论很大程度上在自然界和道德领域中都假定了某种因果秩序的存在，这对道德义务和经验科学研究具有一定程度的价值和贡献，② 因而对之抱有同情和敬意。康德在《判断力批判》中，把自然神论的一些基本构想界定为"一种被误解的自然目的论"③，在他看来，自然目的论同时促进了知识的进展和道德价值的确证。首先，尽管凭借经验无法形成关于知识整体的构成性原理，但是"对自然的许多研究都能够而且必须按照目的论的原则进行"④，因为自然科学的目的正是在经验世界中达到最大限度的统一性和秩序性，而较之经验科学，自然目的论观点能够赋予认识自然或经验整体统一性和秩序性以范导性的原理；其次，康德认为对道德目的论而言，自然目的论实际上已经通过整个目的系统揭示了自由作为自然的终极目的在整个目的系统的秩序安排上能够确证人的道德义务的合理性，这使得对道德义务的证

---

① 事实上，康德在《纯粹理性批判》中对自然神学证明的批判也涉及这几个角度。例如，他认为自然产品与人类艺术的类比推理"经不起极为苛刻的先验批判"；理性从已知的因果性"过渡到它不认识的隐晦的和无法证明的解释根据"。又例如，康德认为自然的合目的性与和谐性只能证明世界的形式服从最高智慧的设计，而不能证明实体或质料的偶然性，由此阐明的"上帝"只是"受他所加工的材料的适用性限制的世界建筑师"。参见《纯粹理性批判》，B655。

② 参见［美］艾伦·伍德《康德的理性神学》，邱文元译，商务印书馆2014年版，第150页。

③ ［德］康德：《实践理性批判，判断力批判》，载李秋零主编《康德著作全集》第5卷，中国人民大学出版社2007年版，第461页。

④ ［德］康德：《实践理性批判，判断力批判》，载李秋零主编《康德著作全集》第5卷，中国人民大学出版社2007年版，第455页。

明无须诉诸一个超越于整个世界之外的神圣存在者。也正缘于这两方面的考量，康德必须基于反思判断力的基本原理，将自然神论中自然目的论的合理内核发掘出来，以完成对道德目的论的最终建构。

由此将反思判断力的原理引入整个批判哲学的体系，既可以从康德批判哲学体系内部理解为解决从自然向自由的过渡，从而构建起两个世界之间真正的一致性；也可以从外部理解为自然目的论对自然神学的整体重构。从批判哲学体系的内在要求来看，康德在《纯粹理性批判》中率先引入了自由问题，其本意是要先解决世界起源的可理解性，但康德更关切的是通过在经验世界之中建立起特定序列的绝对开端，而赋予人在经验世界中行动的任意性（自然因果性和自由因果性的兼容性）的哲学依据。但在第一批判中，康德只是划分了理智世界和经验世界这两个世界，从而引入了判断人的同一个行动的两种不同的视角，这个划分虽然看似解决了自然和自由的兼容性，但实际上只是区分了自然的因果性和自由的因果性，并没有确立起人的实践自由。因为自由的因果性对于经验世界而言只是一种"应当"，自由作为一个理智世界的概念并不能直接进入经验世界，只能作为一个超越于经验世界的原因而起作用。这使得先验自由对理智世界而言是构成性的，但对于经验世界而言是范导性的，自然和自由也并未得到真正的统一。而从鉴赏判断过渡到目的论判断实际上构成了自然向自由提升的前导。自然目的论真正的任务就是将自然和自由的并行不悖提升为真正的一致，它要通过两类以反思判断力运作的特殊的媒介（审美—艺术、有机自然）证明超越性自由可以在经验世界发挥效用，"按照自由概念的结果就是终极目的，它（或者它在感官世界中的显像）应当实存着"[①]，概言之，《判断力批判》中自然目的论是使作为世界之内的理智性格的自由本身在自然整体中呈现出来。

---

① ［德］康德：《实践理性批判，判断力批判》，载李秋零主编《康德著作全集》第5卷，中国人民大学出版社2007年版，第206页。

为了完成这一任务，康德构建起了自然和艺术的类比关系，他首先找出了自然中一类特殊的事物，这类事物"的起源的因果性不是在自然的机械作用中，而是必须到一个由概念来规定其起作用的能力的原因中去寻找"①，这类自然事物的特殊性需要通过非自然因果性的崭新视角得到理解，即"作为唯有理性才能给出并将对象与之相比较的概念，才能包含着导致这样的一个结果的因果性似的，因而这因果性就绝对能够被视为目的，但不是自然目的，也就是说，它能够被视为艺术的产品（Verstigium Hominis Video）[我看到人的痕迹]"②。康德认为，需要通过艺术创作中特殊的因果性才能理解这类自然产物包含的因果性。艺术或技艺产物在康德看来是以理性为其行动基础的某种任意性生产，艺术品只能归属于其创造者，③其预设了制作目的和结果的同一性，这种特殊的因果性构成了理解这类自然产物的关键，康德将以这种特殊的因果性而存在的自然事物称为"有机体"（Organisierte Wesen）。有机体这类自然领域特殊的存在者首先阐明自然本身的存在方式，其原因性结构既不同于自由的因果性，也不同于自然的因果性，却兼容了二者，"是自己的原因和结果（Ursache und Wirkung）"④。但这种类比关系并不意味着有机体就是艺术产品，它还包含了超出艺术产品之所在，有机体意味着整体与部分的合一。首先，部分无法独立存在，要通过与整体的关系才有可能，整体先于部分；其次，有机物中部分和部分以手段和目的的模式相互产生，并以此产生整体，部分组织起整体。⑤ 康德认为，在有

---

① [德]康德：《实践理性批判，判断力批判》，载李秋零主编《康德著作全集》第5卷，中国人民大学出版社2007年版，第384页。
② [德]康德：《实践理性批判，判断力批判》，载李秋零主编《康德著作全集》第5卷，中国人民大学出版社2007年版，第385页。
③ 参见[德]康德《实践理性批判，判断力批判》，载李秋零主编《康德著作全集》第5卷，中国人民大学出版社2007年版，第315—316页。
④ 参见[德]康德《实践理性批判，判断力批判》，载李秋零主编《康德著作全集》第5卷，中国人民大学出版社2007年版，第387页。
⑤ 参见[德]康德《实践理性批判，判断力批判》，载李秋零主编《康德著作全集》第5卷，中国人民大学出版社2007年版，第388页。

机体中，整体既被预设为理念而先于部分，又是由部分交互作用产生的结果，因而整体本身就是目的，有机体也由此被称为自然目的（Naturzweck）。

康德在此基础上指出，借助有机体特殊的存在方式，整个自然的存在方式能够得到理解，只有从反思判断力的角度看，自然整体才可以被理解为有机体，自然并不适宜被理解为神的造物，而是一个自我产生和自我组织的整体，构成了一个部分与部分之间紧密联结的准目的系统。由于自然本身可以被视为一个准目的系统，那么自然作为整体被认识和理解就需要一个更大的目的系统，康德力图通过这种自然目的论的视野将经验自然之整体与整个人类文化世界都纳入目的系统的整体之中，我们在自然中发现了作为自然目的（Naturzweck）的有机体，同样我们基于目的系统整体也在人的历史和文化中发现了自然之目的（Zweck der Natur），在整个因果关系序列中，文化构成了自然的最后目的，这种自然之目的并非给历史的罪恶做合理性辩护，而是证明自由这个终极目的的存在，如果没有自由，那么不仅人的文化和历史毫无意义，而且自然也缺乏了可理解性。在反思判断力的运作模式下，如果自然整体乃是有机的，那么它必须与人的文化和历史之整体通过相互产生的方式，构成一个更大的整体，以实现自由这个最终目的。如此，自然对文化而言成了手段，人的文化和历史就构成了经验自然之整体的最后目的，二者形成了一个目的序列，由此自由作为最终目的通过这个完整的目的序列对经验自然整体产生了现实的影响，正是在这个意义上，自由本身成了自然的终极目的。

从最终的效果来看，康德通过把自然神论改造为自然目的论的方案确证了自由本身对经验世界的现实作用，而无须再依赖一个超越于世界之外的神圣存在者，由此避免了道德目的论重新倒退为道德神学证明。那么我们需要进一步反思的是，这一方案在多大程度上能被视作新教世界观对自然神论模式的改造？从表面上看，这种反思判断力的运作原则避免了自然神论的独断性，毫无根据的否定启示和未经反思的接受启示实际上都是一种独断的立场。现在反思判断力的运作方式或自然目的论提供了一种建构认识之统一的范导性原理，对我们而言，这虽然并不是一个可被认识的、客观存在着的世界秩序，却是一个必要预设，使我们对世界系统性的认识得以可能，它也代表了一种纯粹理性的立场。康德把这种按照设计意图将自然把握为统一体的主观视角规定为反思判断力的设定，"就好像同样有一个知性（即便不是我们的知性）为了我们的认识能力而给予了这种统一性，以便使一个按照特殊自然法则的经验体系成为可能似"①。反思判断力的主观设定排斥了借助神的创造而搭建的自然与艺术外在相似，将这种外在相似转换为意识之中和心灵之内的类比，不过按照黑格尔对康德反思判断力的阐释，反思判断力的原则实际上退回到了思想的主观性，它只是一个主观的通则，在这样的主观通则中，关于对象的客观本性什么东西也没有说出来，②这意味着在自然目的论的视角中，自然和自由的客观统一只是被理解为自然和自由之和解在人的意识中的映现，抑或统一性只能通过人的内心而获得。在黑格尔看来，反思判断力的运作原理恰好与新教的内在性特质有着深层汇通，甚至可以认为在自然目的论中自然和自由在人之内心维度的和解乃将自然神论对启示的外在排除彻底内在化。这种区分客观建构和内在反映的脉络实际上已经伏于马丁·路德的"因信称义"学说之中。在1520年马丁·路德写就了《致德意志基督教贵族公开书》《教会被掳于巴比伦》和《基督徒的自由》三篇宗教改革纲领性的文献，其中《基督徒的自由》系统地阐述了新教信仰和内在性模式，他依据《哥林多后书》第4章第16节的经文"外体虽然毁坏，内心却一天新似一天"③，提出了最为关键的"外面的人"和"里面的人"的区分，即

---

① [德]康德:《实践理性批判，判断力批判》，载李秋零主编《康德著作全集》第5卷，中国人民大学出版社2007年版，第190页。

② Georg Wilhelm Hegel, *Vorlesungen über die Geschichte der Philosophie III*, TWA, Bd. 20, S. 376.

③ [德]马丁·路德:《路德文集》卷一，路德文集中文版编辑委员会，上海三联书店2004年版，第401页。

肉体与灵魂的区分。"外面的人"和"里面的人"的区分是对使徒保罗思想的继承，保罗这种区分的思想一方面可以上溯至新柏拉图主义对灵魂优先性的强调，另一方面在神学传统内部否定了天主教注重善工的倾向，这两方面对马丁·路德神学的核心概念"因信称义"造成了直接影响。马丁·路德认为，"信"仅仅在于"里面的人"，拯救只关乎"里面的人"，而与外面的人没有关系。宗教改革的爆发在相当程度上针对的就是天主教沉溺于感官事物，引诱信徒盲目服从外在的威权或奇迹，完全丧失"里面的人"这一维度。从这个角度看，"因信称义"不仅是将信仰重新置入内在，而且是对自我在信仰中的重新肯定。简而言之，新教的本质就是将神、将真理的启示置于人的内心，在自我意识的维度使原本神和真理的超越性通过人的内在维度、人的内心自发地与人和解，由此人获得了自信，并信任纯粹思维的力量。康德通过反思判断力的作用方式将自然神论改造为了自然目的论，再一次将和解与统一的真理呈现在内心和主观意识中，这无疑是新教的真理，也再次确证了路德宗的原则，即"个人的精神独立地使永恒的东西成为己有的"[①]。

第三节

1800 年前后泛神论作为一种新的世界观在德意志思想界引起了巨大震动。泛神论的引入从整体上改变了德国古典哲学美学对哲学基本任务的理解，而伴随着这种理解的变化，艺术经验或艺术创造在哲学领域也从边缘进入中心，艺术哲学的任务得到了重新规定，继而深刻影响了德国古典美学的整体面貌。与自然神论类似，泛神论引入德意志思想界亦经过了新教观念的中介，它并非单向影响着德国古典哲学美学的发展，在对它的接受中也包含了德意志思想对泛神论的内在重构，拜塞尔

---

① Georg Wilhelm Hegel, *Vorlesungen über die Geschichte der Philosophie I*, S. 63.

认为这种内在重构潜移默化地影响了出生于1770年前后的浪漫一代,①并极其隐微地构成了早期浪漫派和观念论者看待艺术和无限之关联的共同方式。

18世纪末期,德意志一代文宗莱辛去世后,雅各比(Friedrich Heinrich Jacobi,1743—1819)发表了《论斯宾诺莎的学说——致门德尔松先生书信集》,直接引发了他与莱辛老友、柏林启蒙主义者门德尔松(Moses Mendelssohn,1729—1786)之间关于泛神论问题(Pantheismusstreits)② 长达四年的论战(1785—1789),这场论战影响之大,直接导致了泛神论世界观在德意志的复活,进而带来了18世纪90年代以后德意志思想界对斯宾诺莎主义的普遍接受。这场争论原本只是雅各比和门德尔松关于莱辛究竟是否为斯宾诺莎主义者的私人争论,但由于同时代康德、赫尔德、歌德等诸多思想巨人先后卷入这场论战之中,遂演变为一场轰动一时的文化事件,继而改变了整个后康德哲学发展的整体走向。雅各比所挑起的这场论争原本是为了批判斯宾诺莎哲学及其代表的理性主义哲学,却意外地促进了斯宾诺莎哲学及一元论世界观在德国的复兴。毋庸置疑,"在18世纪晚期德国最重要的理智事件就是发生在

---

① 参见[美]弗里德里克·拜塞尔:《黑格尔》,王志宏、姜佑福译,华夏出版社2019年版,第24页。

② 所谓泛神论之争指的是莱辛是否是一个斯宾诺莎主义者。德意志启蒙运动的领袖莱辛于1781年去世,他在去世前半年曾与雅各比见过面,并且详细阐述了自己的哲学观念。当雅各比得知莱辛的好友摩西·门德尔松要撰写有关莱辛的纪念文章时,就写信给门德尔松转达了二人谈话的内容。雅各比在信中提到,莱辛完全赞同歌德的《普罗米修斯》一诗中的观点,莱辛说,"关于神的正统观念对我来说已不复存在,我不能接受这些概念,万物都是统一的,我对此坚信不疑"。雅各比对此感到惊讶,问道,"那您必定在很大程度上赞同斯宾诺莎的观点?"莱辛回答,"如果我必须举出是谁的话,那么除他之外别无他人……您知道还有什么更好的吗?"接着进一步补充道,"除了斯宾诺莎哲学,再没有任何别的哲学。"门德尔松收到信后对此十分震惊,他不相信伟大的莱辛会对神公然表示怀疑,更不相信莱辛居然是斯宾诺莎主义者(因为在当时的德意志思想界斯宾诺莎主义等同于无神论),他认为这是雅各比在泼脏水。于是二人展开了长时间通信,雅各比在争论中对理性的体系哲学展开了批判,并捍卫信仰,而门德尔松则是要取消斯宾诺莎主义的指控,斯宾诺莎的哲学当时被理解为是对有神论的反对,因为哲学论证会导致对自由的取消,从而否定道德,最终走向宿命论。Cf. Frederick C. Beiser, *The Fate of Reason. German Philosophy from Kant to Fichte*, Cambridge & Massachusetts & London:Harvard University Press, 1993.

雅各比与门德尔松之间的泛神论之争。……泛神论之争对于19世纪哲学具有与康德的第一批判同样大的影响"①。

实际上,"泛神论"这一思想形态在整个西方思想史中都极为含混,泛神论(Pantheismus)一词按照其希腊文原义,可理解为"万有—在—神"(Pan-en-theos),但这种"万有在神"并不意味着神等同于万有,而人们却时常望文生义,妖魔化了泛神论,将之非常粗糙地概括为神无所不在,"万物皆神"。这种模棱两可的理解就在于它忽视了一个最重要的本质规定,即"就本质而言",万物万有才是神。而就万物具体个别的规定性而言,万物决不能等同于神。正是在"就本质而言"这一层面,泛神论和宗教改革在观念上有了交汇之处。

首先,与中世纪天主教沉溺于外部威权不同,新教不仅推崇"里面的人"的维度,而且还将神的存在转化为神与人的关系,相信神植根于信徒的心灵之中,主张新教徒应专注于作为内在存在的神。从新教内在性原则出发的种种思想完全可以从内在于心灵的神进一步推演出神作为内在世界的存在,神不仅在"里面的人"之中起着作用,神也与世界同在,由此新教神学就包含了通向泛神论的逻辑环节点。

其次,在宗教改革的神学思想逐渐走向正统化之后,17世纪出现了反抗其主流权威地位的德意志虔敬运动,虔敬派(Pietismus)反感于正统派过度理性化的教条,他们追求在思辨深度上超越正统派而隐蔽地求助于斯宾诺莎哲学改造新教传统,以期潜心思考内心存在的神。但在哲学史上,斯宾诺莎哲学曾在相当一段时间中声名狼藉,多数情况下,他被简单粗暴地视为否定宗教传统中人格神的无神论者。对此,费尔巴哈曾精辟地总结到,在17—18世纪,"斯宾诺莎几乎被异口同声地宣布为无神论者"②,因而斯宾诺莎在当时的思想界远未获得与之匹配的承

---

① Frederick C. Beiser, *The Fate of Reason. German Philosophy from Kant to Fichte*, Cambridge & Massachusetts & London: Harvard University Press, 1993, p. 44.
② [德]费尔巴哈:《费尔巴哈哲学著作选集》下卷,荣震华、王太庆、刘磊译,生活·读书·新知三联书店1962年版,第525—526页。

认。真正将泛神论和斯宾诺莎哲学联结起来的并非泛神论之"泛",而在其"神"。斯宾诺莎提供了一种对"神"彻底的哲学化解释,其思想中的"神"没有理智,没有意志,没有情感,没有任何传统宗教意义中的人格性;在斯宾诺莎那里,作为实体的神就是大全本身。黑格尔准确地洞悉斯宾诺莎思想的内核,一针见血地指出:"只有神是唯一的实体;自然、世界用斯宾诺莎的话来说只不过是实体的变相、样式,并不是实体性的东西。因此斯宾诺莎主义是无世界论。世界、有限本质、宇宙、有限性并不是实体性的东西,只有神才是。那些说他是无神论、申斥他是无神论的人所说的话的反面倒是真的;他那里大大地有神。"[1]

雅各比在《论斯宾诺莎的学说——致门德尔松先生书信集》中详尽阐发了他的斯宾诺莎阐释,雅各比认为无中不能生有(Ex Nihilo Nihil Fit)被斯宾诺莎预先设定为自己哲学的前提,而"无中不能生有"的预设实际上拒绝了从无限到有限的转变,因此用一个内在于世界秩序本身的无限取代了创造着的无限或流溢的无限。这一思想可追溯到斯多葛主义对柏拉图主义的改造,世界的存在是基于自身之内的原因,而不是依赖于一个超越的原因。斯宾诺莎同时拒绝了基督教的创世论和普罗提诺的流溢说,因为无论是神创造世界,还是太一过渡到大全,其实都预设了无中生有。在雅各比看来,斯宾诺莎通过这种内在无限的模式合乎理性地排斥了人的自由和创世的目的,转而用一种内在的、自我融贯的系统来解释世界。伴随着雅各比对斯宾诺莎哲学的批判,斯宾诺莎哲学从幕后转向了德意志思想的台前。另一些哲学家则看出了斯宾诺莎主义中理性的体系并不意味着将主观意识或个体的思维擢升为最高的原则的真正深度,它预示了主观理性和世界以一个更高的原则为根据,而这个更高的原则是超越我们思维限度的无限者,也就是神或者万物的本质。这种内在的无限性是一种完全不同于康德理性批判的新的世界架构,由此太一即大全的洞见重新进入了人们的视野。在雅各比的转述中,莱辛

---

[1] Georg Wilhelm Hegel, *Vorlesungen über die Geschichte der Philosophie III*, S. 163.

认为,"人们提起斯宾诺莎好像是在提一条死狗",但他同时又说,"在斯宾诺莎的哲学以外不存在其他任何哲学"。① 歌德在斯宾诺莎的作品中找到了"心灵渴望已久"的哲学,并把这种哲学思想融入他的诗歌和散文中;谢林曾在1795年主显节给黑格尔的信中提到,"我成了一个斯宾诺莎主义者"②;而黑格尔更是在《哲学史讲演录》里深情回忆青年时期的经历,"要么是斯宾诺莎主义,要么就不是哲学。""如果想研究哲学,就首先要做一个斯宾诺莎主义者。"③斯宾诺莎的内在无限最大限度地实现了传统形而上学和新教世界架构的相容性,神并不在大全之外,而是在大全之内行动。无限现在不能被设想为超越者,而应当成为内在的大全。倘使大全之内的存在者是自由的,那么就有理由相信人的自由并不与神的必然相矛盾,因为诸存在者是神的生命的一部分。如此一来,就不难理解,为何"自由的斯宾诺莎主义"顺理成章地成了1800年前后的德意志思想目标,"太一即大全""一在一切之中"(hen kai pan)成为风靡一时的口号和纲领性的理念。

斯宾诺莎主义内在无限的核心要旨对雅各比来说意味着一种取消自由和信仰的危机,但对赫尔德来说则如同打开了另一扇大门。通过对斯宾诺莎主义的吸收和化用,赫尔德理顺了神与历史、自然,乃至艺术之间的关系,他也将内在无限进一步阐释为实体一元论的模式,这种解读开辟了早期观念论者和浪漫派通过艺术作品本身包含着无限内涵来呈现神之内在性的基本进路。赫尔德与雅各比均为康德的批判者,两人都从康德理性批判的宏大事业中见出主体性的危机,康德对上帝存在的本体论证明的批判实际上暗示了其哲学本身所包含的内在分层。康德的道德目的论带有潜在的超越论倾向;但康德的认识论或经验理论则将存在规

---

① Vgl. Friedrich Heinrich Jacobi, *Über die Lehre des Spinoza in Briefen an den Herrn Moses Mendelssohn*, Studienausgabe, hrsg von Marion Lauschke, Hamburg: Felix Meiner, 2000, S. 32 f.

② "Brief Schellings an Hegel vom 4. 2. 1795", *Materialien zu Schellings philosophischen Anfängen*, hrsg von Manfred Frank und Gerhard Kurz, Frankfurt am Main: Suhrkamp, 1975, S. 126.

③ Georg Wilhelm Hegel, *Vorlesungen über die Geschichte der Philosophie III*, S. 164f.

定为先验原则的内在建构的结果。雅各比因批判康德认识论的内在论倾向转而要求一位绝对超越的神；但对赫尔德而言，康德真正的问题在于割裂了存在，将神高悬为超越性的道德公设。赫尔德认为，存在不是为先验原则内在构造的，而是所有实在都必然参与的基础，既然所有实在都参与存在，一切实在就在存在之内，那么超越的神性作为存在就必然是内在的。赫尔德指出，宗教或道德领域并不如康德所设想的那样是潜在的超越领域，神实质上是内在的、是对绝对的显示，具体说来，神呈现于自然、历史以及艺术之中。而神在自然、历史和艺术之中的呈现并不依赖于启示，而借助个体自我意识反思性的理性过程，赫尔德将之称为"悟性"（Besonnenheit），"悟性"这个词具体指人能意识到他在实践的自由中拥有这种对整个世界和历史开放性的反思能力。悟性并非抽象的，它总是和历史、语言结合在一起，"悟性"这个词语在赫尔德的《关于人类教育的另一种历史哲学》（Auch eine Philosophie der Geschichte zur Bildung der Menschheit, 1774）中被视为历史中的天意。

泛神论之争爆发后，雅各比致信赫尔德，他本意欲获取赫尔德的支持，但出乎意料的是，赫尔德反而对斯宾诺莎主义暗中所指向的神绝对内在性的方案大感兴趣，并深感斯宾诺莎思想与自己原先的一系列构想有相似之处。由于赫尔德倾心于斯宾诺莎，故转而批评雅各比需要一个抽象的、超越的神。[①] 除却对斯宾诺莎内在之神的援引外，赫尔德同样赋予了内在之神以典型的柏拉图主义的美、善、和谐的传统特质，即"神在其崇高的力量中以一种不可变的、明智的和仁慈之美的方式揭示其本身"[②]，因此，神出现在对万物的认识之中。[③] 赫尔德站在路德宗牧师的立场在其对斯宾诺莎的接受和阐释中起到了决定性作用，神在仁慈

---

① Vgl. Johann Gottfried Herder, *Briefe, Gesamtausgabe Band. V, 1763 – 1803*, hrsg von Karl – Heinz Hahn, Weimar: Böhlau, 1977, S. 28.

② Johann Gottfried Herder, *Herders Sämmtliche Werke. XIV*, hrsg von Martin Bollacher, Frankfurt am Main: Deutscher Klassiker Verlag, 2000, S. 244.

③ Cf. Alexander J. B. Hampton, *Romanticism and the Re – Invention of Modern Religion*, Cambridge: Cambridge University Press, 2019, p. 103.

之美和爱中揭示自身的判断不仅呼应了斯宾诺莎的内在无限学说，而且还回到了约翰（Ioannes Evangelista）的教诲，"亲爱的弟兄啊，我们应当彼此相爱，因为爱是从神来的。凡有爱心的，都是由神而生，并且认识神"。（约一4：7）。对于德国知识界而言，对斯宾诺莎主义的引入不仅将重建一元论确立为后康德哲学的基本使命，并且通过赫尔德的阐释重新规定了德国古典美学探究内在的神与爱、美和无限的关系，探究神如何从美中显现自身的新任务。事实上，赫尔德也在晚年提出在古典世界中神被认为应该具有"诗意的可能性和诗意的美"①。基于此，赫尔德认为，德意志人应当开始研究古代神话，以便当前的德意志人使自己成为发明家为民族创造神话，这也是现代诗人的责任。② 赫尔德的这一洞见对谢林、荷尔德林以及早期浪漫派而言都异常重要，神意味着内在的自然秩序以及内在的比例、和谐、善和美；艺术和神话则不断地参与表现神和普遍真理的过程之中，在人类有限性的内在视野中揭示出绝对超越者内在无限的本质。

　　伴随着赫尔德借由神话建立起的内在的神与艺术表现的关系，柏拉图主义作为一种较之斯宾诺莎主义更原初的一元论世界观被引入美学领域，神话本身也日渐成为德国古典美学关注的焦点。除了赫尔德之外，真正启发德国古典美学大师们将研究神话作为艺术哲学建构之核心的思想家乃是莫里茨（Karl Philipp Moritz, 1757—1793）。莫里茨一般被认为狂飙突进时期代表性的德意志诗人和思想家，其文学创作的理念对魏玛古典主义和早期浪漫派均产生了深远的影响，但其神话学研究对德国古典美学的巨大启发意义则还未被充分开掘。莫里茨在《诸神学》（*Die Götterlehre*, 1790）和《阿修莎或罗马文物：人性之书》（*Anthusa oder Roms. Alterthümer: Ein Buch für die Menschheit*, 1791）中直截了当地提出，古希腊罗马神话并非如启蒙主义者所认为非理性幻想的产物，相

---

① Johann Gottfried Herder, *Herders Sämmtliche Werke. I*, hrsg von Martin Bollacher, Frankfurt am Main: Deutscher Klassiker Verlag, 1985, S. 444.
② Vgl. Johann Gottfried Herder, *Herders Sämmtliche Werke. I*, S. 441–447.

反，古希腊罗马神话是经由天才艺术家的创造力使得民众的想象得以整体形塑的共同产物，因此神话必须被理解为原始的诗歌。① 莫里茨对神话的阐释框架一改启蒙运动对神话的贬低和敌视，从另一个角度规定了神话的虚构本质，即"神话诗则应被视为一种幻想的语言"②。这一判断的转折意义在于，一旦将神话本身视为诗歌，甚至视为最典范的艺术，那么对待神话的方式和态度就产生了根本性的变化。在莫里茨看来，一件真正的艺术作品应是为自身而存在着的完满事物，它的意义和价值在其自身之内，在于各个内在部分恰当的秩序；③ 如果以启蒙运动所倡导的知性方式去试图揭开笼罩其上的诗意面纱，那么知性所能发现的就只有矛盾和荒谬；神话中的一切都从属于艺术和诗意之美，现今我们只能鉴赏神话，通过鉴赏去感知神话内涵中所包含的无限意蕴，在对神话的欣赏中具有一种超越知性教化的优雅，它能够不断通过富有创造性的方式将一切超越的神圣者引入现实之中。莫里茨所洞见的神话诗意本质和他对神话所包含的无穷创造力之规定实际上已经超越了斯宾诺莎主义的传统，直接上溯到了柏拉图主义的传统，尤其与《蒂迈欧篇》(*Timaeus*) 中柏拉图描述的宇宙起源之神话产生了强烈的共鸣。莫里茨的神话学说深刻诠释了神话内涵和表达方式的矛盾性，神话的表达方式有着自身的局限性，其本质指向内在之神的无限性，这种神话的悖谬结构对早期浪漫派和观念论者都持续产生着影响。

虽然莫里茨没有像雅各比和赫尔德那样直接参与关于斯宾诺莎主义的争论中，其美学也并未直接涉及内在之神以及神的显现等问题，但是他对神话的卓越分析却真正昭示了内在之神通过创造如何成为内在无限，以及内在无限如何表现为艺术作品中的无限意涵。谢林在《艺术哲学》的开篇盛赞了莫里茨对神话的重新规定，"无论是在德意志人中还

---

① Vgl. Karl Philipp Moritz, *Werke in Zwei Bänden*, Band 2, hrsg von Heide Hollmer und Albert Meier, Frankfurt am Main: Deutscher Klassiker Verlag, 1997, S. 1049 – 1055.
② Karl Philipp Moritz, *Werke in Zwei Bänden*, Band 2, S. 1049.
③ Karl Philipp Moritz, *Werke in Zwei Bänden*, Band 2, S. 1049.

是在别的普通人之中，莫里茨以其特有的诗意绝对性的特征来代表神话，乃是当之无愧的第一人"①；早期浪漫派的代表人物奥古斯特·施莱格尔（August Wilhelm Schlegel）同样在美学讲座中赞叹莫里茨比康德更深刻地理解了艺术的本质；② 奥古斯特的胞弟、早期浪漫派的主将弗里德里希·施莱格尔（Friedrich Schlegel）更是在《关于诗的对话》中沿袭莫里茨对神话的理解，将神话描述为一种有意识地追求绝对的创造性习语，并进一步扩展了莫里茨的论点，将哲学和艺术纳入神话这一创造性习语之下，阐明神话不是静态的，而是不断演变和展开的，具有原初、不可模仿和绝对不可解的特性。③ 神话由此在早期浪漫派和谢林的早期美学中取代了宗教教义和理性批判，成为呈现神之内在超越性最卓越的媒介，审美的内在性的模式与内在的神本身在此完成了交汇，艺术也由此真正从哲学的边缘走向了中心。在审美内在性与内在的神通过艺术作品相互结合这一目标的驱使之下，一切艺术品也应当被聚合为"唯一艺术品"（Alleinkunstwerk），这种"唯一艺术品"也就被早期浪漫派、荷尔德林、谢林及黑格尔称为"新神话"。在相当的程度上，对新神话的这种呼吁脱胎于宗教改革开启的新教模式，但又不断要求超越正统派神学观念，从而造就了真正意义上的审美革命。

第四节

借着泛神论与新教世界观的交汇融合，神话问题成为主导浪漫一代美学运动的焦点和核心，这批出生于 1770 年前后的青年哲人与诗人有

---

① Friedrich Wilhelm Joseph von Schelling, "Philosophie der Kunst（aus dem Handschriftlichen Nachlaß）", *Sämmtliche Werke*, Band V, hrsg von K. F. A. Schelling, Stuttgart and Augsburg: J. G. Cotta, 1856 – 1861, S. 412.

② August Wilhelm von Schlegel, "Vorlesungen über schöne Literature und Kunst", *Kritische Ausgabe der Vorlesungen*, Band I, hrsg von Ernst Behler, Paternborn: F. Schönigh, 1989, S. 258 – 259.

③ Friedrich Schlegel, *Athenäum. in Kritische Ausgabe seiner Werke*, Bd. II, hrsg von Ernst Behler, Paderborn & München & Wien & Zürich: F. Schöningh, 1963, S. 86.

着充分的自觉意识和极高的自我期许，他们寄希望于重建德意志的民族神话，构建神话既使神圣者得以重新内在于世界，又能够教化民众，使民众得到进一步启蒙。在这个意义上，新神话蕴含的审美革命实际上构成了新教革命的延续和深化，浪漫一代也寄希望于审美革命能真正完成新教改革的目标，进而超越新教改革。"审美革命"的实质并不局限于这一称谓所指涉的领域，它试图彻底终止现代世界所肇生的各个领域的自治和分裂，如政治、伦理、道德、艺术、宗教、哲学等，并力图使之重新在审美的内在性中恢复统一。事实上，这一由艺术建构的统一性依然延续了德意志新教内在性的文化传统，它无非是将宗教对社会政治革命的客观性由宗教替换为艺术。这固然可以被视作整个德国古典哲学美学去宗教化的直接表现，但仍需要承认，这一审美革命在更深的层面上延续了新教的精神实质。以新神话为核心的审美革命寄托着再造一个新的黄金时代的崇高愿景，承载着一个真正美的世界——千年王国再临的美好期待。

不过浪漫一代的诗人和思想家们所推崇的神话并非原始意义上迷信混杂的盲目崇拜，而是一种包含理性精神，又贯穿着对神性创世的信仰，将人类的自由创造精神和追求世界统一性结合起来的崭新的现代神话。《德国唯心主义的最初的体系纲领》（ *Das älteste Systemprogramm des deutschen Idealismus*) 正代表了这代人的共同诉求，在其中他们明确提出了为德意志民族未来建立"新神话"的设想，认为未来的哲学与艺术将臻于统一，神话和哲学也将合二为一，"在神话之中认识逻各斯的完美实现"。如此，形成一种新的"理性的神话学"，它将服务于"理念"，融合理性和感性的因素，成为民族未来发展的希望。[1] 小施莱格尔将歌德的《威廉·迈斯特》与法国大革命以及费希特的知识学并列[2]时已然道明了这一点，他在《关于诗的对话中》一文中更直言不讳地

---

① 刘小枫选编：《德语美学文选》上卷，华东师范大学出版社 2006 年版，第 133 页。
② Vgl. Friedrich Schlegel, *Kritische Ausgabe seiner Werke II*, hrsg von. Ernst Behler, München & Paderborn & Wien: Verlag Ferdinand Schöningh, 1958ff, S. 198.

指出，"现代诗比古代诗逊色的所有本质都可以用一句话来概括：我们没有神话。但是我补充一句话，我们将很快就有一个新的神话，或者更确切地说，现在已经是需要我们严肃地共同努力以创造一个新神话的时候了"①。而谢林则是这一"新神话"体系建构的集大成者，他在《全部哲学之体系，特别是自然哲学体系》中指出，"神话却恰好无法存在于个别之中，而只能诞生自一个民族的整体性，这一整体性同时也是个别的"②。谢林清醒地意识到现代世界本身缺乏神话的特质，并将这种缺乏的根由归于启蒙理性。启蒙主义者将一切宗教都认定为非理性的产物，这使得宗教领域日渐丧失真理性和社会的根基性，而只保留了宗教与情感的关系。因此，谢林意识到宗教与艺术内在的亲和性，也是因为同样的原因浪漫一代也越发寄希望于艺术，希冀在艺术中建构新神话，并重新赢回真理性和世界的统一性。

首先，谢林在《艺术哲学》中总括性地梳理并全面反思了观念论者与早期浪漫派关于"新神话"的构想，从艺术哲学和历史哲学双重架构入手，典范性地论述了新神话与基督新教的关系，呈现出德国古典美学浓厚的新教底色。谢林的艺术哲学隶属于他的同一哲学体系，整个艺术哲学最终解决的问题就是在世界中如何展现出世界的最终根据，即绝对同一或无限者。在谢林看来，艺术的本质就是完成在有限中直观无限这一最高哲学任务，为了实现这个目的，必须在有限者和无限者之间建立实在的关联，解决无限的绝对和有限的个体之间相互转化的问题。谢林求诸柏拉图和斯宾诺莎主义的传统，认为诸事物的"理念"是绝对同一转向有限的内在世界的中间环节，理念以观念物形式存在，属于有限中的无限，是绝对者的特殊形态，是具体事物尚未赋形的根据和概念规定。由之，理念成为哲学和艺术通往绝对者的中介与桥梁，分别对

---

① Friedrich Schlegel, "Gespräch über die Poesie", *Mit Einem Nachwort von Hans Eichner*, Stuttgart: J. B. Metzler, 1968, S. 312.

② Friedrich Wilhelm Joseph Schelling, *Sämmtliche Werke* Abt. 1, Bd. 6, hrsg von K. F. A. Schelling, Stuttgart: Cotta, 1856 – 1861, S. 572.

应了哲学的真和艺术的美两种呈现方式。既然艺术的本质是通过对诸理念的审美直观洞悉绝对同一的本质,那么诸理念就是艺术的原初"质料(Stoff),而且似乎是普遍和绝对的艺术材料(Materie)"。① 理念既然是特殊的绝对者,是"普遍者与特殊者的复合体",那么它们就在自身的特殊性之内享有绝对性,是世界之内的超越者,具有片面的神圣性,可以在现实世界显现为"神圣者的图像"(Bilder des Göttlichen)。② 在哲学中观念性存在的诸理念就在艺术领域中现实地显现为诸神。于是,"对实在的诸理念的普遍象征或普遍表现"这一艺术哲学的核心问题,便只能"在神话中给出"。③ 正是源于此,谢林将神话称为艺术的最高的质料。绝对者通过诸神的形象以艺术的方式被美感直观,诸神所象征的诸理念同时也得到了客观化的表现。神话完美地实现了无限与有限、普遍与特殊的实在的、审美的同一,所以"神话乃是任何艺术的必要条件和最初质料(der erste Stoff)"④。

其次,谢林从艺术哲学的维度界定了神话的本质,一方面他在最大限度上吸纳了赫尔德和莫里茨关于神话的学说,认为神话具有真正的诗性品格;另一方面谢林在根本上颠覆了赫尔德和莫里茨的看法,主张艺术或者诗乃是从原始神话中流溢而出。神话中的诸神构成了一个真正神话的世界,神话世界作为理念世界在艺术中所呈现的面相是连接有限和无限两界的中介,因而具有真正内在无限或审美无限的特质。每一位神都是片面的绝对者,他们一方面局限于特定的形态无法呈现神性本身而表现为有限者,但另一方面却同时拥有神性而呈现为无限性。因此在谢林看来,神话中的诸神既是一个个的个体,又作为一个神族的类属而存

---

① Friedrich Wilhelm Joseph Schelling, "Philosophie der Kunst", *Sämmtliche Werke Abt.* 1, Bd. 5, hrsg von K. F. A. Schelling, Stuttgart: Cotta, 1856 – 1861, S. 390.
② Friedrich Wilhelm Joseph Schelling, "Philosophie der Kunst", *Sämmtliche Werke Abt.* 1, Bd. 5, S. 390.
③ Friedrich Wilhelm Joseph Schelling, "Philosophie der Kunst", *Sämmtliche Werke Abt.* 1, Bd. 5, S. 370.
④ Friedrich Wilhelm Joseph Schelling, "Philosophie der Kunst", *Sämmtliche Werke Abt.* 1, Bd. 5, S. 405.

在。换言之,神话中的诸神还必须隶属于一个完整的神话系统,且由诸神作为普遍者和特殊者结合的本质所决定。在每一个神话系统内,"诸神必然在他们之间构成一个整体、一个世界"①,在诸神构成的神话世界里,诸神彼此间处于一种相互规定、相互联系的状态中,他们在神话中既能被人实在地直观,同时又是内在于世界的根据。神话世界是谢林眼中真正的内在的超越之状态,充满神性的诸神乃是"独立的诗性生存"的状态,② 诸神因之是有限者和无限者的绝对同一,具有绝对的客观性。③ 所以,神话的诗意本质就在于诸神在神话世界中所体现出来的"完满的客观性或独立的诗性生存"④。神话世界以及其中的诸神既可以为生存于时间中的人类所直观、所理解,本身又生活在一个无时间的绝对世界之中。这充分体现出神话的审美的内在无限性。神话世界是作为实在世界之根据的绝对世界,在其中特殊与普遍、有限与无限绝对同一,而且所有的同一都是客观的,神话的这种绝对性决定了它以艺术形式呈现真理的可能性。神话通过艺术的直观和呈现,将无限的可能性转化为现实的、使"应当如此"的理想世界成为整个实在世界的源头。也正是在此意义上,神话成为一切艺术创作的原型。谢林宣称所谓神话本身的原型就是内在于实在世界中而产生出来的无时间的绝对的原型世界的典范。这种原型世界或神话的本原乃是宇宙的开端,抑或神的创世。神话中的创世神话被谢林规定为对宇宙整体存在的直观,由此人们能直接把握大全。在谢林看来,创世神话实际上构成了艺术创作中诗性创造力的本源,宇宙自身的绝对诗性就体现在这"神性想象中的生命的图像和奇妙的混沌"之中,神话本身就是源自宇宙精神的原初之诗,

---

① Friedrich Wilhelm Joseph Schelling, "Philosophie der Kunst", *Sämmtliche Werke Abt.* 1, Bd. 5, S. 399.
② Friedrich Wilhelm Joseph Schelling, "Philosophie der Kunst", *Sämmtliche Werke Abt.* 1, Bd. 5, S. 399.
③ Friedrich Wilhelm Joseph Schelling, "Philosophie der Kunst", *Sämmtliche Werke Abt.* 1, Bd. 5, S. 399–400.
④ Friedrich Wilhelm Joseph Schelling, "Philosophie der Kunst", *Sämmtliche Werke Abt.* 1, Bd. 5, S. 405.

"同时是诗歌的质料和元素"①，是人类艺术的精神源泉。

神话乃是"诗歌、历史和哲学的的根源"②，神话体现的是诸神创世的本源的诗性，是一切艺术活动诗性创作和一切鉴赏活动审美直观的总源头。从无时间或绝对同一的永恒性方面来看，神话世界是在时间中的无时间的绝对存在，它贯穿着过去、现在和未来，是有限时间向着永恒的返回，这一返回活动构成了永恒或无时间性对时间的贯穿，真正地呈现出绝对同一。也因为这一永恒或无时间的维度，神话作为原型可以结合不同的时代，显现出不同的形态，通过英雄和人的行动体现出真正无限者或绝对同一的意志。神话诸神是诸理念的直观。从观念性方面去理解，它表述了哲学性的真理；从实在性方面来审视，则直接呈现了绝对同一的永恒复归。神话的这种包罗万象的绝对同一性使其成为观念论者和早期浪漫派所共同肯定的综合性媒介，它的确能兼容感性和理性、艺术和哲学、直观和思维，最终满足"理性神话学"构建的要求，成为脱胎于新教、但完成了新教使命的新宗教。

再次，除了从同一哲学的整个体系规划出发对艺术哲学的任务做出总体定位和具体规定之外，谢林还立足于同一哲学的基础，从历史哲学架构出发，对神话做了详尽而细致的剖析，具体说明了神话和历史的关系，由此从更宏阔的角度阐明了神话包含的真理内核。历史哲学渗入艺术哲学乃是对神话的时间规定，神话的展开在时间维度中被理解为绝对同一者之理念在艺术领域中的实在显现，神话作为艺术史的展开需要在历史的二元性即古代世界和现代世界的对立中表现出来。谢林认为神话不仅是同一哲学体系内部一种典范型的艺术形态，而且贯穿于人类历史发展的整个过程中，并不断启示着一种历史之中的天命，把人类历史带向最终完善的目标，以引导人类直面神而实现自身的自由。需要注意的

---

① Friedrich Wilhelm Joseph Schelling, "Philosophie der Kunst", *Sämmtliche Werke* Abt. 1, Bd. 5, S. 405.

② Friedrich Wilhelm Joseph Schelling, "Philosophie der Kunst", *Sämmtliche Werke* Abt. 1, Bd. 5, S. 416–417.

是，如果说艺术哲学强调的是艺术和绝对同一的关系，那么历史哲学关注的则是时间和绝对同一的关系，因而永恒和时间会在神话展开的过程中再次产生交汇，这种交汇就构成了神话的时间性。谢林认为神话时间性的展开正是具体的艺术史，这是艺术之本质在时间维度上的体现；但谢林又依据同一哲学原则，认为整个艺术发展的历史实则是绝对同一回归自身的闭合活动，时间的展开或历史乃是绝对同一证成永恒维度的中介，他尝试找出"一切艺术本质的和内在的统一"① 在艺术史中的显现方式，再次从历史哲学角度和时间性维度表述了艺术如何展现绝对同一。在谢林看来，时间并非是绝对同一展开自身的决定性因素，反之，绝对同一返回自身就是对时间的消灭。因此，他将实在与观念因素的对立理解为贯穿于艺术史的一对根本矛盾，而"普遍的世界精神将自身揭示在这两种对立的特征之中"②。在谢林看来，神话既是人类艺术活动最原初的质料，又构成了所有时代艺术的原型，但在时间性维度的鉴照下，每个时代的神话形态总是随历史的发展而变化，从而带动整个时代的艺术面貌发生改变，而最终，新神话将会重新回到原初神话，实现永恒复归。

最后，整个神话在时间中的展开和形态变化构成了绝对同一对自身绝对性的证成。然而这种证成在时间维度中却表现为古今之间的二元对立，虽然神话本身乃是有限和无限、特殊与普遍的统一，但这种绝对同一性却会表现为两种不同的形态。一种形态为希腊神话，在希腊神话中绝对与有限实无差别；另一种形态为基督教神话，在基督教神话中是绝对与有限观念无差别。希腊神话是实在神话，基督教神话则是观念神话。在整个神话发展史的构建中，实在神话构成了神话的开端和原型，是无限以有限的形态呈现，大全被直观为自然。希腊神话诸神自身完满

---

① Friedrich Wilhelm Joseph Schelling, "Philosophie der Kunst", *Sämmtliche Werke Abt*. 1, Bd. 5, S. 372.

② Friedrich Wilhelm Joseph Schelling, "Philosophie der Kunst", *Sämmtliche Werke Abt*. 1, Bd. 5, S. 424.

乃以自然为特性，代表了人类艺术迄今为止无限者与有限者最完满的同一，但这种同一是未经分离和斗争的原始整体性，显得浑然天成，其腹胎中又孕育着后世艺术创造的所有差异和矛盾的可能性，在这一高度上，谢林和早期浪漫派、黑格尔都一致认为，"希腊神话是诗性世界的最高初象"①。谢林将古希腊神话视作一切西方艺术的发端，也是后世艺术取之不竭的精神宝藏。"希腊神话的质料是自然，是对作为自然的宇宙的普遍直观。"② 古希腊神话通过诸神的形象及其活动，展现了宇宙、自然和人类大全一体的混沌状态。而诸神作为诸理念的审美直观，以实在或自然的方式向人们展现了一个观念的世界，只不过其中"自然是显在的东西，观念世界是隐秘的东西"③。在希腊神话中观念性之物，或者说思想主要是以审美直观的方式，通过诸神的形象及其行动表现出来的。由于无限进入了有限，思想或观念之物也就成为隐藏在实在神话之下的神秘维度了。因此，绝对同一在观念方面的完全显现，还需要通过有限进入无限这一模式加以补充。在谢林眼中，基督教脱胎于希腊神话，将希腊神话中被视作神秘维度的观念之物确立为无差别结合的核心，由此构成了神话世界的另一个方面。它代表了返回原初同一性的观念性活动，将对神秘之物或观念之物的认识直观视为对无限者的必然启示，因而观念神话是活生生的宗教，它需要在历史的时间性中呈现自身的永恒性，但与实在神话相对应的是观念神话在回复到同一性的同时丧失了整体性，这导致基督教总是处在历史性之中，无法达成无时间性。谢林认为"基督教神话的质料，是对作为历史的、作为天命（Vorsehung）世界的宇宙的普遍直观"④。绝对同一之本质在基督教神话中不

---

① Friedrich Wilhelm Joseph Schelling, "Philosophie der Kunst", *Sämmtliche Werke* Abt. 1, Bd. 5, 392.

② Friedrich Wilhelm Joseph Schelling, "Philosophie der Kunst", *Sämmtliche Werke* Abt. 1, Bd. 5, 427.

③ Friedrich Wilhelm Joseph Schelling, "Philosophie der Kunst", *Sämmtliche Werke* Abt. 1, Bd. 5, 454.

④ Friedrich Wilhelm Joseph Schelling, "Philosophie der Kunst", *Sämmtliche Werke* Abt. 1, Bd. 5, 427.

再以自然或静态的原始状态出现，而是在人类历史的时间性发展中以必然性的形态逐渐显示出来。基督教作为历史本身是以出离于同一性状态为前提的，历史性的理解总是在自然和历史的矛盾关系中被把握。希腊神话作为自然神话虽然存在于时间之内，因其完满性或整体性而产生于历史之外，上升到了一个无时间的世界中，扬弃了历史性；而基督教作为观念的神话以时间性为自身之规定，它需要依靠时间与其起源发生联系，因而它就是普遍的历史。故此，人们通过基督教神话直观神的历史以及在历史中启示而出的意志。基督作为自然神话世界中最后的神，关闭了有限世界，而开启了无限世界，自基督之后，神将自身启示在历史中、而非自然之中，这意味着按照观念的原理，有限与无限的统一必须借助于一种主体性的象征表达自己，而不能客观地加以表达。观念神话必须为自己创造出自己的诗和艺术，因而基督教神话质料上的整体性有待完成。人们只能在基督教神话中通过有限者去意指无限者，这种缺憾具体表现为在现代世界中只存在艺术而神话却彻底地失落了。现代世界中一切有限者无不在消逝之中，因为它们的实存仅仅服务于对无限者做一种隐喻性的表述，无限者也只能让自己通过与有限者的对立而显现。缘于此，现代艺术会逐渐脱去自然实在的因素，转为用内在的、观念性的方式去表述有限与无限的统一，最终不可避免地陷入一种隐秘的、个体化的表达。实在世界和观念世界的对立也造成了绝对同一内部自然与历史的对立，这样的神话当然不能完满地实现对绝对无限的实在直观，由此，谢林主张必须过渡到新神话。新神话代表着未来这一时间维度，它从基督教中产生，又最终超越了基督教的局限，它使实在世界和观念世界最终无差别。

在艺术活动中实现对自然与自由、实在与观念、永恒与时间的绝对同一的直观，达到对一切的综合是新神话的任务。谢林在历史和永恒的关系中再次从同一哲学体系的角度重申了浪漫一代关于"新神话"构想的必要性和必然性。绝对者会在历史中不断显现自己的意志，让自身理念再次实在化。如果说在希腊神话中，神逐渐从自然转入历史，完成了从实在向观念的转化,那么在基督教神话中神将再次从历史转入自然,从"历史的诸神"向"自然的诸神"回归。① 一旦这种回归完成,那么基督教将成为新神话,新神话也因此会比希腊神话,乃至基督教神话达到实在与观念、自然与历史更高层度的综合。绝对者在经历了一系列分裂斗争之后重归同一,比原初同一更理性、更明晰地确认了自己、实现了自己。所以,神话不仅是艺术的最初质料,而且是艺术史发展的基准。无论古代还是近代,神话始终是绝对者在现实世界显示自身无限性的最直观方式。在未来,新神话将人类从观念自由的虚无里带回到感性和理性平衡的完满状态中,新神话不仅是对原始神话的复归,更完成了基督教和新教的最终目标。

在新教已经确立了内在性原则的前提下,任何人都可能成为神之内在启示的接受者和显示者,他们能在现代有限和局部的历史与世界之中,内在地把握绝对同一在当下历史中显现出来的天意,并将之表现出来。而现代世界中真正的新神话就是具有真正普遍性的艺术作品,造就了全然普遍的审美革命,每个人,乃至所有人的平等并不是建立在抽象的人格概念上,而是审美意义上的完全一致,他们都平等地通过审美得到了教化。

---

① Friedrich Wilhelm Joseph Schelling, "Philosophie der Kunst", *Sämmtliche Werke* Abt. 1, Bd. 5, S457.

第三章　从马丁·路德到黑格尔的精神史

第一节

在《论德国宗教和哲学的历史》中，海涅指出，天主教的赎罪券就是教会本身："你尽可以倾听内心缠绵悱恻的爱情，拥抱一个漂亮的姑娘，但你必须承认那是一种可耻的罪恶，而且你必须为这种罪恶赎罪。"① 因而，基督教就是一个唯灵主义不得不对感觉主义让步的制度。海涅不无戏谑地说圣彼得教堂就是用赎罪券换来的钱修建的，就像埃及妇女用卖淫得来的钱修金字塔一样。德国人恰恰就是唯灵主义者，倾向于毁灭物质来美化精神，其中的缘由首先是这个民族所处的气候就比较容易奉行基督教的道德，因而德国的宗教改革和法国的反天主教运动有着完全不同的气质。马丁·路德是一个典型的德国人，人格当中有非常对立和分裂的面向，冷静又狂热。

自从路德说出了人们必须用圣经本身、用理性的论据来反驳他的教义这句话以后，人类的理性才被授予解释圣经的权利，而且它，这理性，在一切宗教的轮中中才被认为是最高的裁判者。这样一来，德国产生了所谓精神自由胡有如人们所说的思想自由……思

---

① ［德］海涅：《论德国宗教和哲学的历史》，海安译，商务印书馆1973年版，第30页。

想自由开出的一朵重要的具有世界意义的花朵便是德国哲学。①

正因如此，海涅说德国古典哲学就是新教的最后结果。德国古典哲学美学建立在这种良知的解放运动之上，建立在自由的认识和行动之上。人的本质在思维中，在对理性的体系性运用中，自由也只能是一种思维的自我展开，或者说理性的自由。自由不受制于人的冲动和本能，只有非理性的动物才如此，人禽之辨在于只有人能被思维本身所推动。一个人越是自由，那么他越符合理性本质的形象，他的行为也就被理性的思维所操控。自由是理性之实践的能力，自由的本质就在于它只遵循理性，把理性作为其绝对的统治力量，就像非理性的本质把其冲动作为其根本力量一样，这是德国古典哲学美学的基本观点。德国古典哲学美学把理性的形式也就是道德法则的普遍性作为行动的唯一标准。理性作为对一切人的思维进行规定的力量，绝非是"我的"理性，理性必然要与他人分享、共享，理性嵌入共同的思维和共同的语言中。正是因为有了理性，我们可以通过论证彼此说服，理性远远超越我们的个别观念，当我们让这个普遍的理性发挥效力时，它就获得了对我们个别的思维和行动的支配权利，这样的理性并不是我们人的某种属性（Eigenschaft），而是理性的一种属性。

第二节

泡尔生（Friedrich Paulsen）在他 1898 年出版的《康德传》中称赞康德是马丁·路德的完成者②。当时的时代背景是，天主教托马斯主义对康德进行了十分猛烈的批判，其中的代表人物威尔曼（Otto Willmann）在其所撰写的三卷本《唯心主义史》中甚至说，路德宗教改革以来哲学一直在堕落，而康德哲学就是这种堕落的最低点，康德哲学是

---

① ［德］海涅：《论德国宗教和哲学的历史》，海安译，商务印书馆 1973 年版，第 42 页。
② Friedrich Paulsen, *Immanuel Kant: Sein Leben und seine Lehre*, Stuttgart 1898.

完全站不住脚的、矛盾的主观主义和怀疑主义。把康德和阿奎那对立起来，是当时天主教哲学家们的广泛做法，比如古特贝尔雷特（Constantin Gutberlet）就认为康德的哲学是反基督教的，康德哲学为新教的主体主义奠基，是毁灭性的；而托马斯的哲学则是救赎的、天主教的。

泡尔生把康德视为新教哲学家的理由之一是当时德国人的民族自豪感，康德与新教之间确实有着紧密的关联。康德出生在一个虔信主义的家庭，但是从康德的生平和作品来看，康德似乎并不是一个非常热心的新教教徒，康德也不认为他的历史地位要由他的教会身份来确定，认为沃尔夫学派的独断论不过就是中世纪经院哲学的一个变种。按照泡尔生的说法，在理性与信仰之间存在着三种关系，即理性的、半理性的、非理性的。理性的关系认为理性单凭自身就可以创造出一个绝对真理的体系，而这个体系也有一种宗教信仰的价值。柏拉图、亚里士多德、黑格尔为其代表，在这种哲学建构模式中，信仰是对这种真理的一种不完善的、表象式的表达，哲学是真理作为绝对知识的自身展现。半理性的哲学认为，在理性认识的真理之外还有更高的真理渊源，也就是神的启示，而理性是可以对信仰进行证明的，这种哲学的典型就是独断论学说。非理性主义的哲学则主张理性不能超出经验现实，理性对神和神圣之物一无所知，宗教建立在信仰的基础上，而不是证明的基础。泡尔生认为，马丁·路德和康德属于第三种立场。

新教在根子上是非理性主义的。新教认为，理性对信仰的事情无法有任何认识，上帝之言是信仰的唯一来源，在圣经面前，理性只有一种形式的作用，就是确认圣经的意义，由此，神学也就成了一种语义解释学，救赎真理的理性哲学根本不可能，也无必要。因为，理性形成的是一个自然主义的世界体系，而超自然的事物则在理性的范围之外，因此理性和信仰就完全被区分开来，即信仰并不关心物理学和宇宙论。在马丁·路德看来，人之所以为义人，仅仅因为信仰而绝不是任何的善功。但对理性来说，没有善功是行不通的，至少要表现出善良的意志。马丁·路德却认为，仅仅有善功是行不通的，因为在宗教的事情上，理性完全是盲的，一个过于信赖理性的教会也是盲的。教会的腐化就源自对人类理性的信赖，在人类理性的帮助下，信仰被转化为一种半科学的体系，教会把亚里士多德当作导师，借助他的学说而建立起了复杂的经院哲学体系，但是诸如亚里士多德这样盲目的异教徒，他们对基督、救赎、原罪和恩典一无所知，他们宣讲的是世界的永恒性和灵魂的有朽性，而这种经院体系的哲学神学只不过是一种可笑的人的产物。他们关于上帝之实存与本质、上帝与世界的思辨理性关系、理性宗教、理性道德只会阻碍身成位格的基督教的神的启示。而信仰所需要的一切就是直接的确定性，在耶稣之中，神的本质、仁慈与恩典已经启示自身，并且召唤我们进入祂的永恒王国。所以，我们看到，新教改革斩断了宗教信仰、经院思辨和智术思辨之间的联系，教条的基督教已然覆灭。基督教不是作为一种哲学神学的教义体系而是一种神之国度的讯息来到世界上，基督教是一种劝诫，要从世间之福转向永恒之福。而文艺复兴以来的自然主义和理性主义也已经让经院哲学遭到藐视。17世纪以来，人们面临这样一个问题，首先哲学要满足新科学的发展，而神学又要接受崭新世界观的哲学，这就产生了18世纪自然宗教和实定宗教之间的对立，即普遍的人类理性所产生的原理与采取了这种或那种具体形态的实定宗教和法权秩序之间对立着。康德面临的历史处境就在于，一方面，康德坚持理性的自主性思想，理性是真与伪、善与恶唯一的自主法官，在理性之上没有任何更高的上司，也不存在可以对理性进行限制的启示。因此，康德是一以贯之的理性主义者。另一方面，康德又是一个反教条主义者，或者说反理智主义者。康德相信思辨理性不足以通过有效地证明给予宗教信仰以支撑，科学或者说通过理智的功能对给定事实进行建构的知性是无法超出经验世界的，思辨理性永远无法探知第一原因及其本质，曾经尝试过的关于上帝的证明都是徒劳的、无效的。在这方面，康德与休谟都是怀疑论者。因此，康德是一个实践理性信仰的可能性与必然性的坚决捍卫者。理智上的非信仰是道德信仰的基础，康德批判独断的思辨理性，通过对其权限进行区分，揭示了思辨理性的界限。

而知性的合法运用界限是感性现实的现象界，而对上帝的信仰也不是一个可理论证明的问题，而是一个直接的、在科学认识的界限范围之外的道德确定性。一个仅仅有知性的存在者对上帝一无所知。

我们可以看到，在马丁·路德和康德身上表现出同一种倾向，即反对盲目信赖或服从外在权威。马丁·路德反对一切权威，认为教皇和宗教会议也是会犯错的。他批评了《圣经》中那些与他的意见相左的地方，尽管他对圣经的态度没有那么坚决。康德同样认为理性是真理的最终尺度。一件事情只有展现出经验现实或逻辑必然性时，它才在理论上有可确信性。对人而言，只有直接地具有道德必然性的东西才有实践意义，康德只受理性和良心的约束而不受制于身外的其他任何权威。

在新教看来，信仰从心中而来，而不是逻辑形而上学的神学思辨，或者对这种或那种历史真理的历史性证明。信仰是直接的确定性，神，道成肉身的神，是一个爱的神。马丁·路德强调神不仅仅有如亚里士多德的宇宙理性的第一原因，而是我的血肉弟兄，是那个马厩里的孩子，所以我才能接近他，信任他，献身于他，追求成为与他相近的人。出于类似的动机，康德从自然神学转向道德神学，在康德看来，真正有价值的神的概念我们只能从道德的属性中获得，而非理论的追究和探知。正如卡夫坦所言，宗教改革的道路与康德哲学的道路是一致的，康德理应被称为一个"新教哲学家"。

> 是认识还是道德行动必须放在第一位？通往神的道路是在于这一条还是那一条？如果我们说前者，我们就跟着柏拉图走，最后就会走上思辨哲学的道路，与宗教改革相矛盾。如果说后者，我们就跟着康德走，他首先把宗教改革的基本思想上升为哲学原则，理应被称为新教的哲学家。①

新教中所具有的情感因素，新教反对教条主义的生活方式又在卢梭

---

① Kaftan, *Kant, der Philosoph des Protestantismus*, S. 32.

的影响下继续得到了发挥。卢梭指出人的价值和尊严不取决于教养和知识的熟巧。宗教是感情、心灵的问题，不是理智的问题，在真正的宗教心灵中，实践理性要高于思辨理性，这样卢梭就摧毁了科学的自负。

有人指出，康德哲学是基督宗教的哲学转译，在康德那里，纯粹理性取代了上帝，道德律取代了摩西十诫，理智世界取代了天堂。尼采在《偶像的黄昏》里面也说康德是一个狡猾的基督徒，悄悄地把柏拉图主义融入了他的哲学中，康德关于现象和物自体的区分就是一种柏拉图主义的变种。康德对宗教的论证完全不同于帕斯卡尔著名的如果听弥撒丝毫不能造成伤害，而有可能是对来世的救赎所必需的，那么聪明人就会选择安全的那一种"赌注"。但是放弃理性的自主性，在信仰和良心问题上盲目服从，对康德而言是对圣灵的罪，是人对真理的铁石心肠。因此，将良心和理性交给外部权威，消灭其精神自我的学说在本质上是不道德的，承认这种学说也是不道德的。

第三节

黑格尔在柏林时期《关于一项轻蔑天主教的指控》一文中宣称自己生来就是一名路德教徒，受到的教育是按照一名路德教徒的方式生活，并且现在也担任一所新教大学的教授。[①] 确实，黑格尔对天主教的态度不甚友好，青年时期的宗教批判明显指向天主教，即使在其宗教哲学成熟时期，黑格尔也把天主教视为一种具有明显自然主义倾向的宗教，特别是对天主教中的圣体说进行了猛烈的批判。

黑格尔把马丁·路德所代表的主观自由原则称之为"固执"。黑格尔在其早期的《信仰与知识》中称赞康德、雅各比和费希特的哲学代表着近代主体性原则，在其中，新教的精神得到了真正的表达。

---

① G. W. F. Hegel, *Berliner Schriften*, Frankfurt a. M. 1986, S. 86.

在这些哲学中认识到自己的世界精神的伟大形式,是北方的原则,从宗教角度观之,是新教的原则——主体性,在其中,美与真理在感情和意向中、在爱和知性中呈现自身。宗教在个人的心中建立起它的庙宇和祭坛。①

在这些主体性哲学中,形式的、空洞的原理虽然始终在与经验性的东西进行斗争,展开拉锯战,却始终受到经验性东西的沾染,根本原因就在于在这种形式的统一性中,概念与经验、无限与有限被抽象地对立起来。正如黑格尔在《信仰与知识》中所言,这些反思哲学共有的基本原则是,"有限性的绝对性,以及由此产生的有限性与无限性、实在性与观念性、感性与超感性的绝对对立,以及真正的实在与绝对的彼岸存在"②。这样一来,形式主义的道德哲学表面上"径直地与幸福论本身相对立,又从未踏出它一步"③。当纯粹意志试图对道德内容进行规定时,"为义务而义务"就变成了物质的东西,内容一下子就扬弃了形式。同时,任何道德的偶然性都可以被心安理得地提升到概念的形式之上。这样一来,他们就走向了新教主体性所宣扬的另一面,新教那种美的主体性被他们滥用为一种经验主义的幸福论,在其中并没有找到把新教的原则提升为真正绝对的道路,绝对成为绝对空虚的表达。

这就是幸福论和启蒙的基本特征。新教美的主体性被改造为经验性的主体性,新教痛苦的诗,蔑视所有与经验性定在和解的新教的诗,被改造为这种有限性满足和心安理得的散文——这个基本特征与康德、雅各比和费希特的哲学有什么关系?这些哲学很少走出

---

① G. W. F. Hegel, *Glauben und Wissen*, in *Jenaer Schriften* 1801–1807, Frankfurt a. M. 1986, S. 295–296.
② G. W. F. Hegel, *Glauben und Wissen*, in *Jenaer Schriften* 1801–1807, Frankfurt a. M. 1986, S. 294.
③ G. W. F. Hegel, *Glauben und Wissen*, in *Jenaer Schriften* 1801–1807, Frankfurt a. M. 1986, S. 296.

这个基本特征，相反，它们只是把它完善到最高程度。它们的有意识的方向是与幸福论的原则直接对立的。然而，由于它们无非就是这个方向，它们的肯定特征只是那个原则本身，以至于这些哲学对幸福论的修正只是让它的形成得以完善，它本身则对理性和哲学、对原则无动于衷。有限和经验实在的绝对存在（*Absolutsein*）、无限和有限的绝对对立在这些哲学中仍然存在，而理念的东西只是被把握为概念。一方面，当这个概念被肯定地设定时，在有限和无限之间仍然只存在一种可能的相对同一性，即概念对作为实在和有限的东西的支配，其中包括一切美和伦理的东西；另一方面，当概念被否定地设定时，个体的主体性以经验的形式出现，而这种支配不是通过知性进行的，而是作为一种自然强大和弱点与主体性对立。在这个绝对的有限性和绝对的无限性之上，绝对仍然是一种理性的空虚，是一个固定的不可理解的东西，是一个自在的非理性的信仰，但它之所以被称为理性，是因为在其绝对对立之上，受限制的理性认识到一个高于自身的东西，而它被排除在外。①

这直接影响到了黑格尔对新教良知所表达的主体性与客观性之关系的理解。黑格尔称良知是"在自身中深入的近代世界的观点"，现代的主体必须自为地规定什么是善的，善不再受制于给定的文化、价值和社会角色。对黑格尔而言，最高的权威是良知的自我规定，一切的善都要经过主体性的审核，由良知的自我规定作出判断。

这一主观性作为抽象的自我规定和纯粹的自我确定性，在自身中把权利、义务和定在等一切规定性都蒸发了，因为它既是作出判断的力量，只根据自身来对内容规定什么是善的，同时又是最初只

---

① G. W. F. Hegel, *Glauben und Wissen*, in *Jenaer Schriften* 1801 – 1807, Frankfurt a. M. 1986, S. 294 – 295.

是被观念着的、应然的善借以成为现实的一种力量。①

黑格尔强调,"良知"概念包含了两方面的意义。一方面蒸发伦理现实性,另一方面赋予伦理以充实性和现实性,简言之,良知既有批判性的功能亦有规范性建构的功能。黑格尔把这两种意义明确地与新教"固执"的精神联系在一起。一方面,新教良知的出现是现代自由发展中一个具有决定性的时刻,借助新教的良知,人们不再受制于天主教式的外在服从,"从此,人们将法律作为理性的东西来遵守,但这也意味着,人们对法律进行理性思考,而不是将其视为一种单纯的外部约束。人们不再指望通过教会仪式来满足自己的精神需求,而是把国家作为自由的来源和保障"②。所以,黑格尔也把良知称之为一种"绝对否定性""纯粹的自为存在",作为一种判断的力量,瓦解了原先一切固定的东西,对一切采取了审视、批判甚至彻底否决的态度,如果它未在我们的内心之中获得权威,也就不再具有存在的效力。

> 如此一来,良知是绝对否定性,无限的纯粹的自为存在。我们可以从一切限制性的东西、特殊的东西中揭示出缺陷,并且就这一个方面来看,它就不是自在自为的。就此而言,主体性是这样的辩证法,判断的,即原初分裂的力量,肢解一切、特殊化一切。在进行判断的时候,我们给予事物一个特殊的谓词,把原先一体存在的东西肢解为自身有区分的东西,判断即使区分、特殊化。③

因此,在对善与恶进行评价时,良知就是"尊贵的"、至高无上的。另一方面,良知也是一种赋予伦理以意义和活力的活动。良知引发

---

① [德]黑格尔:《法哲学原理》,范扬、张企泰译,商务印书馆1982年版,第141页。
② Dean Moyar, *Hegel's Conscience*, Oxford 2011, p. 24.
③ G. W. F. Hegel., "Philosophie des Rechts. Nach der Vorlesungsnachschrift K. G. v. Griesheims 1824/25", *G. W. F. Hegel, Vorlesungen über Rechtsphilosophie 1818–1831*, Bd. 4, hrsg. v. Karl Heinz Ilting, Stuttgart – Bad Cannstatt 1974, S. 364.

了一场规范性的剧变，导致了对世俗生活意义的重新评估，良知所表达的无非是随着神圣精神与世俗生活的和解而在伦理中得以实现的自由。

> 但是，通过神圣精神把自己引进现实，通过现实向着神圣精神解放。那在世界里据认为是神圣的那些东西就为伦理所排挤。代替贞操的誓言，婚姻现在才被看作伦理的东西，因而家庭才被看作人这方面的最高的东西；代替安贫的誓言（与这种誓言相应的是陷入矛盾中的把财产赠与穷人，也就是说使穷人富有的事功），借助智力和体力以获得自己收入的活动与在财富的这种交易和使用中的诚实即市民社会中的伦理才有效；代替盲目服从的誓言，对法律和合法的国家机构的服从才有效，这样的服从本身是真正的自由，因为国家是自己的即自我实现着的理性。这就是国家中的伦理。①

随着良知的出现，神圣本身不再有外在的、与现实相对立的性质，神性、理性、自我理解过程向世俗世界敞开，人不再需要一个尘世之外的彼岸来神圣化自己的生活，尘世和制度的"合法性在其自身是确定的"②，可为理性所知、所理解。不仅如此，黑格尔指出，良知的这种"解放活动"是一个持续的规范性转变过程。黑格尔把良知称之为"知道自己的本质的、自在且绝对自由的和在其解放活动中拥有其现实性的精神原则"③，通过它，个体和共同体能够不断地深化对自由的认识，并在此基础上推进对现存秩序的理解，因而神圣与现实的和解也是一个规范性不断涌现和更替的过程，黑格尔称之为良知所拥有的"无限活力"，借此，良知要求脱离腐化的现存生活形式。正如菲维克（Klaus

---

① ［德］黑格尔：《哲学科学百科全书 III：精神哲学》，杨祖陶译，人民出版社 2015 年版，第 319 页。
② ［德］黑格尔：《哲学科学百科全书 III：精神哲学》，杨祖陶译，人民出版社 2015 年版，第 320 页。
③ ［德］黑格尔：《哲学科学百科全书 III：精神哲学》，杨祖陶译，人民出版社 2015 年版，第 323 页。

Vieweg）指出的那样，黑格尔尽管认为现代世界是自由原则所掌管的自由理性的作品，但这并不意味着其中的一切都能找到其理性的形式，良知之于现代世界的意义就在于，"从不断进行质疑和实践否定性的原则中，现代世界获得了其力量和活力"①。而对"空虚的、无精神的和无所依凭的实存状态的时代"的批判则是良知的正当权限，良知的出现往往意味着既存伦理和传统的崩溃，人们身处一个不再能满足良知的世界，在其中，"所有一切被认为权利或义务的东西，都会被思想指明为虚无的、局限的和完全不是绝对的东西"②。因此就出现了一些伟大的心灵，在精神的过渡阶段、历史的转折点，作为"精神的见证"走向自觉，回到自己内部，对外在性加以否定，希冀重新由自己的确定性来规定和建立起善。

---

① Klaus Vieweg, *Das Denken der Freiheit. Hegels Grundlinien der Philosophie des Rechts*, München 2012, S. 210.
② 黑格尔：《法哲学原理》，范扬、张企泰译，商务印书馆1982年版，第142页。

第四章　康德哲学与德英宗教传统

第一节

"路德究竟是怎样影响德国的呢？"① 近百年前，法国史学大师、年鉴学派开创者吕西安·费弗尔（Lucien Febvre，1878—1956）发出了这样的疑问。长久以来，启蒙与宗教二元对立的僵固思维、基督宗教内部的狭隘宗派主义、德国民族主义情绪共同阻碍了世人客观理解和公允评判德国古典哲学美学与新教的关系。② 直至近些年，经历了"祛魅"的世俗时代，在后世俗时代（Post-secular Age）的氛围中，世人方才逐渐挣脱上述限制，更为客观、冷静、细致地审视这段复杂多端却又至关重要的思想史的真实面貌，评估其后世影响。新教与其他领域关系的研究也间接促进了人们聚焦与参详新教和德国古典哲学美学的关系，"神学的或宗教的主题仍然内在于……对德国古典哲学的思考中"③。

总体而言，新教对德国，乃至西方世界的思想、宗教、政治、经济、文化④、

---

① ［法］吕西安·费弗尔：《马丁·路德的时运》，王永环、肖华锋译，上海三联书店2014年版，第204页。
② 可在漫长纷纭的马丁·路德形象接受史中窥见端倪。参见［德］彼得·诺伊内尔《中世纪与现代之间的马丁·路德》，宗晓兰译，《陕西师范大学学报》（哲学社会科学版）2017年第1期，第112—114页。鉴于该文作者的天主教立场，这佐证了天主教阵营在后世俗时代开始客观评判马丁·路德及其新教遗产，有别于过往那般激烈斥责与否定的态度。
③ ［美］戴维·S·帕西尼：《前言：通过祛魅化的记忆》，载［德］迪特·亨利希《在康德与黑格尔之间》，乐小军译，商务印书馆2013年版，第41页。
④ 路德对德语的巨大影响力形塑力量早已众所周知，被称赞"不仅提供了一种交流思想的工具，而且积累了创造共同语汇的智慧和经验"。（参见［德］汉斯·李叶《路德传》，华君、舒柱译，华君校，商务印书馆1989年版，第1页。）又譬如在音乐上，赞美曲成为路德宗音乐独特面貌的代表，被称作"德国歌曲"（German Songs），音乐与教义相互参照；新教更对巴赫影响甚巨，"巴赫和其他伟大的新教作曲家用音乐来表达某种个人对于基督教的见解"（参见［英］亨利·雷纳《马丁·路德与德国新教音乐文化》，周耀群译，《中央音乐学院学报》1991年第4期，第18—21页）。例如巴赫的作品《和撒那》传达出无拘无束的热情与喜乐，被学者认为表达了巴赫的路德宗信仰（参见［英］迈克尔·里夫斯《不灭的火焰——宗教改革简史》，孙岱君译，上海三联书店2019年版，第179页）。又如路德开创的德国北方地区新教葬礼音乐对海因里希·许茨、巴赫、勃拉姆斯等后世音乐家产生重大影响（参见［美］罗宾·A. 利弗《〈德意志安魂曲〉与德国新教葬礼音乐》，徐明基译，欧阳韬校，《中央音乐学院学报》2009年第4期，第124—137页）。

科学①、法律②、教育③等各个领域影响深远，改变了西方世界的整体面貌，德国古典哲学美学概莫能外。德国古典哲学美学深受新教影响，又在吸收、重思、回应新教的过程中深刻形塑了新教，并且迫使新教反思

---

① 20世纪以来，学者们试图建立新教改革与科学革命的因果关系。比如20世纪30年代斯汀森（Dorothy Stimson）、琼斯（R. F. Jones）、默顿（Robert K. Merton）主张清教主义推动了现代科学的兴起。这类观点受到了诸多批评，于是，一些学者转而主张宽泛意义上的新教直接或间接地推动了现代科学的兴起，还有一些折中观点认为清教导致某些种类的实用科学（如农业、医学）被赋予了更高的价值。相关研究可参见［荷］霍伊卡《宗教与现代科学的兴起》，丘仲辉译，四川人民出版社1999年版；［英］约翰·H·布鲁克《科学与宗教》，苏贤贵译，复旦大学出版社2000年版；［澳］彼得·哈里森《圣经、新教与自然科学的兴起》，张卜天译，商务印书馆2018年版。哈里森主张新教的字义解经影响了自然科学的兴起，不过这似乎无法解释科学革命与范式转换的问题。

② 相关研究可参见［美］伯尔曼《法律与革命》第2卷，袁瑜琤、苗文龙译，法律出版社2018年版。

③ 新教与德国大学相辅相成，一方面，大学在宗教改革中发挥了重要作用（参见［以］丹尼尔·埃拉扎《宗教改革时期的圣约神学和政治学》，曹志译，《历史法学》2013年第7卷，第357页），倘若没有大学的出现，宗教改造将不堪设想（参见［德］福尔克·雷平《宗教改革有多么改革？》，周小龙译，《基督教文化学刊》2020年第44辑，第111页）；另一方面，新教深刻形塑了德国现代大学（Thomas Albert Howard, *Protestant Theology and the Making of the Modern German University*, Oxford: Oxford University Press, 2006）。马丁·路德本人虽然最初抨击大学是教宗势力的代表和亚里士多德信徒的异教中心，但之后在政治动荡、新教教育陷入困顿和梅兰希顿建议的作用下，转而肯定大学能够成为新教教育和信仰传播的重要工具，路德宗倡导教育改革，强烈要求世俗政府支持大学发展，新教各派极为重视对大学和一般学校的控制，推动了德国大学的发展（参见［比］希尔德·德·里德—西蒙斯《欧洲大学史·第二卷·近代早期的欧洲大学（1500—1800）》，贺国庆、王保星、屈书杰等译，河北大学出版社2007年版，第128—129页）。德国古典哲学美学兴起于大学，在很大程度上是一种学院哲学，黑格尔便曾指出大学是德国古典哲学美学的教堂（"我们的大学……是我们的教堂"），德国古典哲学美学家们的"教授"与"哲学家"双重身份融为一体（参见［瑞士］瓦尔特·吕埃格《欧洲大学史·第三卷·19世纪和20世纪早期的大学（1800—1945）》，张斌贤、杨克瑞、刘冬青等译，河北大学出版社2014年版，第153页）。德国当代著名思想家基特勒（Friedrich Kittler, 1943—2011）援引英国学者麦克克里兰德（Charles E. McClelland）的评论（"德国大学赋予了他们的学生一种批判看待所有可能之物、存在者和非存在者的目光，却没有让他们以类似的目光来审视大学自己"），指出这导致德国学术话语"直到今天都可能将它们的建制地位与主体这样超越时代的范畴相混淆"。他指出这一现象的根源要追溯至德国古典哲学美学的历史现场。他继而援引德国学者霍尔波尔根（Hajo Holborn）的研究成果，指出唯有德国大学与高等中学才有可能成为德国古典哲学美学的社会场域。基特勒指出这与德国近代以来的教育国家化等一系列政策有关，但也因此产生了教育官僚。此种状况在黑格尔身上显得尤其严重，黑格尔的哲学既是教育官僚化的产物，也进一步发明了作为国家官僚的主体，黑格尔甚至直接投身塑造教育官僚主体的实践工作。相反，法国缺少与之相比的深刻学校改革，由此可以解释为何福柯在《词与物》中未将主体的发明等同于教育官僚的发明，而是选择以更为抽象的方式展开整体推演（参见［德］弗里德里希·A·基特勒《实体之夜》，李双志译，上海社会科学院出版社2019年版，第44—68页）。与德国古典哲学美学的情况相似，19世纪以来德国的新教神学皆为学院神学（Academic Theology）。德国古典哲学美学黄金时代的终结尤其表现为德国大学中哲学的支柱地位被自然科学所取代。这在某种意义上成为日后的人文科学与自然科学之争的滥觞。

和重构自身的精神遗产,被认为"构成了在现代性中神学的'总体态势'内部自施莱尔马赫以来近代新教神学的问题史的出发点"①。这是一个历史双向互动、彼此成就的过程。② 譬如,以德国为例,康德、费希特、黑格尔、谢林皆受到了新教思想的影响,新教肯定了人的主体性与绝对者的宗教关联,规定了德国观念论的核心论题"思想在思考自身的同时,亦思考绝对者"③,尼采宣称"新教牧师是德国哲学的祖父"④;康德、费希特直接影响了从现代新教神学之父施莱尔马赫到里敕尔(Albrecht Ritschl,1822—1889)、赫尔曼(Wilhelm Herrmann,1846—1922)的德国19世纪新教神学,以至于康德被誉为形塑了新教,奠定了新教神学革新的基础,成为现代新教神学的起点,⑤ 举足轻重,其地位堪比亚里士多德之于天主教、柏拉图之于东正教;⑥ 黑格尔对新教的历史神学、政治神学影响深远,绵延至今,德国当代著名神学家潘能伯格(Wolfhart Pannenberg,1928—2014)即为典例;青年黑格尔派剧烈冲击了德国神学,直接促进了新教的《圣经》历史批判学等取得巨大成就;谢林对德国现代神学家蒂利希(Paul Tillich,1886—1965)影响甚巨;德语世界新教神学巨擘卡尔·巴特(Karl Barth,1886—

---

① [德]潘能伯格:《近代德国新教神学问题史》,李秋零译,(中国香港)道风书社2010年版,第12页。德国神学家普夫莱德勒(Otto Pfleiderer)早在1891年就在著作中语及德国古典哲学对近代新教神学的影响,肯定了康德哲学对自施莱尔马赫以来的新教神学影响甚巨([德]潘能伯格:《近代德国新教神学问题史》,第11页)。

② 此种影响不限于新教。当代天主教阵营的学者援引康德的人乃目的而非工具之言,主张"因信称义"认可人的尊严、价值和自由,"不是导致人被动地接受命运的安排,而是引导人自由地去行动"(参见[德]彼得·诺伊内尔《中世纪与现代之间的马丁·路德》,《陕西师范大学学报》(哲学社会科学版),宗晓兰译,2017年第1期,第116页)。这呈示了德国古典哲学美学烙刻在整个德国基督宗教(天主教、新教)上的深深印记。

③ [法]贝尔纳·布尔乔亚:《德国古典哲学》,邓刚译,高宣扬校,人民出版社2013年版,第9页。

④ [德]尼采:《敌基督者——对基督教的诅咒》,余明锋译,孙周兴校,商务印书馆2016年版,第13页。

⑤ [德]潘能伯格:《近代德国新教神学问题史》,李秋零译,(中国香港)道风书社2010年版,第11页。

⑥ William Pauck, *From Luther to Tillich*: *The Reformers and Their Heirs*, San Francisco: Harper & Row, 1984, p.155. 当然,必须注意到德国学界的这种分疏背后是德国神学和宗教界中的宗派主义立场。而这在很大程度上源于宗教改革。

1968）的思想发展离不开对德国古典哲学美学的回应和批判；德国古典哲学美学对德国现代神学家布尔特曼（Rudolf Bultmann，1884—1976）的"去神话化"（Demythologization）的思想影响更不可忽视；德国神学家朋霍费尔（Dietrich Bonhoeffer，1906—1945）、莫尔特曼（Jürgen Moltmann，1926— ）同样与德国古典哲学美学存在深刻的思想关联。① 此外，德国古典哲学美学重视体系建构的特点促进了德国新教系统神学（Systematic Theology）、教义神学（Dogmatic Theology）的发达。离开了新教，便无法理解德国古典哲学美学的历史发生和内在逻辑；隔绝了德国古典哲学美学，也难以捕捉新教的基本精神、思想发展与现代形态。德国新教遗产得到了德国古典哲学美学的继承和发展，并且最终引发了德国古典哲学美学的宗教批判。恩格斯很早便指出德国新教是"基督教的唯一的值得加以批判的现代形式"②，"只有德国人掌握着神学，并且由于这个缘故而拥有批判——历史学的、语文学的和哲学的批判的对象。这种批判是德国的产物，如果没有德国的新教，这种批判是不可能的"③；德国哲学家卡尔·洛维特（Karl Löwith，1897—1973）也表示"基督教在欧洲世界的衰落也是在上一世纪（19世纪——引注）导致其最极端后果的批判的一个产物。对基督宗教的哲学批判于19世纪开始于黑格尔，终结于尼采。它是一个典型的德国事件，因为它是一个新教的事件，而且无论是从批判方面还是从宗教方面来看都是如此。我们的哲学批判家们都曾是受过神学教育的新教徒，他们对基督教的批判是以其新教形式为前提条件的。批判，亦即区分，可以鉴于结合者或分离者来进行。批判地区分这两种形式上的可能性也标志着在对基督宗教进行哲学批判的这个最后阶段里哲学与宗教的具体关系。结合与分离的两个

---

① 布尔特曼、蒂利希、卡尔·巴特、朋霍费尔、莫尔特曼、潘能伯格被誉为现代德语世界的六大新教神学家。
② ［德］恩格斯：《关于德国的札记》，载《马克思恩格斯全集》第18卷，人民出版社1964年版，第653页。
③ ［德］恩格斯：《关于德国的札记》，载《马克思恩格斯全集》第18卷，人民出版社1964年版，第654页。

端点体现在黑格尔的哲理神学和尼采的反基督教哲学中"①。由此而言，新教与德国古典哲学美学绝非一方对另一方的"暴政"（Tyranny）②。

就康德与新教的关系而言，一些学者持否定意见，如康德学生兼传记作者布罗斯基（LuduigErnst Borowski，1740－1831）声称康德对敬虔派毫无兴趣，③布鲁诺·鲍赫（Bruno Bauch）认定"在康德那里，马丁·路德的道德宗教情感已然达到了理性的立场"④，列伯特（Arthur Liebert，1878－1946）指认康德用客观有效的理性规定和控制了敬虔派的情感，避免情感恣肆；⑤德勒卡特（Friedrich Delekat）声称康德囚禁了宗教改革，阻止了宗教改革重演；⑥而在英语世界，著名康德专家艾伦·伍德（Allan Wood）早年认定康德思想与新教"没有丝毫共同之处"⑦，《康德传》的作者库恩（Manfred Kuehn）更激烈地表示："如果敬虔派对康德有任何影响，那也只有负面的。……康德的道德观与宗教观透露了明确的反敬虔会的倾向。……把敬虔教派思想看作康德道德哲学的重要根据，那是很荒谬的。"⑧他们的理由大致有二。一是康德遭受敬虔派教育的折磨，敌视敬虔派；⑨二是康德的道德理性反对敬虔派的

---

① ［德］卡尔·洛维特：《从黑格尔到尼采：19世纪思维中的革命性决裂》，李秋零译，生活·读书·新知三联书店2019年版，第437—438页。
② ［英］伊莉莎·玛丽安·巴特勒：《希腊对德意志的暴政》，林国荣译，社会科学文献出版社2017年版。
③ Bernard G. Reardon, *Kant as Philosophical Theologian*, Totowa, New Jersey: Barnes & Noble Books, 1988, p. 20.
④ ［美］艾伦·伍德：《康德的道德宗教》，李科政译，中国人民大学出版社2020年版，第159页。
⑤ Arthur Liebert, "Kant and Pietism", *Notes and Queries*, Vol. 180, No. 25, 1941, p. 445.
⑥ ［美］艾伦·伍德：《康德的道德宗教》，李科政译，中国人民大学出版社2020年版，第159页。
⑦ ［美］艾伦·伍德：《康德的道德宗教》，李科政译，中国人民大学出版社2020年版，第159—160页。伍德后来承认在康德关于真正道德与宗教的观念中，有许多内容相当于一种敬虔派的理性净化版本。Allen W. Wood, "General Introduction, Religion and Rational Theology, trans. Allen W. Wood and George di Giovanni, Cambridge: Cambridge University Press, 1996, p. xii.
⑧ ［美］曼弗雷德·库恩：《康德传》，黄添盛译，上海人民出版社2014年版，第85—86页。
⑨ 库恩的描述立足德国学校教育对人性的规训，代表了诸多康德研究者的共同意见。这令人联想起德国文学家赫尔曼·黑塞的名作《在轮下》（*Unterm Rad*），故而似可窥知这类叙事的一般原型。

宗教情感。

但事实上，就康德在内的诸多启蒙哲人而言，"基督教主宰了他们的童年；基督教的教义浸染了他们的成长岁月，而且辅之以绚烂的承诺和阴森的警告。许多启蒙哲人都有兄弟姊妹做了教士或修女；许多启蒙哲人都曾考虑过献身神职。基督教并没有始终占有他们的头脑，但是经常骚扰他们的头脑"①，他们对宗教的批判甚或反抗并非出于无知，而是"带有一针见血的精准特点，只有经过长期密切体验才能做到这点。他们熟知《圣经》、教义问答、各种宗教文章和辩护说辞"②。康德尤甚，无论是敬虔派的严苛教育，还是敬虔派对个体性、道德性的聚焦措意，均对康德产生了潜移默化的影响。③ 英国学者海德（Jonathan Head）指出康德后期著作中对《圣经》与道德典范的使用彰显了敬虔派的影响。④ 英国学者芮尔顿（Bernard G. Reardon）指出康德对敬虔派的内在性满怀敬意，只是反感敬虔派的外在僵化规训。⑤ 在《实用人类学》中，康德批评教会形式的习俗毫无用处，误被当作敬虔的可嘉之处，旨在"单纯使信徒们服从"。⑥ 康德对教会以及教会信仰（宗派教义信条的教会信仰不同于宗教信仰）的态度契合敬虔派重视"无形教会"（Invisible Church）甚于"有形教会"的立场，费希特日后的"内在之光"论于此愈有所进："宗教绝不是外在的东西，绝不在于某种外在的现象，而是使人单纯在内心臻于完善。它是心灵中的光和真理。"⑦

康德绝非马尔库塞笔下的"大拒绝"（Great Refusal）式人物，而

---

① ［美］彼得·盖伊：《启蒙时代》上卷，刘北成译，上海人民出版社2019年版，第76页。
② ［美］彼得·盖伊：《启蒙时代》上卷，刘北成译，上海人民出版社2019年版，第76页。
③ Gary Banham et al. eds., *The Bloomsbury Companion to Kant*, London and New York: Bloomsbury, 2015, p.108. 透那（Frank M. Turner）主张康德受到新教神学与新教敬虔派的深刻影响，但未说明具体理由（Frank M. Turner, *European Intellectual History: From Rousseau to Nietzsche*, New Heaven and London: Yale University Press, 2014, p.56）。
④ Jonathan Head, "Scripture and Moral Examples in Pietism and Kant's Religion", *Jrish Theological Quarterly*, Vol.83, No.3, 2018, pp.217–234.
⑤ ［美］艾伦·伍德：《康德的道德宗教》，李科政译，中国人民大学出版社2020年版，第159—160页。
⑥ ［德］康德：《实用人类学》，邓晓芒译，上海人民出版社2005年版，第28页。
⑦ ［德］《费希特文集》第4卷，梁志学译，商务印书馆2014年版，第688页。

是一位思考如何继续改革、深化改革的批判哲学家，无论是对待启蒙运动还是宗教改革，此种态度一以贯之。真正困难的绝非一劳永逸的拒绝，而是持续不懈的深化。康德立足内部批判而非外部拒斥，念兹在兹双重继续改革问题。其一是启蒙运动的问题，如人性之恶等；其二是新教的继续改革问题，即反抗天主教的新教锐气退减，激进精神消去，逐步经院化、仪式化、教条化、组织化、愈发正统化、等级化、制度化为国家统治力量，①从抗议者转变为统治者，继起的敬虔派日益与保守的

---

① 费希特在当时就描述了宗教改革之后，改革精神逐渐沦丧，"当几乎整个宗教被归结为保护传统体系，扣人心弦的内在宗教受到冷落的时候"，敬虔派随之勃兴，并获得胜利，但之后也日益退化，刺激了近代神学的兴起（参见《费希特文集》第4卷，梁志学译，商务印书馆2014年版，第675页）。恩格斯也指出马丁·路德的宗教改革最终"在极大程度上被阉割了"（[德]恩格斯：《关于德国的札记》，载《马克思恩格斯全集》第18卷，人民出版社1964年版，第649页），蜕化建立了"适合君主制的宗教"，变成"诸侯手中的驯服工具"，农民"从自由人变成了农奴"，（参见[德]恩格斯《"社会主义从空想到科学的发展"英文版导言》，载《马克思恩格斯全集》第22卷，人民出版社1965年版，第348—349页），把德国引向灭亡（参见[德]恩格斯《路德维希·费尔巴哈和德国古典哲学的终结》，载《马克思恩格斯全集》第21卷，人民出版社1965年版，第350页）。路德也被指认敌视农民革命而谄媚皇权贵胄"（[美]马丁·罗伦培登：《这是我的立场——马丁·路德传记》，陆中石、古乐人译，译林出版社1993年版，第3页）。当代著名神学家孔汉思（Hans Küng, 1928—2021）同样批评路德宗刚从罗马教会的压迫中解脱，就很快蜕变为诸侯统治者的附庸，大众的宗教改革沦为了诸侯的宗教改革，"首先为诸侯绝对化与专制主义作好了准备"。参见[德]汉斯·昆《基督教大思想家》，包利民译，社会科学文献出版社2001年版，第147页。吕西安·费弗尔嘲讽制度化的路德宗是马丁·路德留下的"赝品大厦"，"以为借助强大的反叛力量可以轻易地在这片废弃的土地上树立起一座宏伟、漂亮、永恒的杰作"，实则"有着诸多缺陷与不足，受可鄙、昏庸王公们的领导，受官僚主义实际控制"，完全背离了宗教改革精神，应当羞愧不已。费弗尔进而溯源老年马丁·路德，指认马丁·路德"以一种戏剧性的强调语气解脱了教皇与罗马教廷对人们的控制，他肯定完全解放了那些追随他的人们。但是，倘若让王公与国家的枷锁，甚至更沉重的枷锁仍加诸在人们身上，他能够高唱胜利凯歌吗？在这些枷锁仍由上帝加诸世界，以照看王公们的利益、习惯以及教义，甚至那么一群基督徒时，他还能够高唱凯歌吗？不正是他本人自夸重新找到了对世俗的统治，使这种统治比以往更为巩固；重新取得、恢复了这一统治的权力，可以这样说，以上帝全部精神力量强化了这些权力吗？至于精神与道德上给予公民的权利——良知的更大自由与思想解放，如同我们所理解的，在1538年，这个日渐老迈的马丁·路德……一想到让人们具有这样的权利就会不寒而栗"。参见[法]吕西安·费弗尔《马丁·路德的时运》，王永环、肖华锋译，上海三联书店2014年版，第199—200页。美国学者平卡德（Terry Pinkard）也指出马丁·路德的宗教改革最终巩固了其最初试图打破的权威："宗教改革提倡质疑教会权威，但是，当宗教战争和三十年战争尘埃落定时，宗教改革实际上最终只是为了支持它自己和其他一些东西而取代了一个教条主义权威。德意志的战后解决方案（它允许各地君主决定在其统治区内哪种宗教能够成为国教）产生了矛盾的效果：一方面，它进一步打破了教会声称具有的、先前自己假定的绝对权威；而另一方面则正式确认，这种权威更为稳固地进入社会结构当中。"参见[美]特里·平卡德《德国哲学1760—1860：观念论的遗产》，侯振武译，中国人民大学出版社2019年版，第7—8页。总而言之，宗教改革并未一劳永逸地解决所有问题，甚至本身在很多方面重蹈覆辙。

正统神学结合，固化为柯尼斯堡地区统治教会，乃至"普鲁士国家宗教"①，"从私人的非政治信仰转变为普鲁士国家制度结构的重要组成部分"②，此时，新教应如何挣脱封闭的僵化教条与强压的威权主义，在后改革时代继续精神改革甚至自我改革，恢复热情和激进特性，重拾心灵之事？③ 纵观康德一生，他发展了新教的根本精神，譬如对待权威的态度、对平等的重视、有关"有形教会"与"无形教会"的思考等。其中，他对"恶"的理解尤其显著。

现代神学巨擘卡尔·巴特主张康德的罪观接近天主教，不过康德的观念实则与马丁·路德的罪观存在诸多相似之处，他们都充分意识到人的有限性、对极性、复杂性，尤其是人性中根深蒂固、难以消除的恶，强调人无法仰赖宗教信仰或道德理性而自以为"义"（自以为义人、善人）。这是对乐观主义的彻骨警示。

马丁·路德的"因信称义"（Justificatio sola fide）迥异于肤浅的乐观主义，并非人类依凭信仰即可成为义人，"只要你们相信，便可得救，

---

① Carter Lindberg ed., *The Pietist Theologians*, Oxford: Blackwell, 2005, p.10.
② Howard Caygill, *A Kant Dictionary*, Oxford: Blackwell, 1995, p.13.
③ 美国学者彼得·盖伊简要描述了当时德意志地区的宗教状况，历史缘由可见一斑："自17世纪末起，新教神学，尤其是北德意志诸邦的马丁·路德派神学，经历了缓慢却鲜明的反弹。路德宗早已丧失了创立者的那种圣战狂热和思想活力，沉淀成一个僵化迟钝的威权主义教阶组织，对仪式细节和教义词句的关注胜过对重大信条的兴趣。结果，沿着两个相反的方向出现了对这种沉闷压抑状况的反叛。一个是虔敬派的反智主义，另一个是以克里斯蒂安·托马西乌斯和克里斯蒂安·沃尔夫为代表的宗教形而上学家的重智主义。虔敬派尊重大众的宗教体验，讨厌教义推理，因此赢得了广泛的支持，但是它自身也逐渐僵化，变得唯我独尊，例如，他们把沃尔夫赶出了哈雷大学。他们要求信徒展现精神重生和表露宗教情感，从而导致了表现精神重生的狂热场景和滥情的诗歌。"参见［美］彼得·盖伊《启蒙时代》上卷，刘北成译，上海人民出版社2019年版，第370—371页。美国学者高斯洛普（Richard L. Gawthrop）也指出敬虔派掌权后，内在主动的宗教热情衰退，虚伪之事丛生，这导致敬虔派教育更趋严苛，催生更多的反感、虚伪、被动，酿就恶性循环，陷入危机。不过，这种强制的教育手段契合了普鲁士国家的建立和强化。Richard L. Gawthrop, *Pietism and The Making of Eighteenth-Century Prussia*, Cambridge: Cambridge University Press, 1993, pp.196–199.

做什么也没关系；这是毫无意义的"①，它与"自信的心理状态"② 无关。相反，人乃被称作义人、归算为义人，这是一种被动的状态，并非"人努力的结果""人为的作品"，③ 非人力自为。马丁·路德强调原罪，乃至私欲"顽固不化、根深蒂固"④，难以消除，很多罪是个体"所见不到，也不记得的"，⑤ 无人圣洁无瑕，"如此完美以致不动摇和跌倒"⑥。"自义"（Self-righteousness）危险至极，罪人自视为义人，假冒为义，"自以为义，认为他们自己是上帝所悦纳的祭物"⑦ "骄傲自大、自我吹嘘为好田地"⑧，"在属灵的事上自称最属灵"，⑨ "不愿意承认……有罪，而且还努力自我欺骗，说自己是无可指责的"⑩，"希望人把他看为义人，看为圣徒"，⑪ "不但狂傲地声称只有他们才拥有"捆绑与释放罪的"权柄"，"更由此引申，自夸只有他们才有权立法"。⑫ 对马丁·路德而言，反对使人自信得救的赎罪券旨在拒斥自以为义，

---

① ［德］马丁·路德：《桌上谈主恩》（下），黄耀基译，《天风》1999 年第 9 期，第 39 页。
② ［德］保罗·阿尔托依兹：《马丁·路德的神学》，段琦、孙善玲译，译林出版社 1998 年版，第 40 页。
③ ［德］保罗·阿尔托依兹：《马丁·路德的神学》，段琦、孙善玲译，译林出版社 1998 年版，第 43 页。
④ ［德］马丁·路德：《〈加拉太书〉注释》，李漫波译，生活·读书·新知三联书店 2011 年版，第 12 页。
⑤ ［德］马丁·路德：《马丁·路德文选》，马丁·路德著作翻译小组译，中国社会科学出版社 2003 年版，第 69 页。
⑥ ［德］马丁·路德：《马丁·路德证道集》，黄保罗总编译，山东省基督教两会 2015 年版，第 285 页。
⑦ ［德］马丁·路德：《〈加拉太书〉注释》，李漫波译，生活·读书·新知三联书店 2011 年版，第 27 页。
⑧ ［德］马丁·路德：《马丁·路德证道集》，黄保罗总编译，山东省基督教两会 2015 年版，第 286 页。
⑨ ［德］马丁·路德：《路德劝慰书信》，孙为鲲译，上海三联书店 2017 年版，第 237 页。
⑩ ［德］马丁·路德：《马丁·路德证道集》，黄保罗总编译，山东省基督教两会 2015 年版，第 1143 页。
⑪ ［德］马丁·路德：《马丁·路德文选》，马丁·路德翻译小组译，中国社会科学出版社 2003 年版，第 362 页。
⑫ ［德］马丁·路德：《马丁·路德文集》第 2 卷，丘恩处、周伟驰、夏建国等译，上海三联书店 2005 年版，第 78 页。

"义"实为异己之义、被动之义,非罪人自有永有。马丁·路德在桌边谈话中曾言:"正直、虔诚的基督徒总是觉得自己不虔诚,也不相信他们应当这样,因此,他们总是在竭尽全力,勤勉地坚持并强化信仰,就像一个好工匠总是能发现干活所需要的东西……倘若哪一个被造物胆敢吹嘘自己的信仰,自以为义人,那实在是种傲慢。"① "有两种罪,仇恨和骄傲,会伪装自己的外表,……仇恨装成神似的庄严,骄傲装成真理。"② "傲慢"是"反对圣灵的罪"的第一条罪,③ 堪称"万恶之源"④。在举世闻名的《九十五条论纲》第30条中,马丁·路德重申"无人能确知自己得了完全的赦免"⑤;在《论善功》中,马丁·路德强调私欲"持续直到我们进入坟墓,我们心里同它们斗争至死方休……我们永不能达到的目标……没有人如此圣洁,以致心里没有私欲"⑥;《反对教宗与主教伪称的属灵身份》(1522)在谈论恶人时,未将任何人剔除在外,无论尊卑或大小,人人概莫能外;⑦ 在1538年的《施马加登信条》中,马丁·路德强烈反对"你只管随意行,你若相信,一切都无关系,信仰涂抹你一切的罪",坚称"我们必须知道并且教训人,圣人也还有原罪,必须天天悔改并抵挡原罪,他们若陷在明显的罪中,即如大卫陷在奸淫、谋杀和亵渎的罪中,那么信仰和圣灵就离弃他们"。⑧

---

① [德]马丁·路德:《马丁·路德桌边谈话录》,林纯洁等译,经济科学出版社2013年版,第145—146页。
② [德]马丁·路德:《马丁·路德桌边谈话录》,林纯洁等译,经济科学出版社2013年版,第115页。
③ [德]马丁·路德:《马丁·路德桌边谈话录》,林纯洁等译,经济科学出版社2013年版,第112页。
④ [德]马丁·路德:《〈加拉太书〉注释》,李漫波译,生活·读书·新知三联书店2011年版,第206页。
⑤ [德]马丁·路德:《马丁·路德选集上册》(新编修版),徐庆誉、汤清、邓肇明等译,基督教文艺出版社2017年版,第39页。
⑥ [德]马丁·路德:《马丁·路德选集上册》(新编修版),徐庆誉、汤清、邓肇明等译,基督教文艺出版社2017年版,第130页。
⑦ [德]马丁·路德:《马丁·路德文集》第2卷,丘恩处、周伟诚、夏建国等译,上海三联书店2005年版,第10页。
⑧ [德]马丁·路德:《马丁·路德选集下册》(新编修版),徐庆誉、汤清、邓肇明等译,基督教文艺出版社2017年版,第136页。

因此，依马丁·路德之见，世人只能从上帝那里发现"自我实现"、"本真性"和"创造性"的源泉。① 德国当代著名神学家、马丁·路德专家艾伯林（Gerhard Ebeling, 1912—2001）正是从马丁·路德的论述中看到了马丁·路德思想的要义在于人同时是义人和罪人的"对极性"（Polarities），"唯独信仰"的"唯独"（Alone）与"同时是义人与罪人"的"同时"（At the Same Time）紧密相连。② 这符契马丁·路德的夫子自道："这两个事实是一起的：借着对基督的信，我们变得纯真、圣洁；因着我们之内的老亚当，我们是不洁的，有罪的。"③ "基督徒既是罪人又是圣徒，既是恶的又是善的。"④ "一个基督徒同时是正确的，又是错误的；既是圣洁，又是不洁的；既是上帝的敌人，又是上帝的儿女。"⑤ 同为义人与罪人的对极性将贯穿人类生命始终。现代著名新教神学家莱茵霍尔德·尼布尔（Reinhold Niebuhr, 1892—1971）更是由马丁·路德之言引出自义之罪（Sin of Self‑Righteousness）必须为人类的苦难负责："对我们同胞所遭受的最严重的虐待、不义和诽谤，它负有责任。整个种族、民族、宗教以及其他社会斗争的历史乃是对自义所引发的客观恶行和社会苦难的注释。"⑥

康德对基督教原罪说的改造和发展彰显于"根本恶"，有别于启蒙时代的乐观主义基调。他承认人内心的趋恶倾向，申说我们无法妄想去完全消除趋恶的倾向。不过，他未曾陷入恶的自然主义决定论，拒绝了

---

① ［德］乌尔利希·贝克：《自己的上帝》，李荣荣译，上海译文出版社 2016 年版，第 99 页。

② Gerhard Ebeling, *Luther: An Introduction to His Thought*, trans. R. A. Wilson, Philadelphia: Fortress Press, 1983, p. 247.

③ ［德］马丁·路德：《马丁·路德证道集》，黄保罗总编译，山东省基督教两会 2015 年版，第 515 页。

④ ［德］马丁·路德：《马丁·路德证道集》，黄保罗总编译，山东省基督教两会 2015 年版，第 1147 页。

⑤ ［德］马丁·路德：《〈加拉太书〉注释》，李漫波译，生活·读书·新知三联书店 2011 年版，第 86 页。

⑥ Reinhold Niebuhr, *The Nature and Destiny of Man: A Christian Interpretation*, Vol. 1, Louisville: Westminster John Knox, 1996, p. 200.

基督教的亚当堕落遗传原罪说。康德强调恶是一种主观的倾向，由自我招致，"存在于准则背离道德法则的可能性的主观根据之中"①。此乃继承与发展了新教精神，重申了人的"对极性"，对"自义"警钟长鸣。莱茵霍尔德·尼布尔恰从马丁·路德和康德对恶的理解中归纳提出传世名言："人类行正义的能力使民主成为可能；人类的非正义倾向使民主成为必须。"②（Man's capacity for justice makes democracy possible, but man's inclination to injustice makes democracy necessary）尼布尔笔端的"capacity"和"inclination"二词实则对应康德所谓的恶的倾向和善的禀赋，但若加细究，尼布尔的观点已与康德的理解存在一定距离，着眼于恶是某种无法自我克制的倾向，需要外部的制度约束，心灵的转变无济于事。但无论如何，他们一致清醒分辨出人类的复杂性、有限性和对极性。

那么应如何正确对待内心深藏的"恶"？在马丁·路德处，《九十五条论纲》第1条开宗明义："当我们的主耶稣基督说'你们应当悔改'的时候，祂是说信徒一生应该悔改。"紧随其后，马丁·路德在第30条补充道："无人能确知自己的悔罪是诚实的。"③ 据此，马丁·路德指认"真正的悔改"是"内心要真切地认识、并真诚地痛悔罪恶……必须要不断真心诚意地为此感到痛悔。然而，凭我们的能力是无法做到这一点的"④，罪恶永恒无限，深不可测，"真切""真诚"和"真心诚意"的悔改非人力所能实现和确认，无人可以裁断和确认自己是义人，能够自以为义，永远圣洁或者不再犯罪作恶，故而，"因信称义"最基本的要求是一生永无止境的"悔改"。马丁·路德在著述中反复申说

---

① ［德］康德：《单纯理性限度内的宗教》，李秋零译，商务印书馆2012年版，第14页。
② Reinhold Niebuhr, *The Children of Light and the Children of Darkness: A Vindication of Democracy and Critique of Its Traditional Defense*, Chicago: University of Chicago Press, 2011, p. xxxii.
③ ［德］马丁·路德：《马丁·路德选集上册》（新编修版），徐庆誉、汤清、邓肇明等译，基督教文艺出版社2017年版，第37页。
④ ［德］马丁·路德：《马丁·路德证道集》，黄保罗总编译，山东省基督教两会2015年版，第934页。

"悔改"，强调不可轻视"悔改"，"一个人必须意识到他是一个罪人……得救的第一步就是认罪悔改"①。当代马丁·路德专家更主张"对于理解马丁·路德而言，决定性的关键词是悔罪（Buße），而不是称义"②。中译文的"悔改""悔罪"在《新约》希腊文七十士译本中作"metanoia"，它由"meta"（意为"超越""超过"）与"noia"（意为"心灵"）构成，常被英译为"repent"，限定于狭隘的认信宗教（Confessional Religion）之中。之所以出现此种情况，是因为《圣经》拉丁通俗语译本将"metanoia"译为拉丁文"paenitentia"（"忏悔""苦行"）。不过，阿伦特在译解《路加福音》十七章 4 节时，指出"metanoia"的确切之义并非诸多英译本的常见译文"repent"，③ 而是"心灵的转变"（Change of Mind）、"回向"（Return）、"回溯踪迹"（Trace Back one's Steps），此亦是对希伯来文"shuv"的翻译。④ 正如马丁·布伯（Martin Buber）所言，此乃"自新和彻底的倒转"，个人与世界得到重生，这是"最强化的果敢行为"，堪称个人一生中的关键转折点。⑤ 事实上，一些《圣经》英译本将"metanoia"译作"改变我的道路"（Changing My Ways）⑥、"背离他的罪"（Turn From His Sin）⑦、"改变"（Change）⑧、"革新"（Reform）⑨，有的英文字典甚至将"metanoia"直译为"reformation"（革新）。与之相类，《马太福音》十八章 3 节被中

---

① ［德］马丁·路德：《〈加拉太书〉注释》，李漫波译，生活·读书·新知三联书店 2011 年版，第 50 页。

② ［德］福尔克·雷平：《宗教改革有多么改革？》，周小龙译，《基督教文化学刊》2020 年第 44 辑，第 105 页。

③ 在中文《圣经》和合本中，此段经文被译为："若他一天七次得罪你，又七次回转，说：'我懊悔了'，你总要饶恕他。""repent"译作"懊悔"而非"悔改"，但含义无本质区别。

④ Hannah Arendt, *The Human Condition*, Chicago and London: The University of Chicago Press, p. 240.

⑤ ［德］马丁·布伯：《论犹太教》，刘杰、张迅、马寅卯等译，山东大学出版社 2002 年版，第 61 页。

⑥ 通俗英文译本（Common English Bible, CEB）。

⑦ 新生命译本（New Life Version, NLV）。

⑧ 圣言译本（The Voice, VOICE）。

⑨ 杨氏直译本（Young's Literal Translation, YLT）。

文《圣经》和合本译作"我实在告诉你们：你们若不回转，变成小孩子的样式，断不得进天国"，使用的是"回转"而非"忏悔"，而几种权威的《圣经》英译本也采用了类似的词汇，即英王钦定版（KJV）作"be converted"，新国际版（NIV）和新修订标准版（NRSV）均作"change"。另有一些译本作"turn"①、"turn around"②。这种阐释在马丁·路德处亦有据可循、有所显现，马丁·路德指出基督带来的真正变化是"心意的更新"（Changed in His Heart），"心意必须被更新，那是必要的"。③ 当代美国著名思想家约翰·卡普托（John D. Caputo）顺此思路，更进一步将"metanoia"读解为"我有一颗崭新的心"（I have a new heart）、"心的转化与更新"（Transformation and Reformation of the Heart）、"新的创造"，将"心"（Kardia）与"逻各斯"（Logos）区隔。④ 据此，"metanoia"可译作"心的回转"或者"心的转化"，代表了心灵的割礼。与之相似，西方当代马克思主义思想家特里·伊格尔顿也将"metanoia"译解为"根本性自我更新"（Fundamental Self-renewal）⑤。凡此种种，都彰显了"回转"的深刻意涵。

马丁·路德之后的敬虔派常被误识为"自以为义"，罪感薄弱，乃至摒弃罪感，自诩圣洁、属灵，"含有主观、个人主义和非现世性的意义"⑥。实则敬虔派致力完成和更新马丁·路德的宗教改革，批判路德宗正统教义纯属"死的正统"⑦。他们将马丁·路德的观念进一步阐发为受洗的基督徒仍然要向异教徒那样，首先需要"悔改"（"回转"）、

---

① 譬如基督徒标准译本（Christian Standard Bible, CSB）、通俗英文译本、英语标准译本（English Standard Bible, ESV）。
② 譬如莱克汉姆英文译本（Lexham English Bible, LEB）。
③ ［德］马丁·路德：《马丁·路德证道集》，黄保罗总编译，山东省基督教两会2015年版，第780页。
④ 陈龙：《论约翰·卡普托的事件诗学》，博士学位论文，中国人民大学，2020年。
⑤ Terry Eagleton, *Radical Sacrifice*, New Heaven: Yale University Press, 2018, ch. 5.
⑥ ［美］奥尔森：《基督教神学思想史》，吴瑞诚、徐成德译，周学信校，北京大学出版社2003年版，第511页。
⑦ ［美］奥尔森：《基督教神学思想史》，吴瑞诚、徐成德译，周学信校，北京大学出版社2003年版，第515页。

赎罪，经历内在的觉醒、更新、重生，实现心灵的根本转变而非身体的重生，此即对"metanoia"的更进一步的推崇。敬虔派"从未厌倦强调个体之罪、因圣灵而悔改和彰显在圣洁生活中的悔改"，"基督徒的生活是'跋涉而非空谈''生成而非实存''心灵的宗教（Heart Religion）而非头脑的宗教（Head Religion）''生活高于教义''实在而非信仰的表象'、信仰的内在化而非信仰的外在化"。① 敬虔派故被称作"心灵的宗教""心胸神学"（Pectoral Heart Theology）、"心灵基督教"②，但此非指敬虔派等于经验主义、情感主义、主观主义。对敬虔派而言，"敬虔必须首先筑居于心中"（piety must first of all nest in the heart）③，"每一位基督徒都需要经由悔改和信心得到个人的更新，以及重生的经历。……每一位基督徒里面都同时有'老我'及'新人'。这二者永远都绑在一起，舍生忘死地缠斗不休"，必须区分外面（虚假）的悔改和里面（真实）的悔改，"真正的悔改就是，当心里因为忧伤与懊悔而破碎、弃绝、降卑，然后借着信心和罪得赦免，被造成圣洁、蒙安慰、洁净、改变并且更良好，然后外在的改进就会跟着出现"。④ 马丁·路德与敬虔派念兹在兹者，当为心灵的转变，而非表面上对"律法"的遵从，这充分彰显了其与天主教的分殊。

康德对此问题亦有所究析。在《致国王威廉二世（草稿）》中，他表示《单纯理性限度内的宗教》旨在确定"宗教怎样才能纯洁而又有力地注入人们的心灵"。⑤《单纯理性限度内的宗教》多次提及"心"，特别指出"善良之心或者恶劣之心"决定了能否将道德法则纳入自己

---

① Carter Lindberg, "From Pietism to the Early Enlightenment", *Christianity*: *A Social and Cultural History*, eds. Howard C. Kee, Emily A. Hanawalt, Jerry W. Frost, Emily Albu and Carter Lindberg, Upper Saddle River: Prentice Hall, 1998, p. 343.
② [美]奥尔森：《基督教神学思想史》，吴瑞诚、徐成德译，周学信校，北京大学出版社2003年版，第517页。
③ Carter Lindberg ed., *The Pietist Theologians*, Oxford: Blackwell, 2005, p. 3.
④ [美]奥尔森：《基督教神学思想史》，吴瑞诚、徐成德译，周学信校，北京大学出版社2003年版，第516页。
⑤ [德]康德：《单纯理性限度内的宗教》，李秋零译，商务印书馆2012年版，第218页。

的准则。康德指出人的趋恶倾向具有三种层次,分别为人心的脆弱、不纯正、恶劣,其中,"恶劣"意指"接受恶的准则的倾向"①,康德在此特别提及一个意味深长的关键词"人心的颠倒"(Perversitas)。

> 人心的恶劣(vitiositas,pravitas),或者宁可说,人心的败坏(corruptio),是任性对各种准则的这样一种倾向,即把出自道德法则的动机置于其他(非道德的)动机之后。这种恶劣或者败坏也可以叫做人心的颠倒,因为它就一种自由任性的动机而言,把道德次序弄颠倒了,而且即使如此也总还是可以有律法上善的(合法的)行为,但思维方式却毕竟由此从其根本上(就道德意念而言)败坏了,人也就因此而被称做是恶的。②

"人心的颠倒"是最高等级的恶,意味着心灵的根本转变,颠倒了道德次序,"将恶之为恶作为动机纳入自己的准则"③。这种人的所作所为绝非出于义务,即便或许仍合乎法则,但毫无道德价值,不可称为善行。对于人心的颠倒,基督教的"metanoia"要转向上帝,转向上帝的目光;迥异于此,康德的解决之道是转向人类心灵本身,需要"心灵的转变""革命"和"重生"而非"习俗的转变",④诉诸出于义务(From Futy)、出于法则(From Law)的道德自律。因此,道德责任绝非形式主义的问题,不再与合乎义务(Conform with Duty)、合乎法则(Conform with Law)相关,而是必然要被赋予个人的心灵,选择成为"道德上的善人"而非"律法上的善人"⑤。由此可证康德绝非一味服从道德法则的道德严格主义者(Moral Rigorist)甚或宗教所谓的"律法主

---

① [德]康德:《单纯理性限度内的宗教》,李秋零译,商务印书馆2012年版,第15页。
② [德]康德:《单纯理性限度内的宗教》,李秋零译,商务印书馆2012年版,第15页。
③ [德]康德:《单纯理性限度内的宗教》,李秋零译,商务印书馆2012年版,第23页。
④ [德]康德:《单纯理性限度内的宗教》,李秋零译,商务印书馆2012年版,第32—33页。
⑤ [德]康德:《单纯理性限度内的宗教》,李秋零译,商务印书馆2012年版,第32页。

义者",其心目中的"metanoia"不可与天主教的苦行等量齐观。康德明言"虔诚并不在于有忏悔心的醉人的自虐……而在于将来加以改善的坚定决心"①,坚拒"以迷信的方式通过不以思想转变为前提条件的赎罪"②。道德宗教必须建立在心灵意念之中,道德心灵的宗教代替纯然崇拜和诫命的宗教。因此,首要之事即人心的转变,处理"人心的颠倒",扭转"恶的心灵"③,在人的心中真正防止恶,实现自我更新,转变为新人。"心灵的转变"意味着新的创造。虑及"根本恶",则人心的转变必是马丁·路德口中的"一生"之事,绝无可能一劳永逸地完成。此种历史性维度或有助于解释为何康德会明确区分"出于义务"的行动与"合乎义务"的行动,为何出于义务、警惕心灵颠倒的行动会如此至关重要。其后,费希特进一步将内在的心灵称为"宗教之光",特意区分了《约翰福音》和保罗书信的两种不同进路。费希特强调在《约翰福音》的基督教原始形态中,"除了依据自己的真理感和宗教经验作出的内在证明,没有任何别的证明",耶稣"诉诸人的内心的、需要在实践中加以发展的真理感"。④

　　循着"心灵的转变"这一概念,我们灼然可见康德与马丁·路德、敬虔派的深刻联系,窥知康德对自然主义决定论的拒斥,开掘和揭橥康德的道德哲学和宗教哲学中无法被"道德理性""理性宗教"这类标签化约的内容,这有助于凸显"根本恶"的重要意义,回应那些针对康德的质料与形式二元论批评。非宗教律法主义者的马丁·路德与非道德严格主义者的康德在此交遇。同时,它有助于澄清人们对阿伦特的"恶之平庸"(Banality of Evil)的种种误解(因为"心灵的转变"是无可逃避的责任,螺丝钉理论无法为艾希曼的极端恶行辩护,正如阿伦特的《责任与判断》所言,主体终究要回向自我心灵,"与自己相处、与自

---

① [德]康德:《单纯理性限度内的宗教》,李秋零译,商务印书馆2012年版,第8页。
② [德]康德:《单纯理性限度内的宗教》,李秋零译,商务印书馆2012年版,第72页。
③ [德]康德:《单纯理性限度内的宗教》,李秋零译,商务印书馆2012年版,第23页。
④ [德]费希特:《费希特文集》第4卷,梁志学译,商务印书馆2014年版,第536—537页。

己交谈的倾向,即投入我与自己之间无声对话的倾向"①),抵制将康德哲学与普鲁士军国主义、纳粹理论等量齐观的偏见,更可以回应尼采对"毒蜘蛛""老康德"②的抨击,因为从"metanoia"的角度来看,康德未曾用僵死的道德律去压制生命,而是一贯警惕心灵的颠倒。奥斯维辛之后,神义论破产,"神义论将灾难转换为意义,用意义掩埋灾难"③,"恶"的问题愈发重要,从马丁·路德到康德对"恶"的思考值得措意聚焦与静心深思。而从"心灵的转变"出发,我们亦可重思传统的批评意见,审视现代主体主义是否必然是德国古典哲学美学的产物。至少在康德处,情况并非如此,所谓的"自我意识""自觉""主观自由"首先是心灵的转变,防止心灵的颠倒,质疑自我的确定性、纯善性、正义性、神圣性,解构一切的自以为义、自以为善。"心的回转"(Metanoia)构成了横跨马丁·路德与康德的桥梁。

事实上,马克思也非常重视人的心灵转变、世界观的改变,但在此基础上,他申说实践的价值,要求改造世界。由此似可在德国思想史中窥见马克思对马丁·路德、康德思想的发展。马克思在《〈黑格尔法哲学批判〉导言》中所说的"即使新教没有正确解决问题,它毕竟正确地提出了问题",在恶的问题上得到了印证。而《〈黑格尔法哲学批判〉导言》所说的"马丁·路德战胜了信神的奴役制,只是因为他用信仰的奴隶制代替了它。他破除了对权威的信仰,却恢复了信仰的权威",生动展现了新教精神固化,乃至僵化的危机和疲态,昭示了在马丁·路德、敬虔派的两次改革后,康德继续第三次改革,令世人得以知晓心灵的回转必然永无止境,时刻需要警惕心灵回转的停滞与固化。

---

① [德]阿伦特:《责任与判断》,陈联营译,上海人民出版社2011年版,第35页。
② [德]尼采:《敌基督者——对基督教的诅咒》,余明锋译,商务印书馆2016年版,第11页。
③ 陈龙:《论卡普托的"事件诗学"建构》,《广州大学学报》(社会科学版)2022年第1期,第38页。

第二节

正如美国著名学者彼得·盖伊（Peter Gay，1923—2015）所言，自然神论（Deism）①的历史意义不可小觑，"自然神论者是带着恰当的主张出现在恰当的历史时刻。他们之所以逐渐淡出，主要不是因为他们在辩论中被击败，而是因为他们的学说和批判已经变成老生常谈，也就是说，被人们广泛接受了"②，他们"重新描绘了欧洲的宗教地图"③。故而，自然神论也被某些学者认为孕育了启蒙运动的理性主义。④自然神论本身源起意大利，16世纪流播法国，但17世纪上半叶后在法国逐渐不受关注，直至后来在英国思想的影响下，由英国回传，方才在法国重获关注。与之不同，自然神论自从传入英国后，"便开始走上繁荣兴盛之途；它找到了适合自身的天空与土壤，仿佛这是真正属于自己的家园。支持者与反对者就像在广场上发表演说那样，开始了公开的争辩。托兰德以极度狂热的激情宣扬自然神论；本特利、贝克莱、克拉克、巴特勒（Joseph Butler）、沃尔顿（William Warburton）则竭力反驳，力求维护天启宗教的地位。简而言之，'除了英国，没有哪个国家会让自然宗教得到如此详尽明确的阐释……'"⑤。当时的欧洲大陆弥漫着一种近乎狂热的崇英症（Anglomania），包括伏尔泰、孟德斯鸠在内的启蒙哲人概莫能外，甚至成为此种风潮的吹鼓手，譬如伏尔泰描述英国之行的

---

① "自然神论者"一词自1564年起被使用，"自然神论"的用法则肇端于1660年。Roger L. Emerson, "Latitudinarianism and the English Deists", *Deism, Masonry, and the Enlightenment*, ed. J. A. Leo Lemay, Newark: University of Delaware Press, 1987, p. 23.

② [美]彼得·盖伊：《启蒙时代》上卷，刘北成译，上海人民出版社2019年版，第421页。

③ [美]彼得·盖伊：《启蒙时代》上卷，刘北成译，上海人民出版社2019年版，第420页。

④ [英]阿利斯特·麦格拉斯：《基督教神学导论》，北京联合出版公司2017年版，第152页。

⑤ [法]保罗·阿扎尔：《欧洲思想的危机》，方颂华译，商务印书馆2019年版，第263—264页。

《哲学书简》被认为宣扬了英国自然神论，① 自然神论者博林布鲁克（Henry St. John Bolingbroke，1678—1751）对孟德斯鸠影响甚巨。② 故而自然神论在重新传入法国时，竟被法国人视作英国的思想产物，法国启蒙哲人称赞自然神论者"体现了启蒙哲学宣扬的品质，鼓吹了启蒙哲学提倡的理想"③，有助于法国反教会运动。此股风潮对德意志地区影响甚巨，诗人克洛普施托克、物理学家利希滕贝格明确承认自己仰慕英国，莱辛引莎士比亚入德意志地区，并依照一部英国剧本创作了其首部市民悲剧《萨拉·萨姆逊小姐》，④ 在英国待过两年的诗人弗雷德里希冯·哈格多恩对英国更是不吝溢美之词。⑤ 英国自然神论正是在此背景下传入并流行于德意志地区。

根据学者约翰·奥尔（John Orr）的研究，英国自然神论传入德意志地区包括了下述几条途径。一是斯宾诺莎的中介作用；二是自然神论著作的大量译介；三是回应自然神论的著作译介到德意志地区；四是德意志地区人士论述、支持或者反对英国自然神论者的作品；五是法国启蒙运动的先驱对德意志地区的影响；六是德意志诸邦宫廷中的法国来宾和旅行者。⑥ 康德所在的柯尼斯堡看似处于德意志地区的"极边缘地带"⑦，实乃欧洲重要的学术中心，拥有普鲁士第一所大学，

---

① 自然神论在法国的早期传播情况，参见 C. J. Betts, *Early Deism in France*, The Hague, Boston and Lancaster: Martinus Nijhoff Publishers, 1984。
② ［英］马克·戈尔迪、罗伯特·沃克勒：《剑桥十八世纪政治思想史》，刘北成、马万利、刘耀辉等译，商务印书馆2017年版，第73—76页。
③ ［美］彼得·盖伊：《启蒙时代》上卷，刘北成译，上海人民出版社2019年版，第367页。
④ ［美］彼得·盖伊：《启蒙时代》上卷，刘北成译，上海人民出版社2019年版，第23页。
⑤ ［美］彼得·盖伊：《启蒙时代》下卷，王皖强译，上海人民出版社2019年版，第33—34页。
⑥ ［美］约翰·奥尔：《英国自然神论：起源和结果》，周玄毅译，武汉大学出版社2008年版，第248—252页。
⑦ ［德］迪特·亨利希：《在康德与黑格尔之间》，乐小军译，商务印书馆2013年版，第228页。

更是"一座为了跟英格兰进行贸易而设置的港口城市"①,是北海—波罗的海贸易圈的重要组成部分,拥有与英国交流的得天独厚的条件,堪称一处居于其中便可获得人类知识和世界知识的适宜之处,② 为康德接触自然神论奠定了基础。芮尔顿(Bernard G. Reardon)推论在自然神论广播德国的背景下,康德想必熟悉自然神论;③ 拜恩(Peter Byrne)也指出不管是通过相关译本还是恩师马丁·克努岑(Martin Knutzen,1713—1751)的著作,康德肯定了解英国自然神论者的思想。④

尽管如此,对于康德究竟是否是自然神论者,一直聚讼纷纭。一些学者认定康德乃坚定的自然神论者,甚至指出即便近年来学者们试图勾连康德与宗教,但康德的自然神论无法被基督教所"洗礼";⑤ 有些学者的观点与之截然相反,或指认康德笔下的"自然神论"与时人的用法无关,⑥ 或以康德反复否认自己为自然神论者一事为证,甚至效仿海涅的著名论断,视康德为"自然神论的行刑者"(The Executioner of Deism)⑦;亦有学者执两用中,意图调和上述两种迥异立场,格林(T. M. Green)指认康德并非彻头彻尾的自然神论者,其思想与任何阶段的英国自然神论都不可等量齐观,但拥有不少自然神论的观念,⑧ 譬如对自然宗教、《圣经》与基督的看法深契自然神论,自然神论本身在

---

① [德]福尔克尔·格哈特:《伊曼努尔·康德:理性与生命》,舒远招译,邓晓芒校,中国社会科学出版社 2015 年版,第 40 页。

② [德]康德:《实用人类学》,邓晓芒译,上海人民出版社 2005 年版,第 4 页。

③ Bernard G. Reardon, *Kant as Philosophical Theologian*, Totowa, New Jersey: Barnes & Noble Books, 1988, p. 9.

④ Peter Byrne, *Kant on God*, Hampshire: Ashgate, 2007, p. 168.

⑤ Nathan A. Jacobs, "Can the New Wave of Kant Scholarship Baptize Kant's Deism? No", *Philosophia Christi*, Vol. 19, No. 1, 2017, pp. 135 – 144.

⑥ Allen W. Wood, "Kant's Deism", *Kant's Philosophy of Religion Reconsidered*, eds. Rossi, Philip J. and Michael J. Wreen, Bloomington: Indiana University Press, 1991, pp. 1 – 21.

⑦ [美]约翰·奥尔:《英国自然神论:起源和结果》,周玄毅译,武汉大学出版社 2008 年版,第 260 页。

⑧ T. M. Greene, *Kant's Religious Theory and Its Relation to English Deism*, PhD diss., University of Edinburgh, 1924, p. 8.

康德处寻获了"最高等级、最令人信服的成分"①,康德堪称"自然神论的至高门徒"(the Highest Apostle of Deism)②;约翰·奥尔主张"康德的工作在削弱自然神论者立场的同时,也对自然神论的对手即正统派有所撼动。……只有对那种旧有的、骄傲的、理性主义的、自负的自然神论而言,才能把康德称为某种意义上的'行刑者'"③;理查德·奥尔森(Richard G. Olson)指出一方面自然神论启发了康德对科学与宗教关系的全新思考,另一方面康德挑战了自然神论,认定科学与宗教不会冲突对立,也不会互补互持,二者缺乏相通处;④潘能伯格认为自然神论在德国引发了自然主义与超自然主义之争,虽然正反双方都接受和利用了康德的论述,但康德本人其实消解了自然神论引发的这种争论。⑤此中牵涉了理性与启示之关系、人类的理性及其限度、道德与宗教之关系、对上帝存在之证明、自然法则、"自然之光"等诸多重大问题。除此以外,由于康德在《逻辑学讲义》中提出宗教要回答的独特问题是"我可以盼望什么"(what may I hope),而"盼望"又是基督教的核心概念,故而"盼望"(Hope)的问题其实也可以关联于这一重要论争,即相对于自然理性,"盼望"的地位何在?自然神论是否还需要"盼望"?康德对"盼望"的阐释是否挑战甚或解构了自然神论?事实上,康德对"盼望"的重视影响甚大,其《通灵者之梦》宣称只留下"未来的盼望",被德国马克思主义哲学家恩斯特·布洛赫(Ernst Bloch)一再援引,佐证其希望理论(亦可译作"盼望理论")。布洛赫对20世纪宗教思想影响深远,虑及于此,康德的盼望观念借由布洛赫,对后世宗教思想产生了重要启发。

---

① T. M. Greene, *Kant's Religious Theory and Its Relation to English Deism*, p. 212.
② T. M. Greene, *Kant's Religious Theory and Its Relation to English Deism*, p. 212.
③ [美]约翰·奥尔:《英国自然神论:起源和结果》,周玄毅译,武汉大学出版社2008年版,第260—261页。
④ [美]理查德·奥尔森:《科学与宗教:从哥白尼到达尔文(1450—1900)》,徐彬、吴林译,山东人民出版社2009年版,第101—105页。
⑤ [德]潘能伯格:《近代德国新教神学问题史》,李秋零译,(中国香港)道风书社2010年版,第27—35页。

相较于这些哲理层面的抽象探究，或可另辟蹊径，思考我们能否经由自然神论，通达康德关于君主的一些论述和看法，甚至追索与勾连其中可能存在的思想线索。回返历史现场，自然神论的产生与发展同当时的政治环境密切相关，这也是自然神论者得以被称作自由思想家的基本背景。"让·博丹在16世纪下半期写就的阐述专制君主政体的学说，在大多数欧洲国家的统治圈子里被广泛奉为圭臬"①，与之相应，伴随1618—1648年的"三十年战争"，绝对君主在欧洲粉墨登场，"他们乃是立法者、最高法官和最高执法者，他们自己'豁免于'遵守这样的法律。亨利八世在发动16世纪的英国宗教改革时就明确主张这样的绝对权力，和他同时代的信奉罗马天主教的法国君主弗朗索瓦一世也是如此"②，当时，英国神学家威廉·廷代尔（William Tyndale，1494—1536）在1528年便主张"'反抗国王就是反抗上帝……在这个世界上，国王不受法律约束，随心所欲地做正确的事或错误的事，仅须向上帝作出说明。'难怪八年之后，亨利八世无畏地告诉他的臣民：'我在上帝的庇护下主管你们，包括你们的灵魂和身体。'未来的主教拉蒂默开始谈及'英格兰的上帝'，而未来的主教埃尔默在1559年向前推进了一步，宣布'上帝是英国人'。这个主题于1580年被约翰·利利在他的自赞颂歌中论及：'啊，天佑的和平；啊，快乐的君主；啊，幸运的人民。永生的上帝仅仅是英国人的上帝。'这个学说把上帝民族化，并将上帝与伊丽莎白女王联系起来"③。在英格兰，都铎王朝和斯图亚特王朝前期，世袭主义王权得到强化，缺乏有效议会监督，④ 1640年之前，"政府形式是绝对君主制，君主以他的咨议会进行统治，而且他断断续续地

---

① ［美］哈罗德·J. 伯尔曼：《法律与革命》第2卷，袁瑜琤、苗文龙译，法律出版社2018年版，第12页。
② ［美］哈罗德·J. 伯尔曼：《法律与革命》第2卷，袁瑜琤、苗文龙译，法律出版社2018年版，第12页。
③ ［美］劳伦斯·斯通：《英国革命之起因（1529—1642）》，舒丽萍译，北京师范大学出版社2018年版，第119页。
④ ［美］托马斯·埃特曼：《列维坦的诞生》，郭台辉译，上海世纪出版集团2016年版，第204页。

在他的议会里召集它（国王查理一世在1640年召集它时，已经是在没有它的情况下进行了11年的个人统治！）"①。不过自17世纪以来，对绝对君主制的不满与反抗渐起，君臣之间的争端总是因君主试图独自决定"捐税和兵源"②而起。1585年，伊丽莎白女王宣称"国王和君主，仅对万能的上帝即所有国王的国王怀有敬意并为之效力，在这方面，他们没有义务向其他任何人作出交代或汇报其行动的理由"③。时为苏格兰国王的詹姆士一世似乎很早就意识到这种潜在的危机，他在1598年的《自由君主制的真正法律》（*True Law of Free Monarchies*）中试图为绝对君权辩护。其策略是坚持君权神授论而非君权契约论，虽承认理性"是一个应该被普遍遵守的标准，也是一种应该被普遍实行的手段"，但始终强调理性是"统治者的意志，而统治者的意志决定了理性是什么和理性要求什么；而且在异常的案件中，统治者，像上帝一样，可以有悖于理性而自由行事，没有人可以让其负责"，④ 国王本人不受约束，"君主制国家是人间的最高事物，因为国王不仅是上帝在人间的代表并坐在上帝的王位上，甚至上帝本身也称他们为神"⑤，由此得出的结论是"国王乃法律的作者和制作者，而法律不是国王的作者和制造者"⑥。进而，王权可以世袭遗传，"国王的权利一旦得到确立，便经由继承传给了他的后裔"⑦。君主的意志是理性和法律的例外状态，决定并凌驾于理

---

① [美]哈罗德·J. 伯尔曼：《法律与革命》第2卷，袁瑜琤、苗文龙译，法律出版社2018年版，第202页。如迈克尔·曼所言，查理一世的绝对主义最终失败是因为他所倚靠的军队由苏格兰和清教徒组成，并不那么服从他的绝对主义统治（参见[英]迈克尔·曼《社会权力的来源》第1卷下，刘北成、李少军译，上海人民出版社2018年版，第587页）。

② [英]迈克尔·曼：《社会权力的来源》第1卷下，刘北成、李少军译，上海人民出版社2018年版，第533页。

③ [美]劳伦斯·斯通：《英国革命之起因（1529—1642）》，舒丽萍译，北京师范大学出版社2018年版，第129页。

④ [美]哈罗德·J. 伯尔曼：《法律与革命》第2卷，袁瑜琤、苗文龙译，法律出版社2018年版，第329—330页。

⑤ [美]乔治·萨拜因：《政治学说史》，邓正来译，上海人民出版社2015年版，第92页。

⑥ [美]哈罗德·J. 伯尔曼：《法律与革命》第2卷，袁瑜琤、苗文龙译，法律出版社2018年版，第333页。

⑦ [美]乔治·萨拜因：《政治学说史》，邓正来译，上海人民出版社2015年版，第93页。

性和法律之上,"这种天赐的统治权是上帝的'活生生的形象'在世间的现身"①。1609 年,詹姆士一世更宣称"国王不仅是上帝在人世间的代理官员,坐在上帝的王座上,而且甚至上帝自己都称呼他们为神"②。当时诸多英国法学家积极支持此种绝对主义王权,甚至连弗兰西斯·培根都为绝对君主制辩护,谴责任何反抗王权的行为,声称"绝对君主制以外的政府形式'容易解体'"③,无法维持国家稳定有序。对詹姆士一世而言,王权凌驾于法权之上,这一立场在其与民事上诉法庭首席大法官爱德华·柯克的冲突中得到彰显。柯克主张普通法是国家的最高法律,法官不受法律之外的任何力量约束和控制,是普通法的唯一阐释者;詹姆士一世坚称君权至高,法官臣属于君主,君主可代替法官审判断案。④

在这般政治氛围中,自然神论之父雪堡的赫伯特勋爵(1583—1648)提出了自然神论的五大原则:"1. 存在一个至高无上的上帝;2. 他应该被崇拜;3. 神圣崇拜的主要内容是美德和虔诚;4. 我们应该为自己的罪而悔改;5. 神确实在此世和来世都施行奖惩。"⑤ 他强调这

---

① [英]尼古拉斯·菲利浦森、昆廷·斯金纳编:《近代英国政治话语》,潘兴明、周保巍、李冠杰等译,华东师范大学出版社 2005 年版,第 92 页。

② [美]劳伦斯·斯通:《英国革命之起因(1529—1642)》,舒丽萍译,北京师范大学出版社 2018 年版,第 129 页。

③ [美]哈罗德·J. 伯尔曼:《法律与革命》第 2 卷,袁瑜琤、苗文龙译,法律出版社 2018 年版,第 331 页。

④ [英]威廉·塞尔·霍尔斯沃思:《英国法的塑造者》,陈锐等译,法律出版社 2018 年版,第 127 页。此前,柯克曾在英王亨利八世面前回答克伦威尔的问题("'君主决定之事具有法律效力'[Quod Principi Placuit]是否不适用于英王"),强调"国王总是试图让别人将自己的意志变成法律,但我告诉他,应这样统治:为了让自己的意志变成法律,必须使自己的意志更加安定与平和;并且,以如此方式建立的政府必须与国民的特点相适应"([英]威廉·塞尔·霍尔斯沃思:《英国法的塑造者》,陈锐等译,法律出版社 2018 年版,第 130 页)。霍尔斯沃思称赞柯克奠定了后世的"让议会分享权力"并"承认法律至高无上"的现代国家建构方案([英]威廉·塞尔·霍尔斯沃思:《英国法的塑造者》,陈锐等译,法律出版社 2018 年版,第 120 页)。

⑤ [美]约翰·奥尔:《英国自然神论:起源和结果》,周玄毅译,武汉大学出版社 2008 年版,第 67 页。

是宗教的唯一基础，除此以外，别无其他原则。其中，这个至高无上的上帝有别于"幻想出来的偶像"①，不会肆意干涉和决断世界，干预与破坏自然规律，"随心所欲地处置人"②，只能借由普遍的自然理性传达神圣旨意。自然神论者拒绝迷信盲从，摒弃狂热主义，警惕超自然主义，认定"任何一种对某个启示大肆宣扬的宗教都不是好的宗教，而一种依靠其权威性来施加教训的学说也并不总是最为重要的，甚至可能根本就毫无价值"③。上帝制定了一系列的共同规则和观念，将人类导向更美好的生活。此种态度在后期自然神论中尤为彰著，对超自然主义的拒绝愈发坚定明确，甚至认定"按照福音的安排，耶稣所行的奇迹，根本不能被当做是证明他是弥赛亚或者证明基督教真理的绝对证据"④。激进的自然神论者查尔斯·布朗特（Charles Blount，1654－1693）宣扬理性宗教，直接批评基督教，将启示等同于迷信，提出奇迹源于愚蠢、无知的错觉，指认耶稣只是奇迹制造时代的奇迹制造者，强调上帝不会随意干涉人类世界与自然进程。⑤ 由此，他们从以理性为基础来调和启示与理性、保留启示的地位，走向排斥启示、拒绝"启示真理"、否定"神迹"和"奥秘"，将"合乎理性""违背理性""高于理性"的三分法化约为"理性"与"反理性"的二元论，摒弃启示宗教。自然神论故而也被称作"蠲除神迹的有神论"（theism minus miracles）。⑥ 后期自

---

① ［英］雪堡的爱德华·赫伯特勋爵：《论真理》，周玄毅译，武汉大学出版社2006年版，第271页。
② ［英］雪堡的爱德华·赫伯特勋爵：《论真理》，周玄毅译，武汉大学出版社2006年版，第271页。
③ ［英］雪堡的爱德华·赫伯特勋爵：《论真理》，周玄毅译，武汉大学出版社2006年版，第269页。
④ ［英］安东尼·科林斯：《论自由思想》，王爱菊译，武汉大学出版社2010年版，第193页。
⑤ ［美］玛格丽特·迈尔斯：《道成肉身：基督教思想史》，杨华明译，中央编译出版社2012年版，第500页；J. A. Redwood, "Charles Blount（1654－1693）, Deism, and English Free Thouyht", *Journal of the History of Ideus*, Vol. 35, No. 3, 1974, p. 495.
⑥ Norman L. Geisler, Baker Encyclopedia of Christian Apologetics, Grand Rapids: Baker Books, 1999, p. 189.

然神论代表马修·廷德尔（Matthew Tindal, 1657—1733）重申"上帝并不随意作为，也不在没必要的时候干预人类事务"①，不会以神迹破坏尘世的自然理性法则。"神迹不是启示的真正证明；神迹要么是多余的，要么是侮辱了创世主作品的完美性。说它们是多余的，是因为它们证明的事物中一切有价值的已经为理性所具有；说它们侮辱了创世主作品的完美性，是因为创世主［创造世界以后］让它按最完美的机械规律开始运行，而且以后便不再加以干预"②。自然神论者从政治上进一步对超自然主义展开批判，其背后的深层政治立场除了批判教会建制、呼吁宗教宽容外，更要求约束肆意妄为、随意决断的世俗王权，制衡绝对君主制。他们拒斥君权神授，反对假借神迹之名，否定了君主拥有肆意干预世界的神圣权力，主张君权"归根到底来自于人民的同意"③，必须遵从既定的政治规则与道德规范。而依照与自然神论有所关联、④1649 年支持斩首英王的诗人弥尔顿（John Milton, 1608—1674）的看法，"君主的权威依赖于法律的权威，应该服从于法律"⑤，不可高于法律，"认为国王除了对上帝负责之外不对任何人负责，是对所有法律和政府的颠覆。如果国王拒绝负责，那么在他们加冕之时订立的所有合约和发下的所有誓言都将无效，仅仅是笑柄"⑥，国王也将沦为非人的禽兽。这些观念反映了当时英国国内反对绝对主义王权肆意扩张并打破混合君主制平衡的政治图景，对后世西方政治影响深远。对君主神迹的迥

---

① ［英］马修·廷德尔：《基督教与创世同龄》，李斯译，武汉大学出版社 2006 年版，第 97 页。

② ［美］威利斯顿·沃尔克：《基督教会史》，孙善玲、段琦、朱代强译，朱代强校，中国社会科学出版社 1991 年版，第 552 页。

③ ［英］斯图亚特·布朗编：《英国哲学和启蒙时代》，高新民等译，高新民、冯俊审校，中国人民大学出版社 2017 年版，第 9 页。

④ Joseph Frank, "John Milton's Movement toward Deism", *Journal of British Studies*, Vol. 1, No. 1, 1961, pp. 38–51.

⑤ ［英］约翰·弥尔顿：《国王与官吏的职位》，载毕竞悦、姚中秋等编译《英国革命时期法政文献选编》，清华大学出版社 2016 年版，第 42 页。

⑥ ［英］约翰·弥尔顿：《国王与官吏的职位》，载毕竞悦、姚中秋等编译《英国革命时期法政文献选编》，清华大学出版社 2016 年版，第 41 页。

异看法也成为1640年英国革命中保王党与议会派的重要分歧。

英国自然神论者的此种政治态度一以贯之,并非仅仅针对1640年英国资产阶级革命爆发前的英国政局。在1660—1689年英国出现绝对主义王政复辟后,① 他们继续高度警惕绝对君权,隐隐担心此种复辟时刻可能再次发生,毕竟当时詹姆士党人活动依旧频繁。英国自然神论代表人物托马斯·伍尔斯顿(Thomas Woolston,1668—1733)在《论神迹》中表示行神迹的能力并非"一位神圣立法者的使命与权威的确切与理性密封签","上帝乃"无私公正的立法者和法官","以永恒的理性法则约束自己的一切行动",因此包括世俗君主在内,所有具备理性的受造物"都有责任根据同样的永恒法则来约束自己的行为",必须警惕借神授权力为名,行不义之事,"上帝与人之间最大的差别在于,地球上哪怕最强大的君王,他与自己的臣民的本性上也还是一样的,他的利益牵扯在众人的利益中"。② 另一位后期自然神论代表安东尼·科林斯(Anthony Collins,1676—1729)也强调"对于真理和论证而言,权威是自创始以来世界上出现过的最为强大和最水火不容的敌人。一切的诡辩

---

① 王政中断期间的经历令一些英国人将君权神授与绝对服从融为一体。王政复辟期间出现了两次走向专制的尝试。英王查理二世企图摆脱议会限制,在1679年后开始中止议会,利用特权实行个人统治。艳羡法国路易十四绝对主义统治的英王詹姆士二世于1685—1688年在位期间,大肆攻击既有的政治权力基础,意欲建立绝对主义,实行不受限制的个人统治,例如在军队与和平委员会宗进行大规模肃清运动,尝试撵走1688年议会,攻击英格兰教会。在此期间,议会无力击败国王,国王继续拥有强大特权,"可以否决他不赞成的提案,可以赦免任何个人使之免受法律的制裁,可以宽恕他所挑选的人",可以任命和撤换自己的顾问、法官和高级行政官员,无须"接受任何人的劝告"。在奥兰治的威廉介入前,英国上下"暗怒却不反抗"。参见[英]塞缪尔·E.芬纳:《统治史(卷三):早期现代政府和西方的突破——从民族国家到工业革命》,华东师范大学出版社2014年版,第303—306页;[英]肯尼斯·O.摩根:《牛津英国通史》,王觉非译,商务印书馆1993年版,第362页;[英]迈克尔·马莱特:《詹姆斯二世与英国政治》,林东茂译,汪绍麟校,上海译文出版社2001年版,第97页;[美]托马斯·埃特曼《列维坦的诞生》,郭台辉、郭忠华译,上海人民出版社2010年版,第231页。只不过詹姆士二世的军队并不支持他的天主教信仰,导致其失利垮台(参见[英]迈克尔·曼《社会权力的来源》第1卷下,刘北成、李少军译,上海人民出版社2018年版,第587页)。

② [英]托马斯·伍尔斯顿:《论神迹》,载[美]格雷汉姆·沃林《自然神论和自然宗教原著选读》,李斯、许敏译,武汉大学出版社2007年版,第109—200页。

谬见，形形色色的似是而非，世上最为老奸巨猾的论辩者的所有伎俩和狡计，其目的无不是要遮蔽和压制真理"①。这些观念为公民的自由权利和自由思想奠定了基础，从某种层面上也反映了当时英格兰积极争取并最终确立司法独立的现实。在这场对抗王权的斗争中，"最终胜出的是'议会至上'的主张；国会最终取代国王，也取代王权在议会中的混合体，成为国家的最高主权者"②。由此而来的"自然权利"（Natural Rights）、"宽容"（Tolerance）、"多数统治"（Majority Rule）常被视作英国启蒙运动的重要贡献，甚或用于佐证英国的"启蒙运动发源地"身份，③ 展现出激进锋芒，以至于被誉为"激进启蒙"（Radical Enlightenment）④。自然神论的政治批判最终远播美国，在潘恩（Thomas Paine，1737－1809）的"18世纪最具有破坏意义的自然神论小册子"⑤《常识》（*Common Sense*）中得到激进彰显，推动了美国独立。⑥

伍尔斯顿所描述的政治观念恰恰印证了法国史学大师马克·布洛赫（Marc Bloch）对政治转变的敏锐洞察。布洛赫表示中世纪的国王奇迹自文艺复兴（尤其是18世纪）后逐渐失去空间，一方面，"国王奇迹的衰落是与这个时代的精神活动、至少是精英阶层的精神活动密切关联的；这种精神活动试图将超自然的任性而为的事物从世界秩序中清除出去，同时又试图创造出一种纯理性的政治制度观念"，另一方面，"'哲学家们'正在使舆论习惯于将君主仅仅视为世袭的国家代表；同时，他

---

① ［英］安东尼·科林斯：《论自由思想》，王爱菊译，武汉大学出版社2010年版，第168页。

② 于明：《司法治国：英国法庭的政治史（1154—1701）》，法律出版社2015年版，第312页。

③ Frederick C. Beiser, *The Sovereignty of Reason: The Defense of Rationality in the Early English Enlightenment*, Princeton: Princeton University Press, 1996, p. 6.

④ Jonathan I. Israel, *Radical Enlightenment: Philosophy and the Making of Modernity* 1650 – 1750, Oxford: Oxford University Press, 2001.

⑤ ［英］J. C. D. 克拉克：《1660—1832年的英国社会》，姜德福译，商务印书馆2014年版，第461页。

⑥ J. C. D. Clark, *The Language of Liberty* 1688 – 1832, Cambridge: Cambridge University Press, 1994, p. 28.

们也在打消人们的念头，使之不再相信可以从国王那里发现神奇的事物。人们大可指望一位神权首领创造奇迹，因为他的权力根植于一种崇高的神秘状态；但显然不能指望一位官员创造奇迹，不管他的地位如何隆显，在公共事务中扮演的角色何等重要"。① 于是，国王的身体仅为一具自然的身体，不再是神圣的中保（Mediator）。中世纪政治神学所宣扬的超自然性"国王神迹"被近代的自然理性所取代，不能再为王权奠基，国王必须遵循自然理性行事，并无行奇迹的能力，更无独断的超自然权力。人们最终不再信仰国王的神性、神力和神迹，不再以此作为政治正当性的前提基础。

因此，自然神论是英国资产阶级革命前后政治氛围与政治心理的表征，也是自中世纪和文艺复兴以来整个近代欧洲政治观念演变的反映。

循沿此种视角，可在欧洲近代思想史和政治史的脉络中重思康德的相关论述，澄清对康德支持和屈从开明专制的指控。康德身处普鲁士自上而下的权力规训中，始终高度警惕君主独裁，绝非讳莫如深的"安静的深层思想反叛者"②，更非"辩护绝对主义"的"学术官僚"，③ 其批判话语具有鲜明的指向性。他在1786年的《人类历史揣测的开端》一文中，极为精辟地指出当一切战争危险结束后，自由会被终结，出现强力君主独裁。④ 所以康德对超自然主义的批评或许与其对强力君主独裁的担忧和警惕有关。⑤ 在著名的《答"何谓启蒙？"之问题》一文中，

---

① ［法］马克·布洛赫：《国王神迹：英法王权所谓超自然性研究》，张绪山译，商务印书馆2018年版，第343页。
② Frank M. Turner, *European Intellectual History: From Rousseau to Nietzsche*, New Heaven and London: Yale University Press, 2014, p. 60.
③ Steven Lestition, "Kant and the End of Enlightenment in Prussia," *The Journal of Modern History*, Vol. 65, No. 1, 1993, p. 57.
④ 普鲁士在18世纪参与了一系列战争，绝对主义君权得到强化。
⑤ 普鲁士绝对主义极为彻底，远甚英法。普鲁士君主瓦解了议会，支配财政，完全掌控军队，并且拥有军事化的官僚机构，这些是普鲁士专制的构成要素。参见［英］塞缪尔·E.芬纳《统治史（卷三）：早期现代政府和西方的突破——从民族国家到工业革命》，马百亮译，华东师范大学出版社2014年版，第322—333页。

康德绝口不提君主的神迹或者超自然力量，相反，他强调君主本身也应当遵守启蒙的理性法则。康德表示"人民根本不可为自己决定的事，一个君主更不可为他们决定；因为他的立法权威正是在于：他将人民底全体意志统一于他的意志中"①。学者在诠解此言时，常系诸卢梭有关"公意"（General Will）的政治哲学。但若由卢梭继续向前推究，虑及卢梭与自然神论的亲缘关系，则可在康德之言背后窥见自然神论的影子。紧接上述之言，康德指出"如果这位君主认为其臣民想借以澄清他们的见解之著作应受到其政府底监督，因而涉入以上的事务中，这甚至会损害其威严。而此时他或者出于他自己的最佳见解而为之，而受到'凯撒并不优于文法学家'的指摘"②。此言批评王权的肆意干涉和决断，表达了与自然神论者相近的看法。在《学科之争》中，康德强调创造理想的国家不可违反道德法则，此乃"国家元首的义务"；康德进而区分了绝对的君主和受限制的君主，即绝对的君主拥有一切强制力，能够无视宪法，肆意决断包括战争在内的事情，不需要事先征询人民的赞同。③ 对康德而言，国家权力应属于人民，必须获得人民的同意，并由人民选举的代表行使。康德的这些看法与自然神论者要求君权来自人民同意的态度相似。此外，康德敏锐地揭露了议会制立宪君主制"骗人的公开性"，即"伪托一种受出自人民的法律所限制的君主制来欺骗人民，人民的代表却被收买，背地里使人民听命于一个绝对的君主"，④ 完全没有对君权进行实质性限制，这尤其体现在战争中，因为国家是君主的私有物，开战是其最无须犹豫之事，在战争中"国家

---

① [德] 康德：《答"何谓启蒙？"之问题》，载《康德历史哲学论文集》，李明辉译，（台北）联经出版社 2002 年版，第 32 页。
② [德] 康德：《答"何谓启蒙？"之问题》，载《康德历史哲学论文集》，李明辉译，（台北）联经出版社 2002 年版，第 33 页。
③ [德] 康德：《学科之争》，载《康德著作全集》第 8 卷，李秋零译，中国人民大学出版社 2013 年版，第 87 页。
④ [德] 康德：《重提的问题：人类是否不断地趋向更佳的境地？》，载《康德历史哲学论文集》，李明辉译，（台北）联经出版社 2002 年版，第 247—248 页。

的一切力量都必须供国家元首支配"①。康德堪称先知,明确意识到了战争紧急状态与主权者专制的内在共谋。康德猛烈抨击取消臣民一切权利自由、把臣民当作未成年子女的父权制"独裁主义",批评"独裁主义"令臣民被动仰赖最高元首的决断和意愿,②指责独裁主义是"'国家恣意执行它自己所制定的法律'的政治原则,亦即被君主当作其个人意志来操控的公共意志"③。康德强调国王的死亡就是彻底的死亡(亦即国王只有一具自然身体),彻底退出历史舞台,故决不能称作"国王的传位"(demise of the King)。这或许有助于解释为何在普鲁士国王腓特烈·威廉二世(1744—1797)去世后,康德自动解除了不在讲座与著作中公开阐述宗教的承诺。此外,康德的这种观念与行为同英王詹姆士一世的绝对主义世袭君主制观念形成了鲜明对比,詹姆士一世主张国王拥有超自然特性,不容质疑,王权一旦得到确定,便经由合法继承,传给了君主的后嗣,永久有效,任何废黜合法继承人的行为都是非法的④。英国光荣革命后,此种神圣不可剥夺的世袭王权学说直至1745年詹姆士党人叛乱失败,方才丧失希望。⑤ 依康德之见,纵为公正的最高元首,终究也属可朽之人、有限之人、自然之人,仍需法律的制约,不可恣意妄为、滥用自由。⑥ 对康德而言,共和的法律状态与无规则统治的自然状态判然有别,分立的政治权力

---

① [德]康德:《重提的问题:人类是否不断地趋向更加的境地?》,载《康德历史哲学论文集》,李明辉译,(台北)联经出版社2002年版,第248页。

② [德]康德:《论俗语所谓:这在理论上可能是正确的,但不适于实践》,载《康德历史哲学论文集》,李明辉译,(台北)联经出版社2002年版,第115页。

③ [德]康德:《论永久和平——一项哲学性规画》,载《康德历史哲学论文集》,李明辉译,(台北)联经出版社2002年版,第181页。

④ 参见[美]乔治·萨拜因《政治学说史》,邓正来译,上海人民出版社2015年版,第93页。

⑤ 参见[英]J. C. D. 克拉克《1660—1832年的英国社会》,姜德福译,商务印书馆2014年版,第128页。

⑥ [德]康德:《在世界公民底观点下的普遍历史之理念》,载《康德历史哲学论文集》,李明辉译,(台北)联经出版社2002年版,第12—13页。

皆受到法律规定，不可僭越法律，①"最好的宪政是权力不属于人，而是属于法律"，"合法权状态能够把权威赋予法律而不是赋予人，因而进行立法、执法和司法的特定的人的行动是运用公共权力而非私人权力"。② 唯有在此境况中，政治自由方才可能，任何专断权力都是对人类自由的剥夺。

张政文曾在《康德与福柯：启蒙与现代性之争》一文中指出启蒙在政治上最终质疑和批判君主专制，避免了主权者的决断.③ 从自然神论到康德，背后或许恰恰存在这样的一条思想线索。自20世纪以来，独断主权者不断出场，凌虐众生，世界沦为废墟，紧急状态（State of Emergency）逐渐从所谓的"例外状态"（State of Exception）演变为日常状态。卡尔·施米特（Carl Schmitt）之流大肆讴歌主权者的决断，无耻编造政治神话和神迹，声称例外状态之于法学，具有神迹（Wunder）之于神学的类似意义。凡此种种，无不彰显自然神论者与康德的当代价值，他们是与我们并肩而行的同时代人，我们必须重新拾起和激活这条思想线索。当然，这并不意味着康德完全重复了自然神论的政治学说。较诸自然神论者，康德遭遇了一个前所未有的政治事件——法国大革命！康德在1784年的《答"何谓启蒙？"之问题》中就曾颇为先知地指出："公众只能逐渐达到启蒙。借着一场革命，或许将摆脱个人独裁及贪婪的或嗜权的压迫，但决不会产生思考方式的真正革新，而是新的成见与旧的成见一起充作无思想的大众之学步带。"④ 或许由此出发，我们能够开掘康德哲学与自然神论的差异，更可进一步把握康德的启蒙思想较诸前人的延续性和创造性。

---

① [美] 托马斯·博格：《康德眼中的公正世界秩序》，谢立斌译，《哲学分析》2010年第1期。
② [加] 李普斯坦：《强力与自由：康德的法哲学与政治哲学》，毛安翼译，知识产权出版社2016年版，第204页。
③ 张政文：《康德与福柯：启蒙与现代性之争》，《哲学动态》2005年第12期。
④ [德] 康德：《答"何谓启蒙？"之问题》，载《康德历史哲学论文集》，李明辉译，（台北）联经出版社2002年版，第28—29页。

第五章　英国自然神论对康德哲学美学的理论启迪

英国的自然神论思想伴随着怀疑论与经验论而产生。自然神论者运用理性论证神，将神解释为第一因，对神的启示发起挑战，相较于传统神学来说是一个重大的突破。尽管康德哲学美学对英国自然神论进行了颠覆，但自然神论中由神人互通而使人从个别通往一般的认识路径启发了康德的第三批判，为康德弥合自然与自由之缺口提供了一个思路。

第一节

从词源来看，自然神论（Deism）一词源于拉丁文 deus①，意指"神、上帝"，与"自然"本无直接关系。英文中"有神论、一神论"（Theism）一词的意义与它非常相近，theism 的词源为希腊语的 theos，同样表达"神、上帝"的意思。两个词语在早期使用时并未严格区分开，常常用以泛指某人、某流派的神学理论，但以后世眼光去看较为成熟的自然神论可见二者有着重大的不同，比较两词的含义可明晰自然神论的基本内涵。在韦氏词典中，Theism 被解释为一种新的相信神造物的

---

① ［美］约翰·奥尔：《英国自然神论：起源和结果》，周玄毅译，武汉大学出版社2008年版，第3页。

一神论（the belief in one god as the creative source of the human race and the world who transcends yet is immanent in the world）①。Deism 则被解释为一种新的自然宗教体系，在 18 世纪后发展为仅承认造物主的存在而"拒斥神超出自然范围的干涉"（denying the interference of the creator with the laws of the universe）② 的神学流派。一神论和自然神论均以神、上帝的存在作为必要条件，这个神可以创世、制定规则，但 deism 与 theism 相较则有一种降级、分减的意思。自然神论者把传统神学中神的形象进行了降级，仅仅保留了神创世定规则的功能，神不再存在于它所造的自然之外，不必凭借奇迹降世显圣以自证，自然界的一切本就是神的折射，神性已赋予自然之中。

自然神论的主场地在英国，这一思想是在千年来西欧传统的宗教观与新思想的碰撞之下逐渐生成的。

在西欧社会，天主教会长期进行高压统治，统领一切，天主教会所设经院为论证宗教教义展开研究，产生了天主教经院哲学。经院哲学为宗教神学服务，局限于基督教教义的范围内，运用理性形式，经由抽象而繁琐的方法来论证基督教信仰，为信仰寻找合理的依据。自然神论的一些基础观点在此时已经萌芽。如著名经院哲学家托马斯·阿奎那的宇宙秩序论，以理性剖析神的存在以及功用，他关于神创自然，制定自然法则的思考已经见到一点自然神的意涵。他认为，整个宇宙秩序是上帝按等级体系进行安排的，最底层是非生命，自下而上为植物、动物、人、圣徒、天使，最高级则是上帝。上帝作为第一因，使宇宙按照一定秩序运行。③ 但经院哲学中神的启示是最根本的立场与观念，且明确神在超自然领域的力量，这与自然神论有本质上的分歧。14 世纪，随着

---

① Merriam - Webster, "Theism", *Merriam - Webster. dictionary*, Merriam - Webster 11 ed, 2003, p. 1295.

② Merriam - Webster, "Theism", *Merriam - Webster. dictionary*, Merriam - Webster 11 ed, 2003, pp. 328.

③ [意] 托马斯·阿奎那：《阿奎纳之著作选》，马清槐译，商务印书馆 1982 年版，第 92 页。

文艺复兴、宗教改革运动的兴盛,西欧传统宗教观念被动摇,人们获得了信仰自由,也将目光放到现世的幸福而非遥远的彼岸救赎,自然神论就在这种政治碰撞、文化演进、科技进步的激化之下从传统基督神学中脱胎而出。

  回到英国这个主场,英国的宗教观念发展非常具有英式特色。这一点可以从英国的新教改革历程得见。我们熟知的具有颠覆意义的宗教改革发起于16世纪的德国,马丁·路德的改革主张不仅在思想上颠覆了传统的信仰模式,更转变了人民的生活方式和态度,但新教精神在距离他近两世纪前便已在英国出现。早在14世纪,英国经院神学家约翰·威克里夫因不满教会的腐败与无能,率先提出了一系列改革主张。他宣扬王权至上,提倡摆脱教廷控制,建立民族教会,坚持《圣经》权威高于教会权威。为此威克里夫开始了将《圣经》翻译为英文的工作。其时英国使用的《圣经》版本是教会指定的拉丁文版,可真正掌握拉丁文的人屈指可数,在《圣经》的使用和传播中存在很多曲解甚至恶意滥用。① 既然贪腐的天主教会作为救赎世人的中介不再可靠,普通信众便需要获得自主阅读《圣经》的权力。英译版《圣经》的问世使信徒能够直接通过读经领悟真理,这对民众多年来习以为常的、教会统摄下形成的宗教生活来说是一个极大的挑战。这些改革主张在后来的德国新教改革中都有所借鉴,并发挥了积极的作用。

  威克里夫运动是影响世界宗教改革的先声。这场改革矛头直指教权,最终却被当时仍然强大的教会所镇压。威克里夫宗教改革未遂的原因有多方面。其一,威克里夫试图以王权去对抗教会,可当时的王权并不足以与教会抗争,且王室内部派系斗争也非常激烈,未能为改革凝聚起足够的领导力量。其二,黑死病的肆虐影响了改革的进程。席卷欧洲

---

① 龙彧:《英语语言变迁中的威克里夫——以〈圣经〉英译风波为例》,《天府新论》2010年第2期。

的黑死病大致于 14 世纪 50 年代才结束，威克里夫宗教改革则发生于 1376 年。灾难动摇了既有的信仰观念，在基本生存经受了严峻考验的情况下，民众对教会的无能质疑加剧，但其时最紧要的仍然是恢复生产，而非进行思想革命。天灾人祸下改革未遇到良机。其三，英国的新教改革本身暗藏隐患。威克里夫改革使用的英文版《圣经》由天主教会的武加大译本翻译而来，《圣经》文本中保留了许多天主教会的主张，未能在教义理解上体现出新意，而后来马丁·路德则参考更早的希腊文《圣经》版本，新译的德文《圣经》被认为区别于天主教会的译本而接近《圣经》原意，在对抗罗马教廷上更加有利。16 世纪，罗马教廷的贪腐无能不断显现，社会矛盾进一步激化，文艺复兴兴起，人文思想的冲击日益显著，改革条件趋于成熟，新教改革最终在德国获得成功。而直到 1527 年，以英王离婚官司为导火索，王权、教权矛盾激化，相互制衡的模式被打破，王室着手将宗教事务掌握在王权手中，英国才实现了真正的宗教改革。

  英国较早对天主教会作出反抗，但英国的改革却很保守。与德国的新教流派相比，路德宗建立了较为完备的宗教体系，取消了主教制，教职人员只有职能之分，没有等级之分，教会组织形式多样，宗教事务由各邦决定，教会管理者从普通信徒中选举而来，一切宗教仪式从廉从俭。而在英国，当时民众的改革意愿并不十分强烈，民众呼声远不如德国。英国新教的安立甘宗，保留了主教制，也延续了许多天主教宗教礼仪的传统。最大的改变在于宗教领袖不再是教皇而是国王，管理一般事务的大主教由国王任命，且在重要事务上听从国王。总体来看，英国的宗教改革具有强烈的折中性、妥协性和保守主义色彩。如果说德国的新教改革是一场自下而上的人民革命，英国的新教改革则是世俗王权与教会神权贵族政治斗争的结果。

  相对其他西欧国家，尤其与德国相比，英国比较独立，政权比较稳定，这一定程度上造就了英国人重视现实、重视实际的民族性格。宗教改革之后，从教会手中收回的政治权利和资产财富亟须再次分配，为英国的发展带来了转机。经济上看，稳定的政治使英国人能将足够的注意力放在社会经济上，重视商业与贸易，较早完成了资本积累。15世纪大航海时代最终的赢家是英国。哲学上，经院唯名论思想中蕴藏的唯物观又滋养了英国的科学观念，成为激发自然神论产生的最重要的因素之一。1660年，英国皇家学会成立，皇室对自然科学研究予以极大的支持。重视科学并未颠覆人的宗教观念，皇家学会的众多科学家们本身都是虔诚的信徒，英国形成了科学与神学并行的局面。如学会最知名的会员之一牛顿就认为自然界万物的存在就是造物主存在的证明，"我们只能通过他（上帝）对事物的最聪明、最卓越的设计，及终极的原因来认识他"①，此时英国科学研究的出发点之一就是以理性维护信仰，通过对现象的深入剖析，更好地理解上帝造物的规律。但科学发展无疑极大地打击了传统的认识论和神学观。科学上的突破给英国人带来一种全新的可靠的数理思维，从前以超自然的形式呈现的"神迹"被人以科学的方式证实，甚至通过计算和更加精妙的观察仪器，人们得以对未来进行精准预测。到17、18世纪，随着人们开始自己阅读经文、思考经意，加之科学发展带来的冲击，《圣经》的权威必然被进一步质疑。英国思想逐渐形成了怀疑主义与经验主义这两条主线，思想家们在怀疑中找到了经验，又在经验中带来了新的疑虑。纵观英国思想历程，刻在英国民族骨血里的就是这种对经验的关照，对人们眼下实在利益的关注。这也是为什么经验主义的困局最后会由德国哲学家康德以理性而调和的原因。

在这样的理论背景下，英国思想家们对神的存在产生了新的理解，自然神论便相伴而生。所谓相伴而生，英国的怀疑论、经验论和自然神论的产生和发展是彼此依托的，很多经验主义者就是自然神论者，二者仿如"孪生兄弟"②。英国的这几条思想主线相互交

---

① ［英］牛顿：《自然哲学之数学原理》，王克迪译，北京大学出版社2006年版，第349页。

② 赵林：《英国自然神论初探》，《世界哲学》2004年第5期。

缠、彼此推进——对传统教会解释世界方式的有效性产生怀疑，使英国思想家转而相信可触可感的经验。而以感性经验为先，则必然对神启示说产生怀疑。既然没有神迹而又无法冲破神的信仰，那么在自然之中寻找神，神是自然第一因、神就在自然中的自然神论便产生了。

  自然神论者认识到传统宗教神学的弊病，试图在自然的范围内对神的问题进行重新阐释。英国自然神论者的发展表现为一个渐进的过程。赫伯特是英国自然神论的奠基者，他试图以一种普遍的智慧来为宗教确立根基。他提出"共同观念"是人天生具有的自然本能，真理则以这种共同观念为根基，并与之相一致。赫伯特描绘出了自然神论的基础色调，但并未奠定自然神论的根本特征。在他之后，齐林沃斯、提洛特森、沙夫茨伯里、霍布斯、洛克、廷德尔等诸多思想家们从不同方面完善了英国自然神论，自然神论被逐步构建并发展而趋于成熟。尽管自然神论强调理性真理，但早期的自然神论对启示真理的态度并不一致，部分思想家并不完全持拒斥态度。霍布斯对神启示进行了强烈质疑。尽管他本人是否为自然神论者尚存争议，但他的思想毫无疑问推动了自然神论的生长。他对宗教的基本态度是，宗教来自人们对未知的好奇与恐惧。他认为神迹的神奇与否，取决于人的认识能力，神迹对于不同个体所呈现的效果不一样，很多时候人们会为自然可解的假奇迹所欺骗。现世的不完美加上对自然的疏忽和无知使人创造出各种超自然力量，人们畏惧地狱、向往天堂，统治者对其加以装饰，就可以以宗教为工具来统治他人，他批判中世纪的罗马教廷就是出于政治目的对《圣经》进行了曲解和滥用。霍布斯的宗教观很大程度上服务于他的政治图景。不同于此，部分自然神论者对启示真理的批判则略显保守，如提洛特森强调以自然为信仰基础的同时，仍将启示作为自然宗教信仰的补充。洛克同样承认双重真理，他认为上帝赋予人性的理性对于信仰来说已经足够，但仍然存在超乎理性的启示，"在我们自然才具能给我们以或然决定的那些事情方面，他（上

第五章 英国自然神论对康德哲学美学的理论启迪

帝）仍然可以自由供给我们以启示的光亮"①，为神的启示预留了空间，为信仰的合理性提供佐证。而到了廷德尔，理性被认为是由神赋予的，理性足以认识到自然界中我们所需要认识的一切，未被理性认可的启示会失去对信仰的意义，自然神论此时趋于完善。之后的自然神论者以理性作为信仰的基础，而非启示或传统，主张在自然的范围之内去解释上帝。

总体来说，发展成形后较为完善的英国自然神论的基本内涵可从三个层面来看。

首先，承认神为世界的"第一因"是人的基本属性。在自然神论者们那里有对人本身的观照，对理性的重视，但于他们而言，神的存在是一切讨论的基础，不能被质疑。英国自然神论之父赫伯特给出了五条先天原则作为其理论的基础，其中第一条就是承认上帝的存在，且明确上帝是唯一的。② 在他之后，影响力最大的自然神论者之一洛克，虽与赫伯特不同，没有将信仰放在先天的层面去讨论，却运用理性来获得上帝存在的推论。两条路殊途同归，都落在了坚持上帝信仰的这一基础之上。其后的自然神论者们多遵循洛克的思路，将上帝存在作为证明得出的结论而非预设的前提。以沙夫茨伯里为例，在《论德性与价值》一文中他对世界的构成做了两种假设，第一种是"全是符合一种良好秩序，或最切合一个总体的利益"③，第二种是"存在别种本可能有更好构成、更聪明的设计，以及对存在物或世界整体的普遍利益更有利的东西"④。假设前者成立，则世界已经是完美的，没有更好的余地了，那么恶便不存在。相信有一种在世界之上更高级或更优越的存在，这就是

---

① [英]洛克：《人类理解论》，关文运译，商务印书馆1983年版，第693页。
② [美]詹姆斯·利文斯顿：《现代基督教思想》上卷，何光沪译，四川人民出版社1992年版，第23页。
③ [英]沙夫茨伯里：《人、风俗、意见与时代之特征》，李斯译，武汉大学出版社2010年版，第143页。
④ [英]沙夫茨伯里：《人、风俗、意见与时代之特征》，李斯译，武汉大学出版社2010年版，第143页。

传统观念里人们心中的"上帝"。这种"上帝"是独立的还是多元的代表了一神论和多神论的观点,"上帝"性质为恶则是恶神论。当完全不相信任何设计原则或规则,则是无神论。无神论无法给予人确切的态度,不能为人辨善恶识美丑指明方向。无神论与"排斥总体意识"[①] 相关,不相信任何设计原则或规则,而只承认偶然和意外,因此相较于有神论更容易因个别的特殊的恶而放弃善。这里他的用词很耐人寻味,是"更容易",而不是"会"。他不是在直接证明是否有神,而是描述一种信神比不信神更好的观念。这其实也是许多其他自然神论者的一个证明思路,即证明神以及神启示的有用性而非真实性。这一点在前文提到的霍布斯和洛克那里都可以见到。无论如何,如果我们用今天的眼光去看沙夫茨伯里,这个观点是经不住推敲的,无神论并不一定与排斥总体意识画等号,至少在马克思主义那里对这个问题有很好的解决,在抛开至高至善的神的情况下,我们仍然可以构建一种全人类的集体观念,将视野投向人的自由全面发展的最高理想。

其次,"普遍的"是个体、人类、世界以及最高的神皆适用的规则。对外,神设立了整个自然界的规律;对内,神则赋予人类以理性,使人类有能力去认识世界,并和世界相关联。相比传统神学,自然神论认为神不可以超出自然,一定在自然的范围之内,我们接触到的一切都在神所创立的自然界之中。这个普遍的自然属性在人世间的意义便是道德,神将理性法则印在我们的心中,所以人生来拥有接受道德良知的可能。如沙夫茨伯里的"内在感官说",他提出人有内外两种感官,人通过外在的肉体感官观察,触碰世界,而内在感官则用以辨善恶和识美丑。内在感官与人的理性高度相关,这理性不是一种思辨理性,而是一种心理能力,一种属于感官范畴的能力,是天生的、感性的。神将之赋予人,使人们得以自觉通向至善至美,向往上

[①] [英]沙夫茨伯里:《人、风俗、意见与时代之特征》,李斯译,武汉大学出版社2010年版,第178页。

帝，拥抱美好。由此，自然神论者将信仰与人的道德关联起来，继而与人世的和谐与幸福相接。自然神论抛开历史和种族的个别性，从人的自然属性出发使神与人的自然属性同性，使不可直接认知的"神"的存在与人相关联，从而破除了传统神学、宗教观念中出现的神与人的对峙和"反人"的倾向。

最后，神代表宇宙最高的规律创造者却不主动参与人的意愿、人的活动，"自在的"神创世之后就和世界无关了，神如同一个钟表匠，使钟表依照特定规则运作，被做好之后钟表便会自行摆动，表匠不再干预钟表运行。① 神将理性赋予人类，人便可通过理性自行在经验与反省中认识自然界，认识神。由此，自然神论相较于以往神学，对于启示，尤其是超自然启示的态度非常不同。既然神创造的世界已经如此精妙完善，便无须启示，人只需通过理性来信仰足矣。传统的上帝信仰很大程度上依赖于神启示，通过神的超自然力量显现，向人展现出非人的、超人的能力，从而令人震撼以加深信仰。自然神论的信仰却依赖于人自身理性对于自然界的探索和领会，弱化神启示的必要性，甚至逐步走向对启示的拒斥。上文已经谈到了提洛特森、霍布斯、洛克、廷德尔对启示的态度。这里可见一条自然神论中上帝启示逐步被削弱的发展路线。自然神论基础共识之一就在于，人被神赋予了理性，所以人可以通过理性去认识上帝，去寻求道德，追求真善美。以此为前提，启示的作用便不再是必须的，甚至在信仰面前是无用的继而被逐渐抛弃。

自然神论与经验论相伴而生，彼此依托，也终究难逃休谟困境，继而走向衰亡。以事实经验为根基的自然神论试图在经验范围内，通过理性，由人走向上帝，但"第一因"的这个设计本身就是先验的，是无法借由经验而证明的，自然神论者们对此往往观点不一或悬而不谈。自然神论设计之始就存在着悖论，内含着深刻危机。然而自然神论对超自

---

① 赵林：《英国自然神论初探》，《世界哲学》2004 年第 5 期。

然神迹的质疑、对启示宗教的挑战，以人的感性经验与理性判断拭去传统神学的神秘色彩，这本身就是一种对自然界、对人的观照，无疑对后来德国古典哲学美学的主体性思想起到积极作用。自然神论遵循的将普遍的神性赋予世间一切个体之中，以一般投射个别，又从个别窥探一般的认识路径也启发了德国古典哲学美学家的思想方法。

第二节

　　康德在认识论和神学观上对自然神论持一种否定态度，但同时他的思想体系的设计之中又蕴含了很强的自然神论色彩。

　　康德哲学冲击了英国自然神论。有一种说法叫康德砍下了自然神论的头颅。自然神论赋予人极高的认识能力，承认人类可以借由理性认识上帝。神给人以理性使人有能力认识神所代表的一切，这可以看作一种可知论，如康德自己所言，使他从独断论的迷梦中惊醒。休谟一方面打破了运用理性和逻辑推理来论证宗教信仰的范式，认为人的理性是有限的；另一方面又指出了因果律的不可靠，让康德意识到仅凭人的认知能力不可能把握全部世界，"迈向绝对总体性的这一步通过经验性的道路是根本不可能的"。[①] 康德设立了一个物自体，与现象世界相区分，认为人的认识能力停留在现象世界。他将人的认知能力细分为感性、知性与理性。感性为感觉能力，人生来能够通过时间和空间的维度接触世界。知性使人用普遍的概念去整理感性带来的具体材料来形成判断。感性与知性相辅相成，以经验为根基，停留在现象世界，构成人获取知识、认识世界的基本方式。理性则是一种整合能力，理性不会生产知识，而是使知性系统化、整体化，向着至高的、无条件的目标迈进。正因有理性，人才会产生认识表象之外的物体本身的冲动，继而向终极发问。经验的限制与理性无穷的追问欲望是相矛盾的，理性想要越界，则

---

① ［德］康德：《纯粹理性批判》，邓晓芒译，人民出版社2004年版，第496页。

会陷入二律背反。这是康德在认识论上的基础设计。在追求善与美时，他则打破表象的限制，跨越了经验世界，到达至高的层面，上帝在彼岸为道德实践指引方向。这是康德对包括自然神论在内的过往思想的推进甚至颠覆的部分。

康德的思想在一定程度上借鉴和改良了英国的自然神论，这主要体现在他的《判断力批判》中。康德的三大批判探索了真、善、美这三大永恒的主题。康德以《纯粹理性批判》讨论了人如何认识世界，论证了自然界中存在的必然性、有限性。康德在《实践理性批判》中则转向道德领域，提出人在道德实践中通往自由。然而这两大批判中存在着一个难以弥合的沟壑，如果自然是必然的，人在自然之间又如何可以自由？康德提出判断力批判以解决这一难题，以反思判断力来统一纯粹理性与实践理性，这其中可见到自然神论的影子。

康德将判断力作为知性与理性的中间环节，试图找到判断力的先天原则。在《判断力批判》的导言中，康德区分了两种判断力。第一种判断力是以普遍为前提思考特殊的能力，指运用已有概念在特殊情境下进行判断，他也称之为"规定性的判断力"[①]。另一种判断力则是一种由特殊判断普遍的能力，走的是从个别通往一般的路径，叫作"反思性的判断力"[②]。通过反思判断力，我们得以由个别构成的经验材料中反思出普遍的规则来。判断力在认识活动上，借由知性，通过经验找到一种普遍原理，在道德领域，则由一般到个别，以普遍承认的道德原理为前提再应用于具体的道德判断。这两种判断路径明确且可靠，然而从特殊到普遍如何得以实现呢？这里就蕴含了强烈的自然神论思路。康德认为，反思判断力得到的普遍性，不是反思对象的普遍性，而是判断主体内在的普遍性的映射。它的关键在于将主观赋予客观性。当某事物引发我们的愉悦感，我们并不判断该事物本身是否具有使人愉悦性，而是判

---

① [德] 康德：《判断力批判》，邓晓芒译，人民出版社2004年版，第14页。
② [德] 康德：《判断力批判》，邓晓芒译，人民出版社2004年版，第14页。

断这个事物有可能会引发其他人的愉悦感。我们对于个别事物的判断具有的这种普遍的、应该的取向来自一种共通感，它背后暗含着人类的某种目的，使我们在特定条件下能够作出一致的判断。借由反思判断力分析，康德将认知运用于审美，同时以道德为目标，得以将相互分隔的经验现象与理性实践两大领域连接起来，统一了自然与自由、感性与理性，并通向人类的终极理想。

具体来看，康德首先讨论了审美判断力。康德发现审美同时具有主观性与普遍性，两个相矛盾的属性同时存在于审美体验中。康德认为，审美首先毫无疑问是主观的，美与自身的愉悦感紧密相关，这种愉悦感是单纯的、不掺杂功利目的的。审美客体刺激了主体的想象力，带来一种愉悦的感受，这就是审美体验。然而，正是因为审美没有功利性，为它的普遍性提供了可能。当我们欣赏一样东西，就会相信其他人也同样欣赏它，不同审美主体常常会在美的判断上获得一致。功利的目的和审美主体的多样性相关，特定的性格、偏好、经历、情境会指引不同的判断。而康德所说的真正的审美排除了此类个人因素，不去考虑客体与主体的关系，也不考虑特殊行为的目的，去掉人的多样性而保留同一性。正因所有的人都具有相同的认识能力，我们也就具有相同的判断力。所以，审美就有了一个前提，即具有主观的先天性的审美共通感。共通感每个人生来就有，有它发挥效用，不同的主体在特殊的经验影响下仍然会有作出相一致判断的可能。

审美的主观来自人的自由，而审美的普遍则来自自然的必然性。自然是因果的，所以人类对审美客体有着相同的感知。但人是自由的，我们得以运用想象力将之与自身的情感相联结。简而言之，审美判断力融合了自由的想象力和具有规律的知性，它是一种没有功利色彩、无目的自由判断，同时也是一种主观对于对象可感表象的合目的的判断。正因审美天然包含了自由和必然两方面，我们便得以从现象中获得超越现象的自由。

康德又进一步探讨了目的论判断力，上升到自然界与人类文化的高度。目的论的判断力讨论了通过知性和理性判断自然的客观合目的性。康德的目的论继承了自苏格拉底沿袭而来的目的论传统，又将之加以改造。传统目的论的核心观点在于认为自然界中的一切事物都有其存在的特定目的。这个观点延续了千年，但随着近代科学技术的发展遭到了机械论的冲击。康德认同自然界的一切均合乎某种目的的观点，但他在此基础上追问，自然因何呈现出这种规律性？为什么自然界的一切会有特定的用途？在以往的目的论那里，答案就是神，神使得目的客观存在于具体事物之中。传统神学将神的存在作为自然界万物的原因，自然神论则反之，因自然的精妙而断言神存在。通过认识万物，我们可以获得逐渐趋于完整的对于神的认识。而康德认为，借由对自然规律的认知永远无法获得充分的这个"神"的概念，把上帝作为自然合目的性的原因，又以此推出上帝存在的结论，会进入一种"欺骗性的循环论证"。① 他的目的论判断是主观的，是理性对现象反思以获得观念，而非探索客观存在于事物之中的观念。他寻求的是内在的目的，事物既是它的原因，也是它的结果。自然界作为一个有机的整体，以自身为目的，形成一个规律的系统，个别的目的与整体的目的相通。而自然的终极目的，则是人本身。这个过程中，作为道德在现象世界的象征，美沟通了知识与道德，将两个世界相关联，推进人类文明演进，不断向着至高至善的道德理想靠近。

康德所提出的审美共通感的概念，使个体的差异性在抛却外在干扰和后天附加后被消解，赋"一"于"多"中，这正是自然神论中神性所带来的普遍人性。在美与德的关系上，自然神论认为美与德都是普遍的自然的反映，都由神性而来，所以德与美也是相通的。康德则进一步讨论了其中的关联，以审美作为桥梁，沟通了知识与道德，提出我们在审美体验中达到的自由与道德体验中达到的自由是相通的。他的目的论明确指出自然神论对神的论证不充分，完善了自然合目的性的理论框

---

① ［德］康德：《纯粹理性批判》，邓晓芒译，人民出版社2004年版，第232页。

架，最后上升到人类最终道德理想的高度。

  正是在吸收借鉴了英国自然神论核心思想的基础之上，康德融通了特殊性与普遍性，连接了可知与不可知，由有限指引向无限。康德在认识论上砍下了自然神论的头颅，否决了自然神论，却借鉴了自然神论的观点，通过反思判断力来解决如何从具体到一般的问题，调和必然与自由的矛盾，在审美与自然领域吸纳和发展了自然神论。经过费希特、谢林、黑格尔不断深入地反思、扬弃，自然神论最终构成了从传统哲学到德国古典哲学的一个重要中间环节。

中 篇

马克思主义对德国古典哲学美学宗教观批判性阐释

第一章 马克思对德国古典哲学美学宗教观的批判

第一节

马克思关于宗教的批判有两个完全不同于西方此前各式各类宗教批判的基本点。

第一,作为文化的宗教基本规定性是一种普遍的社会意识形态。宗教本源于社会客观生活,对社会客观生活的主观反映和意识社会化是宗教的社会意识形态性本质。马克思在1842年11月30日致阿尔诺德·卢格的信中表示:"我还要求他们更多地再批判政治状况当中来批判宗教,而不是在宗教当中来批判政治状况,因为这样做才更符合报纸的本质和读者的教育水平。因为宗教本身是没有内容的,它的根源不是在天上,而是在人间,随着以宗教为理论的被歪曲了的现实的消失,宗教也将自行消灭。"① 有关宗教的起源、宗教的发展、宗教的本质、宗教的特征、宗教的功能、宗教的效用等一系列根本问题都由特定的社会客观生活所决定,无论宗教是民众绝望中的期待或人民的精神鸦片,还是统治阶级的虚假意识,都可以在特定的社会客观生活中得到有根有据的可信解释。正如马克思在1845年《关于费尔巴哈的提纲》中所言,"社

---

① 唐晓峰摘编:《马克思恩格斯列宁论宗教》,人民出版社2012年版,第9页。

会生活在本质上是实践的。凡是把理论导致神秘主义方面去的神秘东西，都能在人的实践中以及对这个实践的理解中得到合理的解决"①。

第二，马克思的宗教批判既不同于西方传统思想史上特定的宗教思想批判和宗教观念改造，也异于任何一种西方宗教和教会的改良与调整。从马克思宗教批判的思想动机、理论追求和现实期待而言，马克思的宗教批判实际上最终指向现实的社会革命和宏观的历史改造。马克思在《〈黑格尔法哲学批判〉导言》中指出："宗教是人的本质在幻想中的实现，因为人的本质不具有真正的现实性。因此，反宗教的斗争间接地就是反对以宗教为精神抚慰的那个世界的斗争。"②而这种现实的社会革命和宏观的历史改造又呈现在两个方向上。一个方向指对人类社会，特别是当代资本主义社会的生产关系和生活方式的革命，"废除作为人民的虚幻幸福的宗教，就是要求人民的现实幸福"③；另一个方向则指向当代资产阶级精神方式和文化内容的改造，正如马克思所言，"宗教里的苦难既是现实的苦难的表现，又是对这种现实的苦难的抗议。宗教是被压迫生灵的叹息，是无情世界的心境，正像它是无精神活力的制度的精神一样。宗教是人民的鸦片"④。

在西方由古至今的社会历史中，人类社会生产关系、生活方式与人类的精神方式、文化内容的客观结构的交合点正是宗教，这在当代资本主义社会尤为典型。马克思、恩格斯曾对宗教的社会生活基础有过深刻的揭示。恩格斯曾说罗马帝国不给人民以任何希望的时候产生了基督教。基督教给予了罗马人民以现世生活和来世寄托的希望。希望是什么？在这里希望是一种生存的主观愿望，更是一种生活的客观生产。希望不仅是主观意识，更是客观的生活内容，是生活中最具价值、最具活力的社会动力。同样，马克思也指出当代资本主义的整体性社会异化也

---

① 唐晓峰摘编：《马克思恩格斯列宁论宗教》，人民出版社2012年版，第14页。
② 唐晓峰摘编：《马克思恩格斯列宁论宗教》，人民出版社2012年版，第123页。
③ 唐晓峰摘编：《马克思恩格斯列宁论宗教》，人民出版社2012年版，第123页。
④ 唐晓峰摘编：《马克思恩格斯列宁论宗教》，人民出版社2012年版，第123页。

意味着在异化了的当代资本主义社会中，宗教成为一种以主观文化意识为形态、以客观生活方式为内质的社会异化力量，当代资本主义社会中的宗教充分体现了资本主义社会主、客观两方面总体性异化的现实状况。可见，马克思的宗教批判是一种社会批判而不囿于传统的思想批判。

　　社会思想根源于社会生活。马克思对德国古典哲学美学宗教观的批判与他个人的现实生活环境、社会生存状态、思想成长与发展经历休戚相关。可以断言，二者之间有着某种谱系关联。昭示这种谱系关联的真实情况是我们理解并阐发马克思对德国古典哲学美学宗教观批判的一种可靠的视域和可信的方法。

　　马克思出生在一个西方传统市民社会极少有过的、从犹太教改宗为基督教的犹太人家庭。这种童年的生活情境与宗教经历使马克思有着常人难以体验的宗教情结。马克思出生在德国天主教势力强大的德国城市特里尔。他的祖父原本是特里尔的一位犹太拉比。犹太拉比是犹太社区中的文化精英，受过正规而系统的犹太教经典教育，在犹太教教区中负责教规、律法的传授与裁决，还主持犹太教的宗教仪式。犹太拉比可被视为犹太社区的精神导师和宗教领袖，享有很高的文化地位和社会尊重。马克思祖母出生于犹太拉比世家，马克思的伯父曾担任特里尔市犹太社区的首席拉比。马克思的父亲在他35岁那年改宗，接受基督教正式洗礼，成为一名新教教徒，并将自己犹太教名"希尔舍"改成了新教教名"亨里希"。马克思的母亲出生在一个古老的荷兰犹太教拉比家庭，家庭犹太教势力强大。由于担心父母的强烈反应，故而马克思的母亲并没有与马克思的父亲同时改宗，马克思的母亲直至1825年其父母去世后才洗礼为新教教徒。

　　纵观马克思的言语行迹会发现，马克思年幼时是一个充满理想主义的新教少年。马克思一生中很少提及他的母亲，可能与马克思年少时不理解母亲未与父亲同时改宗而导致的创伤性疏离感有关。其实对一个传统的犹太家庭而言，改宗是一件十分艰难而重大的选择，其中的复杂、无奈与勇敢,常人难以体会与领悟。马克思父亲的改宗有主观抉择的一面,从某种意义上讲,马克思的父亲内心倾向于欧洲启蒙思想,他理性、开放、宽容。然而,改宗更重要的现实原因可能在于社会所驱、生活所迫。自基督教诞生后,犹太教就成为基督教的天敌。自罗马帝国时代至今,反犹主义始终是西方基督教主流文化的传统。而从第一神圣罗马帝国起至希特勒第三帝国的千年中,反犹主义亦为德意志各国的基本国策。1815年,普鲁士政府通过法令,禁止信仰犹太教的犹太人担任政府公职,同时限制信仰犹太教的犹太人从事教师、医生、科学、文化等自由职业,有的地区如莱茵,省议会甚至要取消犹太人的公民权。或许为了能够继续从事律师职业,使家庭能够保有正常的生活能力和条件,更为了全家人不受社会的政治迫害和法律歧视,马克思的父亲改信了新教。如果真如此,那不仅证明了生活决定仰信、存在决定意识这一铁律,也让我们能够深刻领会为何马克思少年时信奉新教而青年后逐渐与宗教决裂的人生历程,年幼的快乐是在新教保护之下的幸福,而青年后的理性与对历史的洞见使他看到了宗教关怀背后的压迫与奴役。

  1824年,马克思与他的六个兄弟姐妹都接受了新教洗礼,当时的马克思只有六岁。在一个以天主教为主流的特里尔,从一个犹太教家庭中改宗而成为一个新教教徒,年幼的马克思充满了对新教的欣喜与崇敬。中学时代的马克思还保持了这份对新教的纯真,直到大学时代马克思开始成熟,理性而现实地看待新教的一切时,才逐渐与宗教决裂,这一切都显示出马克思多么的与众不同。中学时期马克思还在作文中表达了他对新教信仰的信服、对救赎的感恩、对神圣的敬仰。从现有的一些文献来看,中学时代的马克思对宗教的理解似乎受到康德的影响。这也不奇怪,一是马克思的父亲是康德思想的信奉者,康德关于上帝、关于信仰、关于爱的思想通过马克思父亲的教诲,启迪与滋养了马克思;二是在马克思就读特里尔中学时,为他讲授伦理学的老师库伯牧师是中学时代马克思最尊敬与爱戴的老师。库伯牧师深受康德影响,是一位康德研究专家，是康德思想的追随者，具有强烈的理性启蒙主义倾向。库伯牧师讲授的伦理学是马克思最喜爱并有思想收获的课程，库伯牧师的教学以康德的实践理性批判为主要内容。特里尔中学的校长雨果是马克思的历史学老师，在当时他就被公认为著名的康德研究专家，雨果校长对少年马克思的影响也十分深刻。中学时代马克思曾说过一切道德行为都出于对基督的爱，出于对神的爱。由此可见，少年的马克思深受西方基督教文化影响。但这种基督教文化是新教的，而且是被康德思想改造过的。随着年龄的增长、理性能力的提升，中学毕业的马克思已开始逐步迈入成熟的门槛，明显地表现出他已不再虔信基督教。相反，他对基督教已产生了深深的怀疑，他曾表示我的天国、我的艺术同我的爱情一样，都变成了某种非常遥远的彼岸的东西，一切现实的东西都模糊了，而一切正在模糊的东西都失去了轮廓。基督教天国的彼岸、美丽的传说和动人的教化已无法再打动马克思。相反，启蒙的现实主义、批判的浪漫主义对马克思的思想影响愈来愈大，关心此岸世界的现实社会超过关心虚无缥缈的彼岸世界，马克思已开始迈出拒绝宗教、改造社会、解放现实人类的革命步伐。在大学学习期间马克思全面拒绝宗教，主要原因是马克思在大学期间系统学习并研究了西方历史上的唯物主义思想，逐渐使自己成为一名唯物主义者，并为创立辩证唯物主义和历史唯物主义奠定了前期的思想基础。

1835年10月17日，中学毕业后的马克思进入波恩大学法律系学习，开始了大学生涯。一年级的马克思修读了十门课程，学校对他的评价是"勤勉和用心"。1836年10月22日，马克思转入柏林大学法律系求学。当时的柏林大学是德国学术中心，也是德国政治、宗教、文化、舆论的角斗场，谁拥有了柏林大学的话语主导权，谁就掌握了德国思想文化的领导权。马克思在柏林大学研究法律问题的同时开始研究、思考哲学和历史问题。马克思对哲学与历史的思考、研究具有强烈的现实针对性和问题导向性，普鲁士腓特烈·威廉三世的专制暴政、反动保守的社会制度直接引发马克思的哲学批判和历史批判。马克思曾对其父亲说："没有哲学我就不能前进。"① 黑格尔学生、柏林大学的爱德华·甘斯教授具有进步的政治倾向，宣传空想社会主义，呼吁思想自由，同情民众疾苦，对马克思产生了积极影响，使马克思在关注现实社会问题的同时开始研读德国古典哲学，研究康德、费希特、黑格尔。马克思还研读了海涅克茨的《民法基础》、蒂保的《罗马法体系》、萨维尼的《所有权》、温林格·茵根海姆的《罗马法体系》、米伦布鲁赫的《关于罗马法全书的学说》、克拉茨安的《互相矛盾的法规的一致性》、朗捷洛蒂的《法典》、培根的《论科学的进步》以及其他学术文献，这使马克思力图在黑格尔哲学的视域和方法中建立一个全新的法哲学体系。他甚至考虑撰写《法形而上学》和《法哲学》。这一切都促使马克思成为青年黑格尔派的一员，而且成为青年黑格尔派的核心成员。

在马克思二十岁时，他的父亲去世了，他失去了主要经济来源。他的老师布鲁诺·鲍威尔建议他尽早毕业就业，马克思听从了建议，开始撰写博士学位论文。这一事件使马克思成为超越青年黑格尔派、与宗教决裂的唯物主义者。1839年，马克思开始了专题研究，积累了七册读书笔记，确定了论文选题，开始了博士论文写作。1840年，普鲁士新国王腓特烈·威廉四世即位，他推行更专制的政治，对所有出版物进行严格审查，取消大学的学术自由权，由于马克思的博士论文明确提出哲学高于神学的批判性论断，不为官方认可，所以马克思将博士论文改寄耶拿大学，1841年4月15日，马克思获得耶拿大学哲学博士学位，23岁的他为自己的大学生活画上了圆满的句号。可以说，马克思撰写博士学位论文的经历是他最重要的人生里程碑。

马克思的博士论文《德谟克利特的自然哲学和伊壁鸠鲁的自然哲学之区别》提出了德谟克利特的自然哲学和伊壁鸠鲁的自然哲学之区别，纠正了把德谟克利特唯物主义和伊壁鸠鲁唯物主义等同的哲学史误解，批评了西方传统哲学史对伊壁鸠鲁哲学的轻视和贬低，阐述了伊壁鸠鲁

---

① 《马克思恩格斯全集》第40卷，人民出版社1982年版，第13页。

唯物主义原子论的独特思想价值，昭明了伊壁鸠鲁对德谟克利特机械决定论的扬弃，阐发了意志自由、主体个性和独立能动性，揭示了贯穿于伊壁鸠鲁整个哲学矛盾辩证运动思想和唯物主义的存在观，用黑格尔的辩证法和唯物主义历史观发现了伊壁鸠鲁的哲学新贡献。同时，马克思首次提出了自己的自由学说，认为不能抽象地理解自由。因为人无法与其环境分离，所以人的自由不可能无条件。只有在人同周围环境的密切联系和相互作用中考察人的自由时，自由问题才是现实的问题，自由的问题才可能得到真正的解决。

从文献分析中我们发现，马克思在完成了他的博士论文后，就彻底与基督教决裂了，成为一位具有黑格尔理性批判精神与历史辩证法的唯物主义思想者和无神论者。应该说马克思的大学经历展现了马克思最伟大的跨越，成为人类思想史的现实成果。

第二节

总体而言，马克思对德国古典哲学美学宗教观的批判和对当代资本主义的考察与揭露密不可分，马克思更多地在对当代资本主义经济、政治、法律、社会生活批判中进行了德国古典哲学美学宗教观的批判。所以马克思在《〈黑格尔法哲学批判〉导言》中表示："因此，真理的彼岸世界消逝以后，历史的任务就是确立此岸世界的真理。人的自我异化的神圣形象被揭穿以后，揭露具有非神圣形象的自我异化，就成了为历史服务的哲学的迫切任务。于是，对天国的批判，对尘世的批判，对宗教的批判变成对法的批判，对神学的批判变成对政治的批判。"[①] 对此，马克思明确指出："反宗教的批判的根据是：人创造了宗教，而不是宗教创造人。就是说，宗教是还没有获得自身或已经再度丧失自身的人的自我意识和自我感觉。但是，人不是抽象的蛰居于世界之外的存在物。

---

① 唐晓峰摘编：《马克思恩格斯列宁论宗教》，人民出版社2012年版，第163页。

人就这人的世界，就是国家，社会。这个国家、这个社会产生了宗教，一种颠倒的世界意识，因为它们就是颠倒的世界。"①

观其一生，马克思对宗教的批判大概可分为三个阶段。第一阶段为人本主义的道德批判阶段，时间在1843—1844年前后；第二阶段为哲学的政治批判阶段，时间在1845—1848年；第三阶段为历史的政治经济学批判阶段，时间为1848年之后。

马克思对宗教的人本主义道德批判阶段。1843—1844年，马克思对宗教展开了严肃的批判。在这个时期，马克思宗教批判的基本立场在于欧洲启蒙的人性论，用人本主义观念对抗宗教的虚假与非人道。人本主义道德为马克思宗教批判的本质。1841年马克思获博士学位后成为《莱茵报》记者，1843年《莱茵报》因批评政府、针砭时弊而被查封，在《莱茵报》被查封后的18个月里，马克思的思想发生了巨大跃迁，其间，马克思撰写了《黑格尔法哲学批判》《犹太人问题》《〈黑格尔法哲学批判〉导言》《1844年经济学哲学手稿》《神圣家族》等重要思想论著，这些重要思想论著在对资本主义社会进行政治批判、社会批判的同时，直接而严肃地对包括德国古典哲学美学宗教观在内的西方宗教进行了批判。在马克思看来，"因此，从一方面来说，黑格尔在哲学中扬弃的存在，并不是现实的宗教、国家、自然界，而是已经成为知识的对象的宗教本身，即教义学；法学、国家学、自然科学也是如此"②，18世纪40年代的德国宗教问题是政治问题的延伸与外显，因而宗教解放不是政治解放的前提。相反，政治的解放才能实现宗教解放。从根本上讲宗教问题是政治问题，是人类解放的问题，"宗教方面的情况也是如此。人奉献给上帝的越多，他留给自身的就越少"③，"宗教的异化本身只是发生在意识领域、人的内心领域中，而经济的异化是现实生活的异

---

① 唐晓峰摘编：《马克思恩格斯列宁论宗教》，人民出版社2012年版，第123页。
② 唐晓峰摘编：《马克思恩格斯列宁论宗教》，人民出版社2012年版，第6页。
③ 唐晓峰摘编：《马克思恩格斯列宁论宗教》，人民出版社2012年版，第125页。

化"①。人的解放和人的本质的复归,其基本前提是实现政治解放,实现政治解放首先要消除人的异化,在这样一个社会历史过程中,宗教的解放才能够获得实现。马克思在《1844年经济学哲学手稿》中直言:"然而无神论、共产主义决不是人所创造的对象世界的消逝、舍弃和丧失,即决不是人的采取对象形式的本质力量的消逝、舍弃和丧失,决不是返回到非自然的、不发达的简单状态去的贫困。恰恰相反,它们倒是人的本质的或作为某种现实东西的人的本质的现实的生成,对人来说的真正的实现。"②显然,在这个时期,马克思立足费尔巴哈的人本主义立场,运用黑格尔主体性思想和理性精神的辩证法,形成了自己关于宗教的批判。这种宗教批判既是对现实苦难的抗议,又是对未来理想的畅想,既是实践理性的高扬,又是审美现代性的张扬。马克思曾经说过德国唯一可能的解放是以宣布人是以人的最高本质这个理论为立足点的解放。由此可见,马克思这个时期的宗教批判具有强烈的道德性质和社会正义意义,而且在这个时期的宗教批判中,青年马克思已经开始了将宗教、政治、社会、历史以及人的解放共构为一个总体的批判结构,逐渐形成了马克思独一无二的宗教批判特征。

马克思对宗教的哲学政治批判阶段。1845—1848年,马克思完成了《关于费尔巴哈的提纲》《德意志意识形态》《共产党宣言》等最重要的著作。在这个时期,马克思已经从一个人文主义者转变为一名真正的共产主义者,成为辩证唯物主义和历史唯物主义的创立者。而在这一时期,马克思的宗教批判也从人本主义的道德批判转变为哲学的政治批判。1847年9月5日,马克思在《〈莱茵观察家〉的共产主义》一文中揭示了基督教的内在社会原则。

> 基督教的社会原则曾为古代奴隶制进行过辩护,也曾把中世纪的农奴制吹得天花乱坠,必要的时候,虽然装出几分怜悯的表情,

---

① 唐晓峰摘编:《马克思恩格斯列宁论宗教》,人民出版社2012年版,第128页。
② 唐晓峰摘编:《马克思恩格斯列宁论宗教》,人民出版社2012年版,第7页。

也还可以为无产阶级遭受压迫进行辩解。

基督教的社会原则宣扬阶级（统治阶级和被压迫阶级）存在的必要性，它们对被压迫阶级只有一个虔诚的愿望，希望他们能得到统治阶级的恩典。

基督教的社会原则把国教顾问答应对一切已使人受害的弊端的补偿搬到天上，从而为这些弊端的继续在地上存在进行辩护。

基督教的社会原则认为压迫者对待被压迫者的各种卑鄙龌龊的行为，不是对生就的罪恶和其他罪恶的公正惩罚，就是无限英明的上帝对人们赎罪的考验。

基督教的社会原则颂扬怯懦、自卑、自甘屈辱、顺从驯服，总之，颂扬愚民的各种特点，但对不希望把自己当愚民看待的无产阶级说来，勇敢、自尊、自豪感和独立感比面包还要重要。

基督教的社会原则带有狡猾和假仁假义的烙印，而无产阶级却是革命的。①

这一时期马克思更加强调社会存在与社会发展的实践性，实践成为马克思宗教哲学政治批判的出发点和落脚点，最具思想性和现实性。马克思在《关于费尔巴哈的提纲》中说了一段非常重要的话，即"从前的一切唯物主义——包括费尔巴哈的唯物主义——的主要缺点是：对对象、现实、感性，只是从客体的或者直观的形式去理解，而不是把它们当作人的感性活动，当作实践去理解，不是从主体方面去理解。因此，结果竟是这样，和唯物主义相反，唯心主义却把能动的方面发展了"。从马克思的这段话中，我们可以理解这个时期的马克思整个思想发展的质的飞跃，并从中发现包括他的宗教批判在内的整个辩证唯物主义和历史唯物主义。在这个时期，马克思把宗教视为一种社会现象，理解为特定社会实践的结果。马克思说："思想、观念、意识的生产最初是直接

---

① 唐晓峰摘编：《马克思恩格斯列宁论宗教》，人民出版社2012年版，第92—93页。

与人们的物质活动，与人的物质交往，与现实生活的语言交织在一起的。观念、思维、人们的精神交往在这里还是人们物质关系的直接产物。表现在某一民族的政治、法律、道德、宗教、形而上学等的语言中的精神生产也是这样。"① 因此，一切宗教问题的解决必须通过人类的社会实践去完成，这种社会实践不是德国古典哲学美学自觉和自由的道德实践，而是社会劳动与社会斗争的历史实践。在马克思看来，社会实践没有终极，共产主义也无固定状况，共产主义只预示着社会实践的高级运动发展。在这个社会实践运动过程中，宗教被不断地解构或消除，因而共产主义思想也可以看作马克思对宗教的一种彻底否定。这一点可在《共产党宣言》中反对任何人把共产主义与宗教混合掺杂的论断中得到印证。

马克思对宗教的政治经济学批判。1848年以后，马克思对宗教的批判深入更广阔的政治经济学领域之中。在这个时期，马克思虽然没有直接对宗教进行更全面、更仔细的批判，却从彰显历史的结构、揭示历史的规律出发，越来越倾向于从政治经济学的批判角度去昭明整个资本主义社会，乃至整个人类社会的总体结构状况和发展趋势。马克思说："社会——不管其形式如何——是什么呢？是人们交互活动的产物。人们能否自由选择某一社会形式呢？决不能。在人们的生产力发展的一定状况下，就会有一定的交换［Commerce］和消费形式。在生产、交换和消费发展的一定阶段上，就会有相应的社会制度、相应的家庭、等级或阶级组织，一句话，就会有相应的市民社会。有一定的市民社会，就会有不过是市民社会的正式表现的相应的政治国家。"② 在这一宏大的思想体系中，这个时期马克思新的宗教批判也得到了表达。马克思在《资本论》中对人类历史，特别是资本主义当代史进行了政治经济学的分析与批判，将宗教与资本主义经济活动，尤其是资本主义的商品活

---

① 唐晓峰摘编：《马克思恩格斯列宁论宗教》，人民出版社2012年版，第176页。
② 唐晓峰摘编：《马克思恩格斯列宁论宗教》，人民出版社2012年版，第18页。

动、市场活动关联起来，发现"资本主义生产，像基督教一样，本质上是世界主义的。所以，基督教也是资本主义所特有的宗教"①。资本主义世界的宗教实际上是资本主义的一种商品形式，按照资本主义商品规律存在和运行，因而宗教批判与商品批判不能分开，正如马克思在《1857—1858年经济学手稿》中所言，"重要的是应当指出，财富本身，即资产阶级财富，当它表现为中介，表现为交换价值和使用价值这两极间的中介时，总是在最高次方上表现为交换价值。……在宗教领域内也是这样，耶稣，即上帝与人之间的中介——两者之间的单纯流通工具——变成了二者的统一体，变成了神人，而且作为神人变得比上帝更重要；圣徒比耶稣更重要；牧师比圣徒更重要"②。

　　马克思运用历史的方法在政治经济学中对拜物教进行批判。马克思在《资本论》第一卷中指出"商品世界具有的拜物教性质或劳动的社会规定所具有的物的外观，使一部分经济学家迷惑到什么程度，也可以从关于自然在交换价值的形成中的作用所进行的枯燥无味的争论中得到证明。既然交换价值是表示消耗在物上的劳动的一定社会方式，它就像例如汇率一样并不包含自然物质"③。拜物教原本指自然宗教中对物的崇拜，如波斯教对火的崇拜。马克思早年在他的博士论文中分析过拜物教，后来在《1844年经济学哲学手稿》中大量论述过异化与拜物教的关系。1848年后，特别是在《资本论》中，马克思洞察到资本主义社会的经济关系是一种物对人宰制、奴役的关系，当代资本主义社会中的资本已成为让人屈服、敬畏的偶像，人与资本的关系就是一种拜物教的关系，"因此，要找一个比喻，我们就得逃到宗教世界的幻境中去。在那里，人脑的产物表现为赋有生命的、彼此发生关系并同人发生关系的独立存在的东西。在商品世界里，人手的产物也是这样。我把这叫作拜物教。劳动产品一旦作为商品来生产，就带上拜物教性质，因此拜物教

---

① 唐晓峰摘编：《马克思恩格斯列宁论宗教》，人民出版社2012年版，第101页。
② 唐晓峰摘编：《马克思恩格斯列宁论宗教》，人民出版社2012年版，第98页。
③ 唐晓峰摘编：《马克思恩格斯列宁论宗教》，人民出版社2012年版，第121页。

是同商品生产分不开的"①。资本作为偶像是非物质的、神圣的，又是非人的、否定人的。在资本面前人不知资本的本质，也不知为何要崇拜它，只是盲目畏怕、顺服。其实，资本的本质就是一般等价物的货币交换，人对资本的偶像崇拜就是金钱崇拜，"商品世界的这种拜物教性质，像以上分析已经表明的，是来源于生产商品的劳动所特有的社会性质"②。由此，马克思提出了"商品拜物教"概念。马克思认为商品交换构成了资本主义市场经济的关键结构与本质运动。资本主义商品交换的本质特征在于资本主义商品交换过程中人与人的关系成为物与物的关系，商品交换就成了商品崇拜，这就是商品拜物教。"商品生产者的社会里，一般的社会生产关系是这样的：生产者把他们的产品当作商品，从而当作价值来对待，而且通过这种物的形式，把他们的私人劳动当作等同的人类劳动来互相发生关系。对于这种社会来说，崇拜抽象人的基督教，特别是资产阶级发展，如新教、自然神教等等，是最适当的宗教形式"③。

在商品拜物教基础上，马克思又提出了"货币拜物教"概念。货币是一般商品，特点在于其他商品通过它来表达自己的价值。这样，在资本主义社会中，货币被神圣化，成为人们拜物的偶像。货币拜物教必然导致资本拜物教。资本主义生产生活方式中的一切都商品化、货币化，资本成为最大的尊神，资本拜物教最终也显示了资本主义社会的彻底异化。所以马克思在《资本论》第一卷中将资本主义生产方式和资本描述为一个荒唐、颠倒的世界，资本拜物教实际上也造就了当代资本主义宗教的真正实在本质。由此，马克思在《资本论》中对宗教做出了历史性的政治经济学批判结论。第一，宗教源自社会分工，社会分工导致生产资料、生产工具私有化。私有化产生劳动产品的商品化。商品化导致剩余价值的出现，最终使得宗教在当代资本主义社会中成为商品

---

① 唐晓峰摘编：《马克思恩格斯列宁论宗教》，人民出版社2012年版，第122页。
② 唐晓峰摘编：《马克思恩格斯列宁论宗教》，人民出版社2012年版，第122页。
③ 唐晓峰摘编：《马克思恩格斯列宁论宗教》，人民出版社2012年版，第176页。

的拜物教。第二，宗教消亡取决于新的生产方式出现，新的人与自然关系、人与人的关系的诞生。人的劳动只有成为自由人的联合体的自由创造，分工和私有财产消失，共产主义的历史性实现，宗教才能被彻底根除。

由上述宗教批判理论出发，马克思严厉地批评了黑格尔的宗教哲学思想。黑格尔曾就基督教问题专门撰写了《民众宗教与基督教》《耶稣传》《基督教的权威性》《基督教的精神及其命运》等一系列论著。在《民众宗教与基督教》中，他认为宗教是生活中最重要的事情，也承认基督教具有强制性，基督教宗教实践是一种强制性的信仰活动，产生非平等的精神奴役与压迫。在《耶稣传》中黑格尔将宗教与理性相关联。之后，在《基督教的精神及命运》中黑格尔明确表态他不反对基督教的实定性，而反对宗教的异化，最终黑格尔在《精神现象学》中完成了他系统的宗教观，认为宗教乃精神发展过程中的历史形态，也是主体自我意识的一个重要环节。宗教作为理念的展开，是人自身异化了的精神。宗教作为绝对精神的环节，有一个从低级到高级的历史发展过程，最终宗教被人类的哲学取代。

马克思对黑格尔宗教哲学进行了系统而深刻的批判，集中体现在几个方面。第一，马克思批判黑格尔在宗教理解方面的思维与存在同一性的失误。在黑格尔那里，上帝作为最高实体，是实体又是主体。上帝有自我意识，能够消除自身的单一性，并产生必然的多样运动，最终在自身的辩证运动中实现了自我扬弃与超越。马克思认为，黑格尔对宗教的理解只为历史运动找到了抽象的逻辑思辨，抽象的逻辑思辨虽表达了历史却不是真实的历史。历史由人的生产活动所创造，概念范畴、纯粹思想不能创造历史而只能去认识历史。第二，马克思批判了黑格尔宗教思想中的唯心主义历史观，强调历史是人的现实的生存活动。黑格尔曾经认为《圣经》不只是历史真理的记录，也书写了人类精神。马克思则认为人类实现其自身是实践而不是理念，理念也由实践所创造。因此，马克思一再强调人必须先解决吃穿住行的问题，必须首先去从事生产活动，创造生活必需品，满足物质生活需要。人与动物的区别在于实践本身，而不是理性、信仰。人类的生产实践活动创造了人类、创造了社会，也创造了宗教。第三，马克思反对黑格尔将历史表述为与基督教神义相似的绝对精神的现实展开的观念，认为这是一种虚假的意识形态，如同鸦片一样，也说明了德国古典哲学美学虽对宗教有所批判却未从根本上放弃宗教，而马克思要做的则是对宗教的彻底埋葬。

第二章　马克思的犹太教批判及其精神前史

德国哲学思想的根本洞见在于，人的本质在思维中、在对理性的体系性运用中，那么，自由也只能是一种思维的自我展开，或者说理性的自由。但是，理性不是个别的理性，理性自由的承载者和行动者也不是个别的人，理性属于历史发展过程中的整个人类，在这个历史发展的过程中，个体只不过是一种消逝着的环节，曼海姆（Karl Mannheim）有言："严格来说，当我们说个人在思考时，这是不准确的。我们应当更准确地指出，人只不过是参与思考，继续对其他人在他之前已经思考过的东西进行思考。"① 马克思的宗教批判亦是如此，它有着自身独特的德国思想源流和精神，在精神前史视域中看待马克思的宗教批判，特别是犹太教批判，更可看出马克思宗教批判的德国思想之根与精神指向。

第一节

德国历史主义的代表人物赫尔德开启了对普遍世界历史的探讨，在普遍世界历史中，犹太人的历史和宗教占据了一席之地。从后世的思想史走向观之，赫尔德的犹太人历史探讨对尼采产生了非常大的影响，我们可以看出，尼采后来在《道德的谱系》中对犹太教的研究很大程度

---

① Karl Mannheim, *Ideologie und Utopie*, 3. Aufl. 1952, S. 5.

上沿袭了赫尔德的理论。

赫尔德在其《论人类历史哲学之理念》一书中指出，犹太人从体量上来看是一个非常小的民族，他们在世界历史舞台上也几乎从未成为征服者，但是比起其他任何亚洲民族，他们具有更大的影响力，这种影响力主要是通过犹太教对基督教和伊斯兰教的影响所产生的。① 赫尔德追溯了犹太人的历史，摩西作为最为伟大的犹太人，给予了犹太人以他们生活的律法，这套律法无所不包、事无巨细，是统治犹太人所有生活的永恒律法。犹太人的国家结构一直不稳定，从来就没有建立起一套稳定的国家制度，犹太国家面临强敌环伺的局面，遭受了历史上最为悲惨的命运，犹太人由此流落在世界各地，而就在此时，基督教出现了。基督教最初并未从犹太教中分离出来，它接受了犹太教的《圣经》，并且建立在犹太教关于弥赛亚的讯息之上。

> 因此，通过基督教，犹太人的《圣经》传到了所有信奉他的教义的民族手中；因此，即使在它们被理解和使用之后，也对所有基督教时代产生了或好或坏的影响。它的效果好的方面，因为摩西的律法在他们身上把独一的神的教义、世界的创造者作为一切哲学和宗教的基础，并在这些著作的许多诗篇和教义中以一种庄严和崇高、以一种虔诚和感激的态度谈到了这位神，在人类的著作中很少有其他的东西能达到这种程度。如果我们不是把这些书与中国人的四书五经，或与波斯人的萨德和赞德-阿维斯塔，而是甚至与穆罕默德晚近得多的《古兰经》相比较——而《古兰经》本身就采用了犹太人和基督徒的教义——那么，希伯来经书相对于各民族所有古老的宗教书籍的优势是显而易见的。②

---

① Karl Mannheim, *Ideologie und Utopie*, 3. Aufl. 1952, S. 86.
② Herder, *Sämtliche Werke* Bd. 14, hrs. v. Bernhard Suphan, Berlin: Weidmannsche Buchhandlung, 1909, S. 63.

自犹太人走上漂泊的道路之后，他们就不断地受到压迫，由于这种不安全感，犹太人不得不走上从事贸易、高利贷的道路，基督徒让犹太人从事这个行业，就是因为基督徒自诩太过伟大，不屑于从事这门生意，就像斯巴达人不愿意学习奴隶的农业技艺一样。赫尔德对犹太人的评价最终也是负面的，他认为他们没有真正的荣誉感和自由感。

> 简而言之，这是一个在教育上被腐蚀的民族，因为它从来没有在自己的土地上达到政治文化的成熟，所以从来没有达到真正的荣誉感和自由感。在他们最优秀的头脑所从事的科学中，展现出来的更多的是律法的坚守和秩序，而不是精神上丰富的自由，几乎从一开始，他们的境况就剥夺了他们作为爱国的美德。神选民族，他们的国度曾经是上天自己给予的，是的，数千年来，是寄生在其他枝干上的植物，事实上几乎从它出现以来，这个狡猾的交易商的种族几乎遍布地球，尽管遭受了一切的压迫，却从不渴望自己的荣誉和居所，从未渴望过他们自己的祖国。①

赫尔德的犹太教批判对后世产生了极大的影响，他强化了某种关于犹太历史的偏见，刻画了犹太宗教的基本形象。赫尔德对马克思思想发展最大的意义就在于要在历史的脉络和发展进程中看待犹太教的基本立场。在赫尔德看来，要把犹太教看作在时间的进程中人性和理性逐渐实现的产物。文化以一种累积的方式建立在彼此的基础上，历史也以实现理性和人性为目的而不断前进。赫尔德历史哲学中最重要的就是所谓的历史化观念，这个历史化观念我们可以用赫尔德的话来表述。

---

① Herder, *Sämtliche Werke* Bd. 14, hrs. v. Bernhard Suphan, Berlin: Weidmannsche Buchhandlung, 1909, S. 67.

难道你没有发现……万物都在变化，在时间的翅膀上，一切都在匆忙前进、迁移？①

因此，在赫尔德看来，历史主义的方法就是以非宗教、非神话、非超验的自然主义方式对一个事物进行理解，按照这种方法，我们必须对它们的历史起源和演变过程进行考察，考察它们是如何从早期的起源中历史性地发展起来，而在这种起源之前，它们还没有真正存在过，它们本身通过一系列的转变而出现，是这种历史转变过程的结果。同样，犹太教也是一种历史转变过程的结果，并非什么永恒或神圣的创造产物，完全由历史自然生成。所以，在自然的生成历史上，赫尔德认为，宇宙今天所具有的结构依据牛顿的物理规律从原初的粒子中逐步形成。在有机自然方面，赫尔德也给出了一个区别于《圣经》旧约的演进过程，比如第一颗行星的出现、动物的出现以及最终人类的出现：

> 地球得以产生的有效的力和元素的聚集，作为混沌，或许包含了一切应当并且可以在地球上出现的东西。在第一种植物有机体（如苔藓）的萌芽出现之前，必须有许多种水、空气和光的组合。在动物有机体出现之前，许多植物必须出现并死亡；在这里，昆虫、鸟类、水生和夜行动物也先于地球和白天更完整的动物出现；直到最后在所有这些动物之后，我们地球上的有机物之冠——人类出现了。②

人类的精神史也是如此，在人类出现之前，猿类就发展出了一种类人的理性，通过对历史的研习能促进我们的自我理解，通过把自己民族的面貌与其他民族的面貌进行比较，我们能发现究竟什么是人性中真

---

① Johann Gottfried Herder, *Werke* Bd. 4, hrs. v. U. Gaier et al., Frankfurt am Main: Deutscher Klassiker Verlag, 1985, S. 787.
② Johann Gottfried Herder, *Werke* Bd. 6, hrs. v. U. Gaier et al., Frankfurt am Main: Deutscher Klassiker Verlag, 1985, S. 31.

正普遍和恒久不变的，能理解到为什么我们的文化今天是这样一种面貌，它是如何发展而来的，通过这种研习，可以丰富我们的思想。

第二节

黑格尔在青年时期的《基督教的精神及其命运》手稿中指出，犹太教信仰经验的起源来自一场大洪水，这场大洪水完全破坏了人与自然的原初和谐，因为犹太教的神完全把自然当作一个工具来看待，所以自然也不再具有希腊人所赋予的那种神性，由此导致神在犹太教中发展出了一种彻底分裂的宗教形式。犹太人是一个固执的民族，而这种固执的根源恰恰是一种政治和宗教生活的不自由状态。与自由和美的希腊民族生活相比，犹太人的实定宗教把活生生的宗教生活变成教义和理论，变成了人无法摆脱的异己命运，而固执正是这种异化、对立和不幸的表现之一。借助对犹太民族命运的分析，黑格尔指出，固执其实就是分裂，固执地守在自身之中，无法与他人和自然达成和解，这种"自我"的意识就导致了狂热主义。在讨论自由民族和不自由民族儿童教育地差别时，黑格尔认为，命令儿童压制其自主的人格，只会让儿童愈发的不服从和固执，而犹太人是这样的：

> 当他们的宗教崇拜受到攻击时，他们又以同样顽固的态度进行斗争。他们就像绝望的人那样为他们的宗教崇拜而斗争⋯罗马人希望在他们的温和的统治下这种狂热主义可以减轻，但是他们失望了，因为这种狂热主义又一次发出怒火，在它自己所做出的破坏中埋葬了自己。①

在《宗教哲学讲演录》中，黑格尔把犹太教称之为"崇高的宗教"，这一说法直接来自康德，康德的崇高概念对他来说就是一个坏的

---

① G. W. F. Hegel, *Frühe Schriften*, Frankfurt a. M. : Suhrkamp, 1982, S. 296 – 297.

第二章　马克思的犹太教批判及其精神前史

无限性、抽象的普遍性。崇高的宗教也就意味着有限的、感性的自然在展现神上的"不适合性"。在希腊的多神教中，神还具有人的自然及其各种德性，而在犹太教中，所有的精神力量都被集中在神这个"一"之中，因而自然对于神来说就是一个虚无且要被否定的东西。

> 犹太教和伊斯兰教都是'一与唯一'的宗教，一与唯一与其造物之间并不具有肯定的关系，对于一与唯一来说，其造物并不具有任何的持存性。①

崇高的宗教意味着神具有绝对的力量，有限世界完全是由神的力量所建立起来的，不具有任何的独立性。对崇高的宗教来说，唯有这唯一的神是神圣的，而神作为一个纯粹思维的主体性，不具有任何感性的外在性，世界被看作神的创造，但绝对地外在于神，神与世界始终处于一种否定的关系中。世界作为被造物只是偶然性的存在依附于神，就此而言，被造物并不是神真正的自我展现。也就是说，犹太教把世界完全撤回神之中。正如在《哲学全书》中黑格尔所指出的那样，在犹太教中，只有作为一的神是唯一具有真理的，它们作为一神论实际上是一种"无世界论"（Akosmosmus），或者说是一种他者还未被真正建立起来的唯一存在。在《世界历史哲学讲演录》中黑格尔对这种"无世界论"进行了阐释。

> 对一的崇拜就是穆罕默德教的唯一目的，而主体性也只把这种崇拜作为活动的内容，具有让世界性（Weltlichkeit）服从于一的意图。这个一尽管现在具有了精神的规定，但因为主体性完全被献身给对象，一切具体的规定都从这个一撤销，继而主体性自身也不会

---

① Gerit Steunebrink, "A religion after Christianity? Hegel's interpretation of Islam between Judaism and Christianity", *Hegel's philosophy of historical religions*, ed. by Bart Labuschagne and Tiomo Slootweg, Leiden and London: Brill, 2012, p. 214.

是自为的精神性自由的，主体性的对象自身也不会是具体的。①

就犹太人的问题而言，黑格尔认为必须从双重的角度来加以处理。一方面，犹太人作为人，享有无限的人格性，这种人格性保障了犹太人在市民社会中作为平等主体的民事权利，但是犹太人应该放弃在国家生活中的孤立状态。犹太教是作为一种绝对分裂的宗教形式而出现的，犹太人拒绝共同体和爱，完全服从于异己存在，对他人采取孤立、践踏甚至屠杀态度，最终自己也不可能得到任何的自由。另一方面，国家也必须为犹太人的融入创造条件，如果国家任凭犹太人停留在分离状态，那么就"应归咎和责备国家"②，通过合理性的国家制度，主观的信念和意见被提升为承认客观自由制度的政治主观性，这种政治主观性对合理性的国家制度抱有信任，认识到单个人所拥有的主观自由只有在客观的国家制度中才能得到真正的实现，认识到国家无非是自由的现实化。

第三节

毫无疑问，马克思也受到爱德华·甘斯的影响。甘斯在《自然法与普遍法历史》讲座中已对早期社会主义思想进行了探索，他指出：

> 总的来说，圣西门主义者认为，迄今为止只被视为次要事项、一种手段的工业，是最终目的，并将整个国家建立在此之上……。因此，国家必须自上而下予以重塑。这里唯一可以作为出发点的基本原理是劳动。在劳动中，人展现其所是，而所从事的劳动职业构成了他的意义。③

---

① G. W. F. Hegel, *Vorlesung der Philosophie der Weltgeschichte*, Frankfurt am Main: Suhrkamp, 1982, S. 429.
② [德]黑格尔：《法哲学原理》，范扬、张企泰译，商务印书馆1961年版，第274页。
③ Eduard Gans, *Naturrecht und Universalrechtsgeschichte*, hrsg. v. Johann Braun, Mohrsiebeck: Tübingen, S. 60.

圣西门主义者的社会主义与费希特的锁闭商业国一样没有得到甘斯的认可。圣西门主义者从经济学出发得出的废除生产资料中的私有财产、继承权、职业自由和婚姻自由等结论，对甘斯来说都是"不关心现实的抽象"[1]。不过，在一个方面，他同意他们的观点。

> 如果我们认为奴隶制已经完全废除，我们就是在自欺欺人；它确实还存在在那里，只是在现象上有所改变……。奴隶制和佣工制之间没有太大的区别。尽管，佣工们可以离开并去试试他们的运气，但他们随后将毁灭。难道国家没有责任消除那种不存在于乡村而存在于城市的社会的疮痍或渣滓，以及消灭贱民吗？这或许是不可能的；它是一种无法扬弃的沉淀物。但它可以被减少。国家可以建立劳动机构，让每个人都能工作。这是圣西门主义者的一粒金子，可以引导这种社会疾病的痊愈。[2]

甘斯在1833—1834年冬季学期关于历史和哲学的讲座结束时谈到了未来的发展，谈到了"已经在此展现自己"的"未来思想"。他再次提到圣西门主义者、"城市中的工人联盟"、一般的"社会中被压迫者的解放"，认为这些都是目前正在努力争取的。[3] 随后，他跃入那一激动人心的时期，除了他之外或许没有人敢在柏林大学对之予以构想。这一切：

> 证明，人类的斗争还没有结束，社会的下层阶级也将争取在历史上占有一席之地，它也将越来越多地介入国家，治者和被治者之间的差别将越来越小，基督教所发现的、作为所有宗教基础的人的

---

[1] Eduard Gans, *Naturrecht und Universalrechtsgeschichte*, hrsg. v. Johann Braun, Mohrsiebeck：Tübingen, S.62.

[2] Eduard Gans, *Naturrecht und Universalrechtsgeschichte*, hrsg. v. Johann Braun, Mohrsiebeck：Tübingen, S.63.

[3] Eduard Gans, *Naturrecht und Universalrechtsgeschichte*, hrsg. v. Johann Braun, Mohrsiebeck：Tübingen, S. XXXIV.

概念将越来越普遍，并在社会的最底层圈子里越来越多地得到实现。①

据说，甘斯甚至在讲台上展望了世界革命的前景.

> 新时代的历史是一场伟大的革命。以前，贵族创造了革命，也就是一般的特权者；然后，法国的剧变创造了第三等级的贵族，他们在人民，也就是穷人、贱民的帮助下获得了特权。但第三次革命将是这群贱民的革命，是整个非特权阶层和无产者的革命；如果发生这种情况，世界将颤抖。②

而就犹太宗教而言，甘斯在他的《自然法与普遍法历史》中说：

> 宗教不属于这个现实的世界，一个更高表象的世界，它的位置在人的心灵中，在人的信仰中。人在世界的规定性中没有得到满足。伸向彼岸的宗教是国家不需要操心的事情。信仰的内容是自由的。但是，由于这本身是一个重要的、对公民的教化来说必然的内容，所以国家必须确保这种宗教感情的产生。它必须确保每个人都有一个宗教；哪种宗教对它来说并不重要。然而，由于宗教以神为其内容，以人为神的仆人，那么宗教就与人有一种关系，而这很容易成为与这个世界的关系。宗教关注的是，一个个体要有一个国家，反之亦然。国家对宗教和宗教对国家的频繁攻击来自两者的接触。就宗教在国家中而言，国家必须确保宗教的世俗方面与之相容，并在尘世上从属于它。宗教不能作为国家的统治者出现。国家不承认宗教、宗教也不承认国家是独立自主的环节，这种关系被称

---

① Eduard Gans, *Naturrecht und Universalrechtsgeschichte*, hrsg. v. Johann Braun, Mohrsiebeck: Tübingen, S. XXXIV.
② Karl Cäsar von Leonhard, *Aus unserer Zeit in meinem Leben*, Bd. 2, 1856, S. 213.

为不宽容。①

甘斯分析了几种宗教与国家的关系类型。比如古代的神权国家。神权国家的意思是，国家由宗教所建立，此时国家还不是自由的国家，而是要在宗教的羽翼之下得到保护，国家、法和道德的性质也就反映了宗教的性质。东方国家往往就是这种神权国家，比如伊斯兰教的国家。天主教也不在国家之内，国家是由宗教所组织起来的整体。所以，中世纪的国家也就是所谓的教会国家，此时国家不过是教会的附庸。随着历史的发展，国家才从宗教当中独立出来，并且把宗教纳入自身当中。关于国教问题，尽管不是宗教建立了国家，宗教作为国教却应当统治国家，这也就是说，国家要有一特定的宗教。甘斯认为，在一个建立了国教的地方，也就不存在真正的宗教。如果一个国家要建立一种国教，那么就必须要有一个国家教会，这个国家教会的首脑必须也是国家的首脑。这就会产生一个非常大的问题，宗教是一个属于良心的事情，信仰不信仰一个宗教与外在的命令完全无关。所以甘斯说，"宗教越是强大，宗教就是与主体相关。就此而言，国教的本性是与主体相悖的"②。甘斯认为，国家是完全脱离宗教的，国家立于自身之上，是独立。那么教会和国家的关系是怎样的？甘斯和黑格尔的观点基本上是一样的。

> 我（国家）是现实之最高，可以向一切发号施令，并且操心一切关乎现实的东西。因此，良心是自由的，尊奉哪种宗教，都是一样的。③

国家和宗教的关系就是一种保护和必然要被保护的关系。作为现实

---

① Eduard Gans, *Naturrecht und Universalrechtsgeschichte*, hrsg. v. Johann Braun, Mohrsiebeck: Tübingen, S. 207–208.

② Eduard Gans, *Naturrecht und Universalrechtsgeschichte*, hrsg. v. Johann Braun, Mohrsiebeck: Tübingen, S. 209.

③ Eduard Gans, *Naturrecht und Universalrechtsgeschichte*, hrsg. v. Johann Braun, Mohrsiebeck: Tübingen, S. 209.

的最高力量，国家拥有一种兴趣，最高的绝对权力是居于国家之中的。国家必须向宗教提供一切宗教所要求的保护。宗教并不关乎此岸，虔敬派和天主教徒把宗教与尘世混淆了，国家要取缔一切反对伦理和法的东西，但是国家也要保障宗教的信仰自由。国家不能只保障一些特定的宗教，而要保障一切宗教，当然，国家要保障的宗教只居于宗教之内，不会攻击国家，国家越是强大越是世俗，那么就越会保障宗教自由。由于国家是一种客观的制度，所以国家对自己的牢不可破就有信心，即使一个宗教在其主观形式上是道德败坏的，国家也相信它会自行毁灭，一个强大的国家会让这一小部分人自行了结。当然，甘斯也对宗教狂热问题进行了论述，宗教不能侵入国家，占据国家所具有的地位。宗教如果提出太多要求，那么我们就要用宗教自己的武器打击它，告诉宗教，你不是为这个世界而存在的。宗教尽管仍然可以兴风作浪，但是它不能动摇国家的根基，不能任狂热主义放肆。甘斯认为，犹太法律的特点就是神权制。在这种神权制中，有一个不可见的神，这个神进行着一种现实的统治，因此并不需要任何其他对世界进行统治、惩罚和维持的领袖，这是一种在场的神权制。甘斯认为祭司对国家政府有影响力，但这并不是一种真正的神权制，犹太人的神权国家才是真正的神权制。神是唯一者、普遍者、抽象者，也是一个充满嫉妒者，居于宗教的顶端，并且是一个现实的王，这个神再也不居于自然之中，而是一个没有形象的单纯的思想。因此，偶像崇拜就等同于叛乱、犯罪，因为神是一种抽象的思想。因此，犹太人也把自己称为选民，所以犹太人也不能跟其他民族通婚，始终保持一种分离的状态。

第四节

马克思的《论犹太人问题》是对鲍威尔的《论犹太人问题》一书的批判性评注。在这本书里，鲍威尔提出，从犹太人的解放"与我们的总体状况的发展之间的联系"来看，他认为，在当时关于犹太人解放的话语中,人们并未对此加以注意。

> 批判一度衡量过迄今为止统治世界的一切,这时,它总体上如其所是地看待犹太人和犹太教,换言之,人们没有追问,犹太人和犹太教是什么,也没有研究它们的本质是否与自由相容,人们是不是想让它们获得自由。①

在鲍威尔看来,犹太人解放的辩护者们总是强调要消除基督教国家对犹太人的偏见和歧视,但是犹太人却拒绝进入一个自由的新世界。犹太人置身事外,他们要求基督教国家放弃特权,只为了自己仍然保持在特权状态之外。犹太人认为,他们所遭受的迫害是基督教国家带来的,但是鲍威尔认为,"基督教世界必须经历现在正在形成的新世界的诞生的巨大痛苦"②,也就是说,现在基督教世界也必须对基督教进行批判,只有在全然改变基督教国家本质的前提之下,我们才能获得解放,这样犹太人的解放才是可能的,而犹太人也必须参与这样一个共同的事业当中,并且也得抛弃犹太教自己的本质。

> 基督教世界必须经历现在正在形成的新世界的诞生的巨大痛苦。犹太人不应遭受痛苦,他们应当和那些为了新世界的诞生而斗争并且遭受苦难的人们一道拥有同样的权利吗?好像他们能够拥有这些权利似的!好像他们能够在一个他们未曾创造、未曾帮助创造,相反他们的永恒不变的本质必然与之在矛盾的世界中得其所哉似的!
>
> 因此,那些不想让犹太人感受到现在横扫一切的批判的痛苦的人就是犹太人最凶恶的敌人。不经历批判之火,什么都不能进入已

---

① Bruno Bauer, *Die Judenfrage*, Braunschweig: Druck und Verlag von Friedrich Otto, 1843, S. 1.

② Bruno Bauer, *Die Judenfrage*, Braunschweig: Druck und Verlag von Friedrich Otto, 1843, S. 3.

然临近的新世界。

对你们来说，犹太人的事情尚未成为一个实为普遍的、一般的民族问题。对你们来说，基督教国家的不正义已经说出，但是尚未追问这种不正义和不公正是不是植根于以前的国家制度的本质之中。

如果基督教国家对犹太人的态度植根于基督教国家的本质之中，那么只有在全然改变基督教国家的本质的前提之下，犹太人的解放才是可能的——同样，恐怕犹太人自己还得抛弃其本质等——也就是说，犹太人的问题只是我们这个时代致力解决的重大而又普遍的问题的一部分。①

鲍威尔对犹太人的犹太性进行了批判。一是犹太人总是辩称自己是无辜的受害者，但是鲍威尔说，如果我们说一个烈士是无辜的，就是在说这个烈士什么都没做，这对烈士其实是一个很大的侮辱：

人们常说，殉教者们无辜被害——这是人们对他们的最大侮辱。如果他们什么也没做，那么为什么会遇难？他们的所作所为不是和他们的敌人的生活方式和看法对立吗？殉教者越是伟大和重要，那么其行为与现存的东西之间的对立也就越大，也就是说，其对现存的东西所犯的罪过也就越大。

对于犹太人，我们至少想说，他们因其律法、生活方式和民族性而遭受苦难或者成为殉教者了吗？既然犹太人因为他们对律法、语言和他们的整个存在的依赖而招致了压迫，那么他们就对他们受到的压迫有责任。人们不可能压迫乌有之物；人们压迫的必然是由其全部存在及其全部存在的方式所产生的东西。②

---

① Bruno Bauer, *Die Judenfrage*, Braunschweig: Druck und Verlag von Friedrich Otto, 1843, S. 2 – 3.

② Bruno Bauer, *Die Judenfrage*, Braunschweig: Druck und Verlag von Friedrich Otto, 1843, S. 4.

根本的问题是，犹太人拒绝参与历史的进程中，犹太人很勤奋，但是鲍威尔认为犹太人对欧洲的自由没有贡献。

谁教育了欧洲整整18个世纪？谁打破了想要在其统治的时代以外进行统治的等级制度？谁创造了基督教艺术和现代艺术并将永恒的文物充满了欧洲的城市？谁发展了科学？谁思考了国家制度的理论？

一个犹太人也没有。斯宾诺莎完成他的体系的时候，已经不是犹太人了。当莫泽斯·门德尔松听说他的已故友人莱辛是一个斯宾诺莎主义者时，悲痛而死。

现在来第二个问题吧！好的！欧洲的民族将犹太人排除在他们的普遍事务之外。但是要不是犹太人自己将自己排除在外，他们能够做得到吗？犹太人作为犹太人，一直都是犹太人，他能够为艺术和科学的进步而劳作、为了自由而反对等级制度、实际地关心国家并且思考国家的普遍法则吗？另一方面，难道艺术和科学是任意的禁令或者某种因其出生而被迫处于其中的偶然处境能够将人拒于千里之外的事物吗？难道它们不是不能禁止的普遍的善吗？多少在艺术和科学中产生重大影响的人出自社会最底层，他们为了进入艺术和科学的殿堂而不得不克服非同寻常的阻碍？为什么犹太人不上进？这可能在于，犹太人的特殊的民族精神与艺术和科学的普遍利益不合。

犹太人的活动是一种与历史的利益无关的活动。①

鲍威尔的观点和赫尔德一样，犹太人对科学和艺术的发展没有贡献。科学和艺术不是官方发个禁令就能阻碍发展的，思想始终是自由的，很多身处底层的人照样可以克服障碍为科学作出贡献，根本的原因

---

① Bruno Bauer, *Die Judenfrage*, Braunschweig: Druck und Verlag von Friedrich Otto, 1843, S. 9–10.

还是犹太人没有参与自由历史的进程中。而鲍威尔就把这种原因归结为东方民族所具有的那种静态性。

> 但是东方人还不知道他是自由的和理性的，因而还没有认识到自由和理性构成他的本质，而是将其本质的和最高的任务设定在无理智的和无根据的礼仪的施行之中。因此东方人也没有历史，因为只有普遍人类自由的发展才配叫作历史。对于坐在无花果树和葡萄藤下的东方人来说，命运的安排就是最高的东西，他们不停地履行他们的宗教仪式，他们将宗教仪式的不变的事务看作最高义务，他们安心于宗教仪式恰好就是如此，而且必须如此，因为他们除了说宗教仪式向来如此，并且按照一个更高的不可探询的意志应当如此以外，完全不知道给出任何其他的理由。
> 一种这样的性格，一种这样的法律，必然赋予一个民族一种特有的刚性，然而也夺走了该民族历史发展的可能性。①

关于犹太人的解放，鲍威尔对所谓的"改教策略""扩权策略"和法国模式进行了批判。改教策略就是犹太人通过皈依基督教从而获得平等的公民权，我们知道，马克思的父亲亨利希·马克思正是通过改信基督教从而得以继续担任律师，而马克思的老师爱德华·甘斯正是通过这一方式获得了在柏林大学任教的机会。而所谓的扩权策略就是把基督徒所具有的特权扩展给作为少数人口的犹太人。而所谓的法国模式就是建立政教分离的国家，让宗教成为个人自己的事情。鲍威尔指出，无论是改教策略还是扩权策略，都执着于一种特殊性，而没有让犹太人或基督徒上升到真正的普遍的人性与自由，因为无论是犹太人还是基督徒都坚持自己所在领域的特殊利益，都会坚决要求自己特权的绝对存在，无论是改教还是扩权都是以基督教国家为不言自明

---

① Bruno Bauer, *Die Judenfrage*, Braunschweig: Druck und Verlag von Friedrich Otto, 1843, S. 11 – 12.

的前提条件，所以解放不能只是犹太人或者基督徒限于各自特殊的、孤立的领域，而是扬弃这种宗教的异化和奴役，从而进入一种普遍的真正自由的状态。

> 解放是一个普遍问题，是我们时代的一般问题。不仅犹太人，而且我们都想要解放。因为所有人都不自由，迄今为止，监护和特权统治着，因此犹太人也就不可能自由。我们通过我们的限制而排斥所有人；所有人都受到限制，靠近犹太人居住区的必然是我们划归其中的警察区。
>
> 不仅犹太人，而且我们也不要再满足于幻想，我们要成为现实的民族、现实的诸民族。①

即使法国式的解决方案也是所谓的"中庸之道"，法国模式只是一种表面功夫，它并没有真正废除宗教特权，而是把宗教的特权以另一种面目更稳固地确立了下来。

鲍威尔向我们指出，宗教特权背后其实是世俗世界的异化，而鲍威尔的出发点是"要铲除现存社会中的各种各样的特权（特殊利益），这些特权（特殊利益）有宗教方面的，更有社会和政治方面的"②。犹太人的问题只是普遍异化现象中的一种，是整个时代所面临的普遍问题中的一个部分而已。通过切入犹太人的问题，鲍威尔希望揭露整个现代国家的特殊主义本质，在这样的国家中，每个人、每个团体都寓居在自己狭小的领域之内，固执地坚守着自己特殊的利益和范围，从而导致了一种普遍的专制，因此，我们必须废除这一系列特权，从而建立一种真正的、普遍人性的自由国家。

---

① Bruno Bauer, *Die Judenfrage*, Braunschweig: Druck und Verlag von Friedrich Otto, 1843, S. 61.
② 朱学平：《从古典共和主义到共产主义：马克思早期政治批判研究（1839—1843）》，中国法制出版社2018年版，第342页。

第五节

在《论犹太人问题》中，马克思首先考察了德国、法国与美国的宗教政治状况。马克思看到这样一个问题，政治落后的普鲁士和较为先进的法国、美国一样，并没有在政治解放所赋予的宗教自由中消除人的异化问题，人的自由问题并未能实现，政治自由或宗教自由远不是解放的终点。

> 犹太教徒、基督徒、一般宗教信徒的政治解放，才使国家从犹太教、基督教和一般宗教中解放出来。当国家从国教中解放出来，也就是说，当国家作为一个国家，不信奉任何宗教，确切地说，信奉作为国家的自身时，国家才以自己的形式、以自己的本质所固有的方式，作为一个国家，从宗教中解放出来。摆脱了宗教的政治解放，不是彻头彻尾、没有矛盾地摆脱了宗教的解放，因为政治解放不是彻头彻尾、没有矛盾的人的解放方式。①

也就是说，政治解放始终有限，在政治上一个国家可以是"政治解放"意义上的自由国家，现代国家尽管不再确立任何宗教为国教，但是人还受到宗教的限制，个人仍然可以是宗教信徒，这不是真正的自由人，政治解放是一种解放形式，但远远称不上是最后的解放形式。现代的政治解放把人从中世纪的行业束缚中解放出来，每一个人都成为抽象的、原子化的个体，由此，就产生了国家与市民社会的分离问题。

> 可是，国家的唯心主义的完成同时就是市民社会的唯物主义的完成。摆脱政治桎梏同时也就是摆脱束缚市民社会利己精神的枷锁。政治解放的同时也是市民社会从政治中得到解放，甚至是从一

---

① 《马克思恩格斯全集》第3卷，人民出版社2002年版，第170页。

种普遍内容的假象中得到解放。①

因此，现代国家是一种利己的、互为工具的原子人集合，政治共同体不过是为这种利己的人服务的工具而已。马克思指出，我们要真正实现人的自由，更重要的工作就是，对这种利己主义者集合的市民社会进行更为深入的批判，这就是马克思所说的，我们现在要把考察转向所谓"现实的世俗的犹太人""日常的犹太人"，而不是"安息日的犹太人"，也就是说，我们要把宗教的批判、政治的批判转向对构成政治国家之基础的市民社会及其成员的批判，而这种日常的犹太人也就是那种以财产为其生存目的的市民社会成员。马克思向我们指出，鲍威尔那种政治解放的路线存在一个非常大的问题，作为政治解放的共和主义政治，尽管废除了选举权和被选举权的财产资格限制，尽管以政治方式宣布私有财产已被废除。

> 尽管如此，从政治上废除私有财产不仅没有废除私有财产，反而以私有财产为前提。②

马克思看出，市民社会真正的"世界的神"就是金钱，而金钱就是犹太人的那个"妒忌之神"。这个神统治着世界的一切，"金钱通过犹太人或者其他的人而成了世界势力，犹太人的实际精神成了基督教各国人民的实际精神"③，犹太精神把整个生存世界都商品化了，世间的一切都可以买卖和交易，从此，犹太教完成了对一切的蔑视。

> 抽象地存在于犹太宗教中的那种对于理论、艺术、历史的蔑视和对于作为自我目的的人的蔑视，是财迷的现实的、自觉的看法和

---

① 《马克思恩格斯全集》第3卷，人民出版社2002年版，第187页。
② 《马克思恩格斯全集》第3卷，人民出版社2002年版，第172页。
③ 《马克思恩格斯全集》第3卷，人民出版社2002年版，第193页。

品行。就连类关系本身、男女关系等等也成了买卖对象。①

而要真正获得人的解放，就必须废除犹太教这种"做生意及其前提"的精神，它是犹太人和市民社会基础的私有财产。整个世界从犹太教的世界统治中解放出来，这其中也包含了对犹太人问题的解决。犹太人本身的解放问题也就意味着必须消除犹太精神的经验本质，消除作为孤立的、原子化的个体集合的市民社会，也就是说，"犹太人的社会解放就是社会从犹太精神中获得解放"②。

---

① 《马克思恩格斯全集》第3卷，人民出版社2002年版，第195页。
② 《马克思恩格斯全集》第3卷，人民出版社2002年版，第198页。

第三章 恩格斯的宗教批判

第一节

德国古典哲学美学的历史性贡献在于革新理性概念，依据崭新的理性概念重塑道德、伦理和政治等公共生活根基，这不仅是一场思想革命，更带来了深远的社会影响。黑格尔的绝对观念论典型地呈现出德国古典哲学美学的深层洞见，即思维与存在之同一乃由贯穿于世界中的理性在历史运动的具体展开中证成，而非逻辑意义上的同一律。因此，理性的现实性及其效用既可被描述为一个尚未完成的历史过程，又可被理解为一种已然存在的状态，同理，黑格尔著名的"凡是合乎理性的东西都是现实的，凡是现实的东西都是合乎理性的"① 判断既可以作为革命口号，宣示合乎理性之物终将成为现实，也可保守地或实定地（Positive）用以维护现存秩序，甚至被冠之以理性的合法性。这些道德、伦理和政治的社会主流建制，乃至作为传统社会根基的宗教能够满足理性与自由的标准吗？这些标准本身又如何被理解与捍卫？可以说，黑格尔已经在他的体系中完成了这一艰巨任务。面对启蒙运动中各家各派有关理性和自由的学说，黑格尔派深入反思理性与自由之根据。一方面，黑格尔学派自觉地捍卫启蒙运动的遗产，捍卫由启蒙所开创的理性传统，

---

① ［德］黑格尔：《法哲学原理》，范扬、张企泰译，商务印书馆1979年版，第11页。

捍卫被理性奠基的全新的宗教观念和公共生活形式的政治结构；另一方面，这种思想重构也导致黑格尔体系的隐微颠覆。黑格尔学派对理性和自由的不同思考、解答造成思想分歧进而内部分裂。黑格尔的弟子们对黑格尔思想阐释的整体路向争论不休，对黑格尔体系之内宗教和政治、艺术各门类等诸哲学问题分歧巨大。黑格尔学派中的激进主义者们坚持启蒙仍未完成，这种未尽性给非理性主义的复辟留下了暗门，这种启蒙计划的进一步完善，以及理性自治在政治和公共生活实践中的延伸就定义了黑格尔思想向激进化的方向推进。

尽管阐释进路和关注焦点判然有别，但宗教问题毋庸置疑成为黑格尔学派重新解释黑格尔思想的核心，也是其内在分裂的根源所在。大卫·弗里德里希·施特劳斯（David Friedrich Strauß, 1808—1874）从宗教哲学的角度出发，在1837年提出信仰和理性是否相容区分了黑格尔学派内部右、中、左三派之关窍。黑格尔右派亦步亦趋地遵照黑格尔的《哲学科学百科全书》的论点，以哲学为基础为新教辩护；黑格尔左派以黑格尔的逻辑学为基础重新表述了基督教教义；黑格尔中派则在这两种立场之间摇摆不定。这一区分被黑格尔的爱徒米希勒（Karl Ludwig Michlelet, 1801—1893）继承，洛维特（Karl Löwith）进一步爬疏思想史，戈舍尔、迦布勒、B. 鲍威尔等右派依据黑格尔按照'内容'和'形式'对基督宗教作出的区分，在概念上肯定性地接受了内容。左派则与宗教表象形式一起对内容进行了批判。右派要以神性与人性统一的理念来维护全部福音书的历史；左派则断言，从理念出发，福音书的历史报道既不可全部地，也不可部分地坚持。① 黑格尔学派内部所谓的右、中、左带有鲜明的政治含义，在黑格尔去世之后，保守派大肆攻击黑格尔，指责他的哲学是一种泛神论，将神分解到自然和世界之中，由此严重动摇了社会的宗教基础。保守派在思想上延续了谢林后期肯定哲

---

① 参见 [德] 卡尔·洛维特《从黑格尔到尼采》，李秋零译，生活·读书·新知三联书店2006年版，第68页。

学的进路，强调神的超越性，进而将神从世界和人性中分离出来，这在神学上产生的后果便是基督成为唯一的神性化身与神人和解的中介，偏离了新教内在性的传统。

基于这一点，黑格尔左派宗教批判的线索无疑可以进一步上溯到德国古典哲学美学内部。表面上看，德国古典哲学美学试图调和哲学与宗教的紧张关系，黑格尔左派透过表面发现了德国古典哲学美学内部宗教批判的潜能，新教的内在性特征与启蒙运动的理性传统、自由主义观念有密切关联，这构成了黑格尔左派政治动机的起点。从家庭背景来看，黑格尔虽出生于带有浓厚神秘主义色彩的施瓦本教区，其所受的教养却接近于席勒，乃典型的启蒙式和虔敬宗式的教养。施瓦本地区的乡贤、牧师厄尔廷根（Friedrich Christoph Oetinger）对神本质的描述构成了黑格尔基本的宗教观，即神是"最纯粹的活动，其中祂是行动者、活动本身以及被行动者"[①]，神与世界以及被造物之间不存在鸿沟，神现实地内在于整个生命之中。黑格尔终其一生都服膺神通过人的活动而呈现神的基本信念，因而其哲学体系的顶峰就是哲学对宗教的扬弃和提升。这种扬弃或提升既使哲学本身成为"敬神"（Gottesdienst），也使宗教的本质或神的本质在思维中得到理性的呈现。在黑格尔看来，宗教向哲学的提升或过渡并不意味着作为宗教信仰对象的神被摧毁，而在纯粹思维中确证了神的本质。从肯定的面向来看，黑格尔以哲学体系重述了新教精神；从否定的面向看，这种重述却取消了宗教对于哲学的独立性。黑格尔右派把握了黑格尔的宗教哲学，以概念的方式维护了新教基本教义的肯定面向，黑格尔左派则试图以否定面向为突破点，强调新教精神的实质与其表现形式所构成的相互矛盾，由此将黑格尔的宗教哲学转化为历史主义和人本主义的宗教批判。

从外部环境来看，政治复辟与宗教复辟结伴，威廉四世（Friedrich

[①] Ernest Stöffler, *German Pietism During the Eighteenth Century*, Leiden: Brill, 1973, pp. 112–113.

Wilhelm IV) 的即位标志着一种保守的政治格局，君主专制重新统治普鲁士，其否定了人民主权的一切要求，造成了对启蒙运动的反动。为了应对来自保守派各个方面的攻击，黑格尔右派极力强调思想上的正统，试图通过这种思想上的正统来保证与之一致的民主政治和新教信仰的正统性，维持自由派立宪和继续改革的政治要求；黑格尔左派则更为激进，他们认为以威廉四世为代表的容克贵族土地利益集团、反理性主义基督教神学家、浪漫主义哲学家的结盟试图在大学中清除黑格尔思想的影响，否定普鲁士自上而下的改革传统，从国家政治层面清除改革的社会影响，破坏了现存的政治秩序和宗教秩序，其真正目的在于否定欧洲启蒙运动的成就。在这个意义上，黑格尔学派以批判宗教来革新政治理念的做法构成了1848年三月革命（Vormärz）的序曲。

黑格尔体系中最重要、最基本的内核无疑是其精神概念，其中客观精神构成了共同生活以及体验自由的历史发展形式，表现为具体的社会和政治制度；绝对精神则是将这些对共同生活和自由历史的理解全部纯化到了艺术、宗教和哲学这些在历史中恒定不变的形式之中。黑格尔学派对黑格尔的精神概念做了改头换面的重解，将其理解为一种人类学和历史哲学意义上的解放过程，或一项人类学和历史学的计划。[①] 在黑格尔学派的人本主义和历史主义解读中，黑格尔艺术、宗教和哲学之间的相互关系必须经历去形而上学化的过程才能得到重述，最终与三月革命前夕风起云涌的形势相应和。在这种去形而上学的重述中，黑格尔的精神概念不再被视为超越性和内在性的统一，或者被理解为神通过我们在世界中的活动，而被现实化为个人和社会内在形成的结构性过程。在黑格尔左派看来，黑格尔基于表象对直观在认识论上的优势而确立了宗教对艺术的优先性，但这种精神提升秩序是否正确却有待考察。瓦解了艺术与宗教关联的认识论基础，艺术和客观精神之间的关系取代了宗教对

---

① Cf. Douglas Moggach, "Reconfiguring Spirit", *Politics, religion, and art: Hegelian debates*, Edited by Douglas Moggach, Evanston & Illinois: Northwestern University Press, 2011, p. 7.

公共生活的奠基，这成为三月革命前夕思想语境中的焦点，艺术被视为理性在重塑客观秩序方面富于效用的绝佳证明。而艺术具有的这种有效性使得黑格尔学派有理由认为宗教乃是一种普遍异化的精神形式，黑格尔左派则进一步质疑黑格尔关于宗教与哲学具有同一内容和对象的主张。由此一来，宗教和政治的关系、宗教和艺术的关系从外部与内部两个方面构成了时代精神中的宗教批判主题。

宗教批判的复杂之处不仅在于其关联政治和艺术，而且还涉及了新教和天主教的复杂斗争。洛维特将19世纪后思想进程中的宗教批判问题称之为"一个典型德国的事件，因为它是一个新教的事件，而且无论是从批判方面还是从宗教方面来看都是如此。我们的哲学批判家们都曾是受过神学教育的新教徒，他们对基督教的批判是以其新教形式为前提条件的"①，然而如果将宗教批判简化为新教对天主教复辟的抵御则又会错失其背后所沉潜的广阔的政治—社会维度，新教事件不限于宗教内部的教派之争，也涉及政治走向和艺术趣味。反映宗教批判之含混性的代表性事件当属《新教与浪漫派：理解时代及其诸对立》(*Der Protestantismus und die Romantik：Zur Verständigung über die Zeit und ihre Gegensätze, 1839—1840*) 一文的刊发。此文系黑格尔左派、青年黑格尔派核心人物卢格（Arnold Ruge，1802-1880）与埃希特迈耶（Theodor Echtermeyer）合编的青年黑格尔派的喉舌刊物《哈勒年鉴》(*Hallische Jahrbücher*) 上发表的战斗檄文，写作动机缘起卢格和埃希特迈耶对普鲁士放弃立宪举措的强烈抗议。卢格认为政治上的自由主义无疑更全面地继承了启蒙以来理性主义的传统，而保守势力则罗网密布，在恢复君主专制政治体制的同时，也在宗教领域扶持天主教，在文化领域鼓吹浪漫主义。宗教的保守势力天主教和文化的保守势力浪漫派与政治保守派沆瀣一气，共同支持政治复辟。卢格的态度代表了黑格尔左派宗教

---

① 参见［德］卡尔·洛维特《从黑格尔到尼采》，李秋零译，生活·读书·新知三联书店2006年版，第438页。

批判的实际意图，其根本目标既不在于宗教也不在于艺术而在于政治，因而艺术理论作为宗教批判的关联物，同样也具有激进性。对黑格尔左派而言，无论是天主教还是浪漫派都应被恰切地理解为政治倾向在宗教和艺术领域的表征，在对复辟时代保守的天主教和艺术中的浪漫主义批判中，黑格尔左派逐渐形成了他们的政治哲学宣言。① 浪漫派和保守的天主教内在本质具象化为中世纪、封建、虔诚、不自由、非理性、蒙昧等，而黑格尔左派批判的法门则为重新援引黑格尔在哲学层面对"真正的"新教乃是自由、理性主义、启蒙和进步精神的同义词的新教精神的肯定，"真正的"新教乃是自由、理性主义、启蒙和进步精神的同义词。②

黑格尔左派的宗教批判的深化大致经历了三个步骤。首先，将基督教还原为特定的历史事实；其次，将这一历史事实归结为人本质的投射；最后，通过对人本身的解构彻底实现对基督教的解构。大卫·施特劳斯的《耶稣传》是黑格尔左派瓦解基督教信仰的起点，施特劳斯接受了黑格尔对宗教的规定，认为宗教虽然包含了真理内容，但其呈现真理的形式却是表象。施特劳斯在基本立场上放弃了黑格尔将基督教理解为绝对精神在表象中显现的精神哲学方案；转而完成了将基督教回溯为一种无意识地创造神话并用《圣经》中的奇迹来解释信仰起源的一种历史主义批判。施特劳斯通过将基督教教义和奇迹的神话式还原为历史事实，最终得出"神性就是人性"的结论。而这一结论的革命性在于宗教的历史主义批判走向了道德学说，基督教信仰被瓦解的同时，产生了一种被改造的人道主义新信仰。费尔巴哈（Ludwig Andreas Feuerbach, 1804—1872）的《基督教的本质》从历史主义批判迈入了人本主义批判。与施特劳斯不同，费尔巴哈更接近一种对宗教的人类学改写，

---

① Vgl. *Die politische Romantik in Deutschland: Eine Textsammlung*, hrsg von Klaus Peter, Stuttgart: Reclam, 1985.

② Vgl. Norbert Oellers. "Die 'Hallischen Jahrbücher' und die deutsche Literatur", *Philosophie und Literatur im Vormärz. Der Streit um die Romantik（1820 – 1854）*, hrsg von Walter Jaeschke, Hamburg: Felix Meiner, 1995, S. 149.

其立论的出发点是将宗教的超越性还原为情感的超越性。费尔巴哈在很大程度上接受了施莱尔马赫的基本洞见，将情感规定为宗教的人性本质，由此，宗教应被理解为人原初的自我理解和自我认识的间接化，被理解为情感需求的异化。基于此，整个宗教发展的历史就构成了向人本主义的复归，新教在宗教发展中第一次实现了神的人化，人们开始关心神对人而言是什么，而不再像天主教那样空洞地探问神是什么。这种神的人化构成了现代世界的基本特征，同时也标志着基督教的历史性解体。费尔巴哈认为自己的宗教批判是马丁·路德和黑格尔事业的激进化，马丁·路德完成了对天主教实定性的否定，确立起神的属人性，潜在地证明了宗教的神学本质就是人类学本质；黑格尔则阐明了宗教以哲学为根据，这意味着哲学自身就是新的宗教，或哲学才是真正的虔敬。

卢格从历史主义批判和人本主义批判两个方面总结了施特劳斯和费尔巴哈的观点，"宗教改革的虔诚、革命的伦理狂热、启蒙运动的认真、哲学和社会主义是基督教人道原则的现实延续"①。而布鲁诺·鲍威尔（Bruno Bauer, 1809—1882）还试图从黑格尔哲学内部证明黑格尔已然是一个无神论者，他在《被揭穿了的基督教：对18世纪的会议兼论19世纪的危机》一文中采取了一种与费尔巴哈完全不同的逆向人本主义批判，认为基督教本身非人道，与自然之物相比，它是荒谬的。在鲍威尔看来基督教的产生意味着古代世界的崩溃，即由于古代世界无法维持自身，基督教转而将不幸和非人道提升为人的本质，从而将人锁闭在苦难之中，故此基督教代表了人的自我的完全丧失。唯有彻底非基督教化才能复归人道。布鲁诺·鲍威尔这种通过瓦解基督教人道基础的进路最终在施蒂纳（Max Stirner, 1806-1856）那里转化为对人本身的解构，他借助鲍威尔对基督教激烈的批判洞见即使将宗教的本质规定为人道，人道中仍包含了神学维度，因此只有区分本真的人道与非本真的神学性冗

---

① ［德］卡尔·洛维特：《从黑格尔到尼采》，李秋零译，生活·读书·新知三联书店2006年版，第458页。

余，人才能克服异化。施蒂纳的宗教批判成了黑格尔左派宗教批判的末路，覆巢之下安有完卵，在神被彻底解构的同时，人道主义并没有走向康庄大道，而是被引向了虚无主义。

第二节

恩格斯出生于巴门的商人家庭，巴门属普鲁士莱茵省，居于伍珀河谷右岸，在宗教方面属于典型的新教虔敬派。恩格斯自幼接受虔敬主义式的教育。1838年恩格斯赴不来梅学习经商，眼界大开，第一次接触到了青年德意志派（Junges Deutschland），青年德意志派在文学创作中所鼓吹的自由精神使恩格斯产生了极大的震撼。"青年德意志派"兴起于19世纪30年代初，这一派别并不属于严格意义上的团体，只是对一批思想倾向接近的青年作家的泛称，这些作家在文学领域第一次鲜明地表达思想自由、政治立宪和社会变革等现实诉求，尤其是青年德意志派所要求的自由涉及宗教宽容、民众的政治参与、出版和言论自由、妇女解放等具体领域，一时影响甚大。有研究者指出，恩格斯完成于1839年1—3月期间的《伍珀河谷来信》是其在青年德意志派影响下宗教批判的一个例证。① 在《伍珀河谷来信》中，恩格斯提到了青年德意志派，"他们谁也不了解青年德意志在文学上的作用，把它看成海涅、谷兹科和蒙特等先生所主持的一伙蛊惑者的秘密团体"②；无独有偶，在同年4月8—9日致好友格雷培的信中，恩格斯甚至宣告，"我应当成为青年德意志派，更确切地说，我已经是一个彻头彻尾的青年德意志派了"③。在4月29—30日致格雷培的信中进一步解释了他接受青年德意志派的根本原因，"我的精神倾向于青年德意志，这并不会损害自由，

---

① 参见唐正东《虔诚主义社会的伪善与圣经阐释中的矛盾：恩格斯与青年德意志派》，《东吴学术》2021年第1期，第93—101页；张永清《青年恩格斯与"青年德意志"——对相关问题的再思考》，《江海学刊》2018年第5期，第209—216、239页。

② 《马克思恩格斯全集》第2卷，人民出版社2005年版，第58—59页。

③ 参见《马克思恩格斯全集》第47卷，人民出版社2004年版，第134—139页。

因为这一个作家群体与浪漫派和蛊惑性的学派等等不同，它不是闭关自守的团体；相反，他们想要而且竭力使我们本世纪的观念——犹太人和奴隶的解放，普遍的立宪制以及其他的好思想——为德国人民所掌握。因为这些思想同我的精神倾向没有分歧，我何必要脱离他们呢？"①

上述书信材料较为清晰地呈现了恩格斯的心路历程，他的《伍珀河谷来信》无疑是对故乡巴门出现的披着虔敬主义外衣的种种伪善的社会关系所做的经验性的批判，这种批判和揭示得益于青年德意志派自由精神的视角。1839 年 4—12 月恩格斯将主要精力集中于文学创作和批评，但他自己却非常清楚这些活动并无法真正体现青年德意志派所倡导的自由精神，因而在 1838 年 9 月 17—18 日致格雷培兄弟的信中，恩格斯非常悲观地表示，"我对自己的诗和创作诗的能力，日益感到绝望，特别是读了歌德的《向青年诗人进一言》等两篇文章之后更是如此，文章把我这样的人刻画得真是惟妙惟肖；这两篇文章让我明白，我所写的这种押韵的玩意儿对艺术毫无价值"②，从时代精神的变换中恩格斯洞察到了批判任务的转变，现在真正有价值和意义的乃是深入作为文学创作坚实基础的现实政治与社会问题。恩格斯由文学批评进入宗教社会学批判的动机和目标亦与黑格尔左派重构艺术与宗教关系的政治社会学进路相一致。

在接受青年德意志派的同时，恩格斯也关注到了黑格尔左派。根据恩格斯 1839 年的往来书信可以判断，最晚于 1839 年五六月就已经对黑格尔的弟子、黑格尔派的代表人物爱德华·甘斯（Eduard Gans，1797 - 1839）的观点有所了解。③ 从 1839 年 11 月起，他开始将全部精力转移到了研习黑格尔著作之中，明确提及卢格和青年黑格尔派的喉舌刊物《哈勒年鉴》。在 1839 年年底、1840 年年初的信中恩格斯称自己已经不

---

① 《马克思恩格斯全集》第 47 卷，人民出版社 2004 年版，第 170 页。
② 《马克思恩格斯全集》第 47 卷，人民出版社 2004 年版，第 95 页。
③ 参见《马克思恩格斯全集》第 47 卷，人民出版社 2004 年版，第 181 页。

再是一个青年德意志派，而成为一个黑格尔主义者。① 青年德意志派对恩格斯的影响在于使恩格斯把握住了时代批判内核的自由精神，"所有这些本世纪的观念使我夜不能寐，当我站在邮政局前，望着普鲁士国徽时，就浑身充满自由的精神；每当我拿起一份杂志阅读时，就感受到自由的进步"②。首先，基于自由精神和文学叙述之间的巨大落差，让恩格斯感到青年德意志派在文学创作上的艺术成就非常有限，"泰奥多尔·蒙特这个人在提到那个'想把舞蹈跳得同歌德齐名'的塔利奥尼小姐时，是想到什么就胡乱涂几笔，他剽窃歌德、海涅、拉埃尔和施蒂格利茨的漂亮词句来装饰自己，……真是可怕！"③。其次，恩格斯深刻地认识到自由精神真正坚实的根基，从这个角度看，即使青年德意志派的诗歌和散文创作的确达到了较高水平，文学形式对青年恩格斯而言也不再是自由理念的恰当载体。时代大潮的更替往往在更深层主导了问题意识的演变，19世纪40年代之后，社会政治问题取代文学艺术问题成为德意志国内的首要问题，勃兰兑斯甚至认为，"接近1840年时，文学运动进入了一个新的阶段，一个与哲学和政治有着更多联系的阶段……年青一代从黑格尔那里学习哲学，把国家的改革作为自己的任务。他们从青年德意志分子那里学到的并不多。这年轻的一代人一致认为：青年德意志分子在关键时刻既没有在哲学上也没有在政治上发挥出色的作用。1840年的青年觉得青年德意志过于纯文学化了，过于伊壁鸠鲁式了。他们不想再加入那支讴歌肉体复归的老歌的合唱，甚至听也不想听了"④。恩格斯将对自由精神的推崇与政治社会批判紧密地结合起来，亦是紧随时代精神大潮的内在转向。

告别了长期以来接受新教虔敬宗式教育并彻底放弃信仰是青年恩格斯思想发展中另一件具有决定性的事件，与新教虔敬宗彻底告别是恩格

---

① 参见《马克思恩格斯全集》第47卷，人民出版社2004年版，第205、224—226、228页。
② 《马克思恩格斯全集》第47卷，人民出版社2004年版，第139页。
③ 《马克思恩格斯全集》第47卷，人民出版社2004年版，第122页。
④ ［丹麦］勃兰兑斯：《青年德意志》，高中甫译，人民文学出版社1997年版，第303页。

斯通过接触大卫·施特劳斯的工作、接受黑格尔左派的宗教批判之后方才完成。从恩格斯不来梅时期主要的活动来看，与在青年德意志派的鼓舞下积极从事文学批评并行的是，恩格斯对《新约》文本的考察，对宗教文本的考察同样基于自由精神的原则，"我目前正忙于研究哲学和批判的神学。一个人如果满了18岁并且知道施特劳斯、理性主义者以及《教会报》，那就会要么不假思索地什么都读，要么开始对自己的伍珀河谷时期的信仰产生怀疑。我无法理解，当圣经中出现一些相当明显的矛盾时，正统派的传教士们怎么还能这样正统"①。青年恩格斯对《新约》文本的考察仍隶属于启蒙开辟的理性批判的传统，而不是黑格尔左派意义上的宗教批判，因为恩格斯当时着重强调的是神学或教义学需要经受理性的检验，"只有能够经受理性检验的学说，才可以算做神的学说。是谁赋予我们盲目地信仰圣经的权利呢？不过是在我们以前就这样做的那些人的威望而已"②；尽管青年恩格斯这一时期的新约考察在哲学思辨的层面还没有完全达到大卫·施特劳斯的《耶稣传》的历史批判高度，不过通过对施特劳斯的工作和基本观点的深入了解，恩格斯越来越为黑格尔的著作所吸引，也更加热切地关注黑格尔左派的宗教批判事业，进而逐渐转向了黑格尔派的宗教批判进路，恩格斯在1839年10月8日给格雷培的信中已经自信满满地提到，"我目前是一个热心的施特劳斯派了。……看，大卫·施特劳斯像一位年轻的神一样出现了，他把乱七八糟的东西暴露在光天化日之下——永别了，宗教信仰！——它原来就像海绵一样漏洞百出"③。与文学创作告别相类似，恩格斯与宗教信仰和虔敬宗的彻底决裂既是在黑格尔左派宗教批判激励下的暂时性思想成就，也是进入黑格尔左派的思想宣言。

1841—1842年恩格斯在柏林大学旁听期间针对谢林所开设的哲学讲座撰写的三篇论文《谢林论黑格尔》《谢林和启示》和《谢林——基

---

① 《马克思恩格斯全集》第47卷，人民出版社2004年版，第142—143页。
② 《马克思恩格斯全集》第47卷，人民出版社2004年版，第184—185页。
③ 《马克思恩格斯全集》第47卷，人民出版社2004年版，第205页。

督哲学家，或世俗智慧变为上帝智慧》常被视为他思想成熟的标志和从事哲学研究的练手之作，学界已经着力从哲学批判的角度重点考察这段经历对青年恩格斯通往马克思主义道路的重大意义。① 但这一视角并未完全关注到19世纪40年代由黑格尔左派所主导的反威廉四世君主专制和批判天主教伪善的政治社会思想革新运动背后广阔的历史现场，只有结合批判天主教保守势力以及其背后的政治保守势力的基本动机来考察恩格斯对谢林的哲学批判，才能更准确地定位恩格斯、谢林批判的时代意义。

谢林于1841年应威廉四世之邀，前往黑格尔派的大本营柏林大学接替黑格尔去世后长期空缺的哲学教席，但这绝不是一个单纯的哲学事件，甚至当时谢林也并未完全意识到接替黑格尔教席会使自己卷入一场新旧政治势力的尖锐斗争之中，他显然太过乐观，仅仅将柏林之行视为肯定哲学对否定哲学的最终胜利，"为哲学创建一座可以安全居住的城堡……自康德以来为真正的科学所赢得的任何东西都没有在我这里丢失……不是用另一种哲学来替代它的位置，而是为其添加一种新的、迄今被视为不可能的科学，以便由此再次使之固定在真正的地基上，再次表明它的态度，即正是由于逾越了它的自然界限——正是由于人们想要把只能是作为更高整体的片段变成整体，才会失去真正的科学——这就是我的使命和意图"②。谢林自以为与黑格尔有关的超越与内在、存在与思维、意志与认识等基本问题的纯粹哲学之争只是思想层面的争夺战，争论的不过是现代世界中理性的界限和哲学的走向，但实际上这场思想之争成为一场在学院和大学中预先上演的宗教—政治复辟。黑格尔的思想并没有随着他1831年的逝世而逐渐没落；相反，其思辨方法在

---

① 参见白海霞《青年恩格斯对谢林哲学的批判》，《哲学动态》2021年第9期，第26—35页；聂锦芳《"谢林—黑格尔学案"与恩格斯哲学思想的起源》，《马克思主义与现实》2020年第5期，第60—72页。

② Schelling's Vorlesungen in Berlin. Darstellung und Kritik der Hauptpunkte derselben, mit besonderer Beziehung auf das Verhältniß zwischen Christenthum und Philosophie, hrsg von Julius Frauenstädt, Berlin: Verlag von August Hirschwald, 1842, S. 6.

黑格尔左派的推进下日益与自由主义、变革呼吁密切结合在一起，进而威胁到了君主专制统治。威廉四世非常信赖谢林这位巴伐利亚科学院的老师，当其他保守势力思想家的"全部论证在黑格尔学说战无不胜的威力面前显得软弱无力的时候，就还剩下最后一招——引用谢林的话进行论证，因为谢林这个人会最终铲除黑格尔学说"①。对谢林哲学天才和早年声望的错误估计，使威廉四世居然狂妄地扬言在1842年复活节之前"黑格尔主义就将崩溃，无神论者和非基督教徒就将统统死光"②，这位统治者期待谢林能在柏林大获全胜，不仅在思想领域彻底扫除黑格尔亲手"播下的龙种"（海涅语），更在宗教乃至文化领域抵御"黑格尔这条恶龙"的侵袭，从而从根本上杜绝黑格尔左派思想革命背后包含的政治革命的诉求。恩格斯连同整个黑格尔派都非常清醒地评估了谢林接替黑格尔教席背后所隐藏着的复辟势力的真实意图，他们敢于迎接挑战，"不管这个敌人多么咄咄逼人"③，批判谢林就是抵御反动派扼杀自由哲学和全方面复辟的反扑。恩格斯和黑格尔派比谢林更清醒地认识到这场争论并不是纯粹的哲学取向问题，而是关乎政治社会走向的大根大本。

1841年11月15日冬季学期，谢林开始了第一次讲座并产生轰动，一时名流云集、群贤毕至，甚至不少黑格尔派学者也期待谢林关于启示哲学的讲座，以便与这位伟大的论敌直接交锋。但听众们的热情很快消退了，因为在他们看来谢林的讲座并没有达到他最初的许诺，黑格尔的体系并未被肯定哲学击溃，相反，在谢林充满宗教神秘色彩的术语的映衬下，黑格尔思想反而更加活跃于青年一代之中。年轻气盛、才情洋溢的恩格斯率先发难，他于1841年12月2—4日在汉堡的《德意志电讯》第207、208号上发表《谢林论黑格尔》一文为黑格尔辩护；随后于1842年1—3月期间写了小册子《谢林与启示》并很快在莱比锡出

---

① 《马克思恩格斯全集》第41卷，人民出版社1982年版，第206页。
② 《马克思恩格斯全集》第41卷，人民出版社1982年版，第209页。
③ 《马克思恩格斯全集》第41卷，人民出版社1982年版，第202页。

版；最后于 1842 年 3 月 18 日至 4 月初以反讽的手法完成了《谢林——基督哲学家，或世俗智慧变为上帝智慧》，这本小册子也很快由柏林出版商 A·艾森哈特在莱比锡《汇报》上登出。三本战斗檄文的出版无异于一盆冰水兜头浇下，谢林思想的热度顿时大大降温，来听课的学生人数也急剧减少，以至于谢林在 1846 年就彻底停止教学活动。恩格斯对谢林的批判自有其深刻的哲学史意义，[①]且充分展现出他卓越的哲学思辨能力，例如他指出谢林的幂次（Potenz）学说不仅缺乏黑格尔逻辑学的严密性和真正的活动性，而且还将内在扬弃的环节分裂为孤立的超越性存在，歪曲了黑格尔的整个体系，谢林所许诺的崭新的科学地基和坚实城堡根本上是不牢靠的。恩格斯认为，谢林哲学违背了他建立纯粹科学的宣言，而是倒退回了神秘的、二元论的、充满自相矛盾的、任意的思维模式。除了哲学原理上的揭示，恩格斯还一针见血地指出，谢林在哲学上无法兑现承诺的同时也并没有达到君主专制和天主教所期待的目标，因为谢林在哲学层面重铸的神其实是哲学和天主教的混杂，天主教更不可能"一如既往宁肯从启示出发而不是把什么东西加到启示中去"[②]。这可谓一语中的，谢林虽然是官方哲学家，却是不合格的官方神学家。由于青年恩格斯在对谢林的批判中从哲学与宗教两个维度直击各方保守势力的痛处，无怪乎他的三本小册子都得到了黑格尔派各方势力的鼎力支持、赞扬和宣传。恩格斯批判谢林的论文在卢格与《德意志年鉴》（即原先的《哈勒年鉴》）的推动下获得了相当广泛的传播，并且直接引起了黑格尔两位高足——柏林大学教授米希勒和马尔海内克（Philipp Marheineke）的关注，两人都以《谢林和启示》为基础批驳了谢林的讲座和相关的后期著作。米希勒从哲学史方面出发，肯定了恩格斯充分理清了黑格尔和谢林的关系，他甚至由衷地赞誉，"正是《谢林和启示》，我才使自己接触到谢林主义原理中的最新的东西，尽管文章

---

① 关于青年恩格斯对谢林批判涉及的具体方面可参见聂锦芳《"谢林—黑格尔学案"与恩格斯哲学思想的起源》，《马克思主义与现实》2020 年第 5 期，第 60—72 页。

② 《马克思恩格斯全集》第 41 卷，人民出版社 1982 年版，第 242 页。

内容是摘录，但正是这些摘录使我确信，谢林的最新学说只是对1806年所开始的哲学改造思想的一种证实、阐释和浅化"①。而马尔海内克则是从新教神学以及宗教哲学方面出发，给予了恩格斯强有力的支持，他认为恩格斯对谢林三位一体学说的揭示，准确道明了实际上谢林的启示哲学根本不可能让"基督教神学感受到自己的教义目的得到了促进"②，指出谢林哲学实际上与天主教教义相互矛盾，根本没有实现政治保守派的期望。

黑格尔派对恩格斯众口一词的赞赏不仅引发了谢林哲学追随者的不满，而且还激起了宗教保守势力的恐慌。恩格斯对谢林的哲学—宗教批判由于广泛的社会影响，无疑介入了改革派同整个普鲁士保守势力之间的大论战，各方保守势力当然不甘心坐以待毙，一些天主教保守神学家甚至亲自下场大肆污蔑恩格斯的"谢林笔记"毫无可靠性，将恩格斯富于思辨性的批判曲解为对谢林的恶意伪造。所幸这些无中生有的指责缺乏任何根据，以至于保守派的种种作为不仅没有挽回谢林，乃至天主教本身的声誉，反而让公众更加意识到政治保守势力只是借用谢林后期神话—启示哲学方案来奠定天主教稳固基础的险恶用心。除了保守势力的自曝其短之外，恩格斯对谢林的批判还产生了更为积极的影响，即黑格尔学派内部开始联手建构和巩固反谢林——反宗教的思想堡垒，限制谢林影响的宗教批判也更有力、更深层地展开。恩格斯对谢林的批判仿佛被时代精神呼唤而出，充分表明了黑格尔左派乃至整个黑格尔派的立场，卢格在扼要概括了恩格斯的《谢林和启示》的主要洞见之后，鞭辟入里地指出，谢林哲学已经与时代大潮完全脱离，"谢林想要成为的那位哲学家，在他这里不听使唤了；事实上他只是一位重要政治流派的

---

① Vgl. Karl Ludwig Michelet, *Entwicklungsgeschichte der neuestendeutschen Philosophie mit besonderer Berücksichtigung auf den gegenwärtigen Kampf Schellings mit der Hegelschen Schule*, Berlin: Duncker Und Humblot, 1843, S. 121.

② Vgl. Philipp Marheinecke, *Zur Kritik der Schellingschen Offenbarungsphilosophie: Schluss der öffentlichen Vorlesungen über die Bedeutung der Hegelschen Philosophie in der christlichen Theologie*, Berlin: Verlag von Th. Chr. Fr. Enslin, 1843, S. 53.

代言人，从而使他哲学的林中空地置于那可能存在的最耀眼的目光之下……他的命运，无论如何都是应得的，却是一种很大的不幸，而且这种不幸是如此独特，以致在整个历史长河中徒劳地寻找它的等同物"①。恩格斯对谢林的批判所带来的更深远的意义在于，伴随着天主教的失势，无神论成为19世纪40年代德意志社会的重要思潮，这直接在社会基础层面动摇了宗教意识形态的根本，恩格斯直截了当地断言，"基督教（引按：此处指天主教）的全部基本原则以至迄今为止凡是被称为宗教的东西，都在理性的无情批判下崩溃了"②。

因为谢林哲学就是"在哲学幌子下的普鲁士政治"③，毫无疑问，恩格斯对谢林的哲学—宗教学批判体现了一种鲜明的革命人道主义精神和民主主义取向，对整个德意志封建专制主义是一种直接抨击，正如他晚年在《路德维希·费尔巴哈和德国古典哲学的终结》中深情回顾、深刻总结的，"斗争依旧是用哲学的武器进行的，但已经不再是为了抽象的哲学目的；问题已经直接是要消灭传统的宗教和现存的国家了，如果说，在'德国年鉴'中实践的终极目的主要还是穿着哲学的外衣出场，那末，在1842年的'莱茵报'上青年黑格尔派已经直接作为努力向上的激进资产阶级的哲学出现，只是为了迷惑书报检查机关才用哲学伪装起来。但是，政治在当时是一个荆棘丛生的领域，所以主要的斗争就转为反宗教的斗争；这一斗争，特别是从1840年起，间接地也是政治斗争"④。

第三节

恩格斯于1843年发表在《德法年鉴》上的《英国状况——评托马斯·卡莱尔的〈过去和现在〉》一文在延续了黑格尔派宗教批判路径的

---

① Vgl. *Deutsche Jahrbücher für Wissenschaft und Kunst.* Nr. 128, S. 512.
② 《马克思恩格斯全集》第41卷，人民出版社1982年版，第213页。
③ 《马克思恩格斯全集》第27卷，人民出版社1972年版，第445页。
④ 《马克思恩格斯全集》第21卷，人民出版社1965年版，第312页。

同时，也孕育了超越黑格尔派视野的可能。1842年恩格斯前往曼彻斯特，担任纺织厂的经理，他在考察英国的社会和无产阶级状况的同时也密切关注着英国思想界的动向。托马斯·卡莱尔（Thomas Carlyle，1795—1881）在《过去和现在》一书中针对英国工业化、资本主义化之后整个资产阶级贪得无厌的具体现实，提出了自己的解决方案。恩格斯与卡莱尔有着类似的现实关切，他对卡莱尔的《过去和现在》的评论既借助卡莱尔的分析批判英国资本主义现状，又借助对英国资本主义现状做具体的社会学—经济学分析来批判卡莱尔方案的虚幻性。在卡莱尔看来，英国社会生活的种种乱象的根源是人人都以实际经济利益为唯一目标，每个人都追逐私利，这导致整个社会精神空虚、衰退丛生。他却将精神的空虚与无神论联系在一起，将空虚的根源诊断为宗教信仰的丧失而导致的社会无意义。卡莱尔最终给出的解决方案乃是通过确立一种新时代的宗教信仰进而改变社会。恩格斯的《英国状况——评托马斯·卡莱尔的〈过去和现在〉》一方面沿袭了黑格尔左派的基本框架，阐明了宗教的瓦解绝不是社会精神空虚的根源。相反，社会的空虚完全暴露了英国新教的虚伪和谎言，"空虚早已存在，因为宗教是人使自我空虚的行为"①；另一方面也展示出恩格斯的唯物史观思想，恩格斯极富洞见地指出，社会结构在历史中的变化乃是宗教变迁的历史哲学根据，在不颠覆整个旧的社会结构的前提下，去创造卡莱尔所设想的泛神论的英雄崇拜、劳动崇拜，②新的宗教不啻镜花水月、空中楼阁，完全"轻视历史，无视人类的发展"③。恩格斯在对历史本质的洞见中开辟出了通向唯物史观的康庄大道，也是在这个意义上恩格斯对卡莱尔方案的批判既体现了费尔巴哈宗教人本主义批判的影响，又在历史哲学的层面完全超越了费尔巴哈。恩格斯已经基于社会结构来考察宗教的诞生和宗教的异化，日益庸俗化的现实资本主义社会绝不可能产生新的人道宗教，

---

① 《马克思恩格斯全集》第1卷，人民出版社1956年版，第648页。
② 《马克思恩格斯全集》第1卷，人民出版社1956年版，第649页。
③ 《马克思恩格斯全集》第1卷，人民出版社1956年版，第650页。

指望新宗教拯救资本主义社会更是本末倒置、缘木求鱼。相反，唯有通过真正彻底的社会革命，"彻底克服一切宗教观念，坚决地诚心地回到自己本身，而不是回到'神'那里去，才能重新获得自己的人性，自己的本质"①。

　　标志着恩格斯完全超越黑格尔派视野，独立从唯物史观角度分析、研判基督教的著作乃是1850年出版的《德国农民战争》。这是恩格斯研究宗教改革和新教兴起的经典文本，提出了"16世纪的所谓宗教战争也根本是为着十分明确的物质的阶级利益而进行的"②"宗教外衣论"。在《德国农民战争》中恩格斯没有沿袭黑格尔派将新教改革理解为一种近代人道观的宗教表现的基本主张；相反，他基于唯物史观架构，依照宗教外衣论，将新教产生、兴起的内在根源还原为社会—经济结构变革的一种歪曲了的表达。在此基础上，他提出要将黑格尔左派宗教批判还原为更彻底的动因，"近代哲学曾经在一段时期里不得不掩藏在基督教词令外衣之下，闵采尔宣说上述这些教义也同样是大半掩藏在这些基督教词令之下来进行的。但他那极端异教的基本思想到处都从他的著作里透露出来。可以看出，这件圣经外衣在闵采尔这里远不如在近代某些黑格尔门徒那里那么重要"③，恩格斯比黑格尔左派更深刻地指出，宗教的本质不是人对神的代换，而是颠倒了的经济—社会结构。如此一来，德意志宗教改革，乃至宗教战争的实质正是资产阶级隐蔽在宗教外衣之下所主导的经济—社会结构革命和反对地方诸侯的阶级斗争，他在分析宗教改革派的改革教义的要求时发现了教义改革所包含的超额诉求，宗教改革思想的内核所指向的，"一言以蔽之，就得取消教会中一切糟蹋钱的事情"④，这种超额诉求在54年后被马克斯·韦伯（Max Weber）浓缩性地概括为新教伦理，新教伦理试图革新教会的钱财观，

---

① 《马克思恩格斯全集》第1卷，人民出版社1956年版，第651页。
② 《马克思恩格斯全集》第7卷，人民出版社1959年版，第400页。
③ 《马克思恩格斯全集》第7卷，人民出版社1959年版，第413页。
④ 《马克思恩格斯全集》第7卷，人民出版社1959年版，第402页。

从而构成了资产阶级市民阶层美德的内核。

恩格斯在剥去新教兴起的神圣外衣后，洞见对教会的攻击只是针对封建制度攻击的隐喻性表达，他以托马斯·闵采尔（Thomas Münzer，1489—1525）为例，指出"闵采尔此时已完全成为革命的预言者；他不断煽动群众对统治阶级的仇恨，他激发最狂野的热情，并且只用旧约预言者吐露宗教狂热和民族狂热的那种猛烈的语调来说话了"①，闵采尔无非是借助神学和《圣经》中的语言来表达他对阶级压迫和各种冲突的强烈不满。在此基础上，恩格斯进一步将宗教战争和1848年欧洲革命联系起来，其潜在的结论为，假如闵采尔生活在1848年革命前后，那么他一定不会采用宗教语言，这一结论意味着宗教语言实际指向了超出宗教范围和宗教范畴的政治经济诉求。通过对宗教语言的分析，恩格斯发现了宗教改革一方面超出了宗教的诉求，是资产阶级被社会—经济所推动，顺应历史进展的产物；另一方面，这一产物在历史的进一步前进中又会成为资产阶级维护自身私利的挡箭牌，从而沦为阻碍历史发展的实定性的存在历史的辩证性。这种历史的辩证性预示了恩格斯晚年在基督教批判问题上所采取的更为全面和审慎的态度，他不再单纯从现实的角度试图瓦解基督教，而是更注重从整个历史发展的角度全面看待基督教曾经起到的积极作用以及这种积极作用缘何在当下沦为历史发展的阻碍，由此更为全面地看待基督教的历史价值，体现了宗教批判之中的深刻现实关切。

1882年，黑格尔左派的代表人物布鲁诺·鲍威尔去世，恩格斯以此为契机重拾了黑格尔左派的基督教起源研究的旧业，他在1882年的《布鲁诺·鲍威尔和早期基督教》一文中全面检讨了黑格尔左派宗教批判的贡献和局限，在此基础上试图整体评估基督教平等观和共产主义学说之间的亲缘关系，进一步丰富共产主义学说。恩格斯在《布鲁诺·鲍威尔和早期基督教》中所持的基本态度与写作于1876—1878年的《反

---

① 《马克思恩格斯全集》第7卷，人民出版社1959年版，第470页。

杜林论》、1894年的《论早期基督教的历史》这两篇文献一致，肯定了早期基督教的平等观，认为这一平等观实际上提供了可供共产主义学说和无产阶级现实平等借鉴的历史资源。恩格斯认为不能因为早期基督教披着宗教外衣而忽视其教义的内在合理性，例如他说，"事情就是这样，并且只能是这样，世界的堕落，罪在于你，在于你们大家，在于你和你们自己内心的堕落！哪里会有人说这是不对的呢？Mea culpa（罪在我）。承认每个人在总的不幸中都有一份罪孽，这是无可非议的，这种承认也成了基督教同时宣布的灵魂得救的前提。并且，这种灵魂得救的安排，使每个旧宗教团体的成员都易于理解"[1]，宗教平等观既直截了当地解释了现世的不幸，又给出了底层民众可能的出路，这也是基督教在传教初期能吸引底层广大群众的根本原因。基督教的教义以抽象和虚幻的方式提供了一条使底层民众超越罪恶的社会现实、寻求个体得救的宗教之道，这种抽象的解决方案背后是罗马帝国晚期礼崩乐坏的现实。早期基督教的平等观和共产主义学说真正的差异就在于前者是颠倒的经济—社会批判，而后者是现实的经济—社会批判，因此早期基督教所许诺的只是"在天国寻求这种解脱，而社会主义则是在这个世界里，在社会改造中寻求这种解脱"[2]。

早期基督教的颠倒性就体现在它并非是纯粹的宗教传播，相反"在宗教狂热的背后，每次都隐藏有实实在在的现世利益"[3]，现世利益从根本上决定着早期基督教对罗马帝国的反抗，但当时的历史条件决定了早期基督教只能以抽象的传教的方式争取在天国抑或在团契中的平等。恩格斯认为真正的平等或社会结构的改变实际上不仅与组织方式、理论传播密不可分，而且与生产力和经济形式的发展程度紧密地结合在一起。换言之，恩格斯比黑格尔左派更深刻、全面地认识到政治或社会变革不仅依赖于思想革命，而且是一个全方位的过程，不仅需要对历史发

---

[1] 《马克思恩格斯全集》第19卷，人民出版社1963年版，第335页。
[2] 《马克思恩格斯全集》第22卷，人民出版社1965年版，第525页。
[3] 《马克思恩格斯全集》第22卷，人民出版社1965年版，第526页。

展规律准确认识，还必须辅以真正有生命力的组织形式和理论传播方式，由是政治—社会革命才是通过真正现实的方式解决现实的矛盾从而使得现实自我扬弃的运动。恩格斯在晚年总结了共产主义学说真正的现实性所在，"共产主义现在已不再意味着凭空设想一种尽可能完善的社会理想，而是意味着深入理解无产阶级所进行的斗争的性质、条件以及由此产生的一般目的"①。共产主义学说的精髓在于对现代社会结构和发展模式的历史性认识，而不是停止于早期基督教对罗马帝国腐化与不平等的抽象批判和个体虚幻解脱，因为对不平等的超越并不能从个体信仰或群体宗教所理解的内在对神情感式的渴望或公共空间中对天国生活的期待中找到力量，而是必然要与现代的经济生产形式和社会基本结构结合在一起。

马克思和恩格斯的共产主义学说洞见了资本主义时代政治—社会危机并不是宗教的危机，而是社会关系重组的预兆。因此克服危机的方式也并非早期基督教或卡莱尔所设想的新宗教，而是无产阶级在科学理论指导下联合、实践、行动。宗教形式作为特定历史阶段独特的社会组织形式有其肯定性的历史意义，但共产主义学说不通过宗教批判取消宗教，而要彻底超越宗教的虚幻和非科学性，走向真正的科学和实践。变革不仅需要对历史规律和社会结构的科学把握，更需要行动和实践，早期基督教会求诸耶稣和圣徒的受难，而马克思和恩格斯信赖的则是自由人的联合与理性的组织形式。

---

① 《马克思恩格斯全集》第22卷，人民出版社1965年版，第248页。

第四章　恩斯特·布洛赫的马克思主义宗教批判

马克思、恩格斯之后，德国现代"最重要的哲学家之一"① 恩斯特·布洛赫（Ernst Bloch，1885—1977）继承并发展了马克思与恩格斯的宗教批判，堪称在现代宗教批判方面影响最大、"最具原创力、最乏教条性"② 的马克思主义思想家，也是"第一个在没有放弃马克思主义和革命观点的前提下，从根本上转变宗教分析理论框架的马克思主义理论家"，③ 被认为用马克思主义"取代和吸收了"④ 宗教。

第一节

欲研究恩斯特·布洛赫的宗教批判，需要先行把握恩格斯宗教批判思想的当代意义，恩格斯的宗教批判思想是布洛赫宗教批判的思想起点和理论落脚点。恩格斯在讨论原始基督教时，要求对宗教起源予以解神话化（Demythologization）的剖析与反思，"根据宗教借以产生和取得统

---

① John Lamb, "Introduction to Ernst Bloch's 'The Dialectical Method'", *Man and World*, Vol. 16, 1983, p. 281.
② Ze'ev Levy, "Utopia and Reality in the Philosophy of Ernst Bloch", *Utopian Studies*, Vol. 1, No. 2, 1990, p. 3.
③ ［法］米歇尔·罗伊：《马克思主义和宗教》，陈文庆译，《国外理论动态》2011 年第 3 期，第 15 页。
④ John Marsden, "Bloch's Messianic Marxism", *New Blackfriars*, Vol. 70, No. 823, 1989, p. 35.

治地位的历史条件,去说明它的起源和发展"①,"仅仅用嘲笑和攻击是不可能消灭像基督教这样的宗教的,还应该从科学方面来克服它,也就是说从历史上来说明它"②,"必须重新进行艰苦的研究,才可以知道基督教最初是什么样子"③。恩格斯的这项思想工作秉持马克思的立场,马克思一再强调"我们不把世俗问题化为神学问题。我们要把神学问题化为世俗问题。相当长的时期以来,人们一直用迷信来说明历史,而我们现在是用历史来说明迷信"④。恩格斯避免"全盘否定"和"永远忘记"宗教的历史,⑤ 发现了早期基督教与现代工人运动存在一些相似之处,尤其重视基督教如何发展成为"国际性的"⑥ 世界宗教,究析"在基督教中形成了一种体系的那些观念和思想,是从哪里来的,而且是怎样取得世界统治地位的"⑦,详审其背后的某种普遍主义特征。恩格斯最终指向了社会主义的普遍主义精神特质,即社会主义如何能够在与资本主义的革命斗争中,成为真正的"世界宗教"⑧、普遍宗教(Universal Religion)。这也正是当代西方马克思主义代表、法国哲学家阿兰·巴丢(Alain Badiou)所念兹在兹的。巴丢对圣保罗的读解⑨实则继承了恩格斯的问题意识,延续了恩格斯的宗教批判。恩格斯在《论原始基督

---

① [德]恩格斯:《布鲁诺·鲍威尔和原始基督教》,载《马克思恩格斯文集》第3卷,人民出版社2009年版,第592页。
② [德]恩格斯:《关于德国的札记》,载《马克思恩格斯全集》第18卷,人民出版社1964年版,第654页。
③ [德]恩格斯:《路德维希·费尔巴哈和德国古典哲学的终结》,载《马克思恩格斯全集》第21卷,人民出版社1965年版,第349页。
④ [德]马克思:《论犹太人的问题》,载《马克思恩格斯全集》第3卷,人民出版社2002年版,第169页。
⑤ [德]恩格斯:《卡·马克思"1848年至1950年的法兰西阶级斗争"一书导言》,载《马克思恩格斯全集》第1卷,人民出版社1956年版,第611页。
⑥ [德]恩格斯:《英国状况——评托马斯·卡莱尔的〈过去和现在〉》,载《马克思恩格斯全集》第1卷,人民出版社1956年版,第651页。
⑦ [德]恩格斯:《布鲁诺·鲍威尔和原始基督教》,载《马克思恩格斯文集》第3卷,人民出版社2009年版,第592页。
⑧ [德]恩格斯:《布鲁诺·鲍威尔和原始基督教》,载《马克思恩格斯文集》第3卷,人民出版社2009年版,第599页。
⑨ [法]阿兰·巴丢:《圣保罗》,董斌孜孜译,漓江出版社2015年版。

教的历史》中指出"摆脱这些妨碍或禁止与异教徒交往的礼仪,则是世界宗教的首要条件"①,而巴丢正是由此出发,考察早期基督教如何突破诸如割礼的限制,由犹太人扩及异教徒。巴丢申明共产主义的普遍主义是真正的普遍主义,迥异于被资本主义窃据的虚假"普遍主义",他力图追问在当代如何实现这种共产主义的普遍主义理想,忠诚于普遍主义精神的真正革命主体何以可能。正如马克思所言,无产阶级的分裂对立、相互憎恨和冲突互搏是资产阶级"保存它的势力的真正秘诀"②,无产阶级唯有普遍联合,方有力量推翻压迫。据此可见,马克思主义宗教批判在不同历史语境中占有式重构早期基督教有关耶稣、约翰、圣保罗的经典叙事时,普遍主义精神从未失落。这也是共产主义的宝贵财富。

在此过程中,恩格斯敏锐地发现了西方现代生命政治基础的深层排斥机制。他在《论原始基督教的历史》的开篇指出"一种人被当作人类的敌人,另一种人被当作国家、宗教、家庭、社会秩序的敌人"③,遭受过迫害和排挤,前者是基督徒,后者是社会主义者,这是二者"值得注意的共同点"④。在此,生命的类概念进入了政治批判中。在20世纪以来的反社会主义、反马克思主义的意识形态话语中,社会主义者被诬蔑为"人类的敌人"、人民公敌,换言之,社会主义者被抽象化为"非人"(Inhuman),沦为所谓的"赤裸生命"(Bare Life)。此乃全新的生命政治(Biopolitics)、生命权力(Biopower)的产物,是一种特殊的政治神学(Political Theology)。阿甘本、巴丢等当代西方马克思主义者正是在这一问题上展开了新的论述。

---

① [德]恩格斯:《论原始基督教的历史》,载《马克思恩格斯文集》第3卷,人民出版社2009年版,第486页。
② [德]马克思:《机密通知》,载《马克思恩格斯全集》第16卷,人民出版社1964年版,第474页。
③ [德]恩格斯:《论原始基督教的历史》,载《马克思恩格斯选集》第4卷,人民出版社2009年版,第475页。
④ [德]恩格斯:《论原始基督教的历史》,载《马克思恩格斯选集》第4卷,人民出版社2009年版,第475页。

以上可见出恩格斯的宗教批判不仅仅针对 19 世纪德国的特定政治处境，对当代处境也具有至关重要的现实意义，由此可知为什么恩格斯是对的。

第二节

布洛赫发展了"一种自觉的乌托邦马克思主义"（a Self-consciously utopian Marxism）①，凝聚为希望哲学（Philosophy of Hope），又称"未来的哲学"（Philosophy of the Future）②。希望哲学的宗教批判深刻影响乃至在一定程度上形塑了西方当代神学的历史进程和整体面貌，被认为引发了一场"希望运动"（或译作"盼望运动"）（Hope Movement），产生了神学的"希望学派"（或译作"盼望学派"）（School of Hope），③ 直接促进了基督教终末论（Eschatology）的激进更新与当代复兴，④ 并常被视作犹太弥赛亚主义（Jewish Messianism）的现代典范，成为"历史神学的文化枢纽和基督教与世界文化的当代接触交点"⑤。现代神学家保罗·蒂利希对盼望和乌托邦的看法便受到布洛赫的启发，他在《盼望的权利》（The Right to Hope）一文中，称颂布洛赫知晓"希望是每位生者身上永恒的力量、驱人奋进的力量"，直陈"无人能缺少希望而活着，即便希望是在最恶劣的条件下、在贫穷、疾病和社会沦丧的情况下给人带来某种满足的最微不足道之物。没有希望，我们生活朝

---

① Vincent Geoghegan, *Utopianism and Marxism*, Bern: Peter Lang, 2008, p. 115.
② Ernst Bloch, *Man on His own: Essays in the Philosophy of Religion*, trans. E. B. Ashton, New York: Herder and Herder, 1970, p. 43.
③ Walter H. Capps, "Mapping the Hope Movement," *The Future of Hope*, ed. Walter H. Capps, Philadelphia: Fortress Press, 1970, p. 1. 卡普斯强调若是没有布洛赫，则"毫无疑问，没有盼望学派甚或盼望神学"（Walter H. Capps, "Mapping the Hope Movement," *The Future of Hope*, ed. Walter H. Capps, Philadelphia: Fortress Press, 1970, p. 19）。
④ William M. Cunningham, "The Theology of Hope: An English-Language Bibliography," *Canadian Journal of Theology*, Vol. 15, No. 2, 1969, p. 131.
⑤ Tom Moylan, *Becoming Utopian: The Culture and Politics of Radical Transformation*, London: Bloomsbury Academic, 2020, p. 44.

向未来的张力便会消失殆尽，生活本身也会随之烟消云散。我们将在绝望或极度冷漠中走向终结，'绝望'一词最初意指'没有希望'（Without Hope）"。① 1965 年的布洛赫八十华诞纪念文集《纪念恩斯特·布洛赫》（*Ernst Bloch zu Ehren*）的近半数作者都是神学家，涵盖盼望神学代表莫尔特曼、政治神学代表默茨（Johann Baptist Metz，1928 – 2019）、历史神学代表潘能伯格（Wolfhart Pannenberg，1928 – 2014）等战后一代德国神学巨擘，他们直接受益于布洛赫。② 莫尔特曼声称布洛赫的希望哲学对他至关重要，若非布洛赫的启发，其盼望神学（Theology of Hope）将不复存在，潘能伯格喟叹布洛赫教导了"依旧开放的未来与趋向未来的希望所具有的巨大力量"③，赋予了复兴终末论的勇气，基督教神学必须感谢布洛赫的希望哲学；20 世纪 60 年代的美国"上帝之死神学"（death – of – God theology）、世俗神学（Secular Theology）、拉丁美洲的解放神学（Liberation Theology）、④ 第三世界广泛兴起的处境神学（Contextual Theology），无不受到布洛赫直接或者间接的影响。当代神学家很大程度上占有甚至垄断了布洛赫，过度神学化布洛赫；更有甚者颠倒布洛赫之言，以宗教决定希望，从神学立场出发，歪曲、裁剪和规训布洛赫，罔顾布洛赫关注的是宗教深层的意义结构而非字面的教义信条，致使布洛赫被误解为神学家的研究禁脔，从而或被刻意摒弃于马克思主义之外，或遭到反马克思主义者曲解，沦为好事之徒抨击马克

---

① Paul Tillich, "The Right to Hope", *Neue Zeitschrift für Systematische Theologie und Religionsphilosophie*, Vol. 7, No. 3, 1965, p. 371.

② Siegfried Unseld ed., *Ernst Bloch zu ehren: Beiträge zu seinem Werk*, Frankfurt: Suhrkamp Verlag, 1965.

③ Tom Moylan, *Becoming Utopian: The Culture and Politics of Radical Transformation*, London: Bloomsbury Academic, 2020, p. 44.

④ Tom Moylan, "Bloch against Bloch: The Theological Reception of *Das Prinzip Hoffnung* and the Liberation of the Utopian Function", *Utopian Studies*, Vol. 1, No. 2, 1990, pp. 27 – 51. 在解放神学家看来，布洛赫的马克思主义希望哲学帮助应对拉美地区被剥削、被压迫、不正义的现实状况。相反，默茨等汲取了布洛赫思想的德国神学家无法真正"洞悉"第三世界的苦难处境。Gustauo Gutiérrez, A Theology of Liberation, trans. Sister Caridan and John Eagleson, Maryknoll, New York: Orbis Books, 1988, p. 129.

思主义属于宗教乌托邦主义的托词。

齐泽克曾言"基督教遗产的革命内核太过珍贵,以至不能拱手让予基要派"(The revolutionary core of the Christian legacy is too precious to be left to the fundamentalists)①。与之相类,布洛赫思想遗产的革命内核太过珍贵,以至不能拱手让予宗教神学家,值得无神论者为之奋斗(Worth Fighting for),值得马克思主义者回返历史现场,跳脱信仰共同体的阐释话语,通过真正的辩证唯物主义,从宗教神学家的手中重新夺回和占有布洛赫,开掘和阐明布洛赫宗教批判的革命内核。如果说过去的阐释限囿于传统有神论,那么现在到了当代无神论来继承这份宝贵遗产的时候了。

希望哲学绝非保守排他的护教学,布洛赫的宗教批判实乃其希望哲学不可剥离的有机组成部分,从根本上体现了希望哲学的基本原则。古希腊人拒绝将"希望"列入人类存在的根本特性,"把希望看作是潘多拉魔盒中一种类似幻觉的罪恶"②。与之相反,布洛赫清楚希望之于革命的重要意义,革命不会自动发生,没有希望,革命者的热情将无法被唤起,革命也无法实现,他创造性地以"希望"为核心概念,对未来的"希望"是维系与发展人类社会和思想的根基,被奉为"人之为人的最根本要素"③,是人的根本规定性,"'无希望'是无法忍受的,而且从人的需求上看,这种无希望是完全无法忍受的人生态度"④,意味着人的堕落甚至毁灭。希望"驱散迷雾,劈开混沌"⑤,促使这个世界永不放弃对恶劣现实的积极反抗和对美好理想的不懈追求,拥有了"对前线、开放性、新东西、存在的最终质料、作为乌托邦的存在等的唯一

---

① Slavoj Žižek, *The Fragile Absolute*, London: Verso, 2000.
② [德] 汉娜·阿伦特:《人的境况》,王寅丽译,上海人民出版社 2021 年版,第 192 页。
③ Peter Thompson, "Ernst Bloch and the Spirituality of Utopia", *Rethinking Marxism*, Vol. 28, No. 3-4, 2016, p. 442.
④ [德] 恩斯特·布洛赫:《希望的原理》第 1 卷,梦海译,上海译文出版社 2012 年版,第 4 页。
⑤ [德] 恩斯特·布洛赫:《希望的原理》第 1 卷,第 2 页。

展望"①。对布洛赫而言,"仅仅描述现存之物是不够的,必须思考盼望之物和可能之物"②,他无法接受一种"已竟、终结的学说"③。其希望哲学的基本内容或可被概括为潜能优于实现,可能性胜过必然性,在尚未终结、静止和封闭的具体的政治经济历史过程中,为了具体的乌托邦（Concrete Utopia）,由未来所决定、处于可能性中（Being-in-possibility）、作为可能性的人（Man as Possibility）④ 基于世界继续推进的趋势（Tendency）和尚未实现的潜能（Latency）,生存、生成、希望并且忠诚于希望,朝向未曾终结、多元可能的未来开放,团结、行动、反抗、变革、冒险、奋斗,创造一个消除异化的美好世界。布洛赫希望哲学的基调和本质正是人的哲学,具有浓烈的人道主义色彩,人的可能性即人的尊严（Human Dignity）,拒斥任何对人类潜能的损害与压抑。布洛赫因此获誉"比任何当代其他的批判思想家,都更多表述人的尊严的伟大意义"。⑤

具体而言,希望哲学从静态封闭的状态跃出,建基于"尚未的本体论"（Ontology of Not-yet）之上,其基本公式是"S is not yet P",既非"S is S""S is P",亦非"S is not P","尚未"处于"非"与"是"之间的辩证过程中,是一种生成、动态、新变、未定的无尽可能性,"成就的事实冲动、继续推进的趋势、尚未实现的潜势等持续地交织勾连在一起"⑥。布洛赫称之为"辩证原则"（Dialectical Principle）,有别于轻

---

① [德]布洛赫:《基督教中的无神论》,梦海译,中国社会科学出版社2017年版,第353页。

② 出自高尔基之口,深得布洛赫赞同,被布洛赫引为章节题记。Ernst Bloch, *The Principle of Hope*, trans. Neville Plaice, Stephen Plaice and Paul Knight, Cambridge, Mass.: The MIT Press, 1986, p. 1354.

③ Dick Howard, *The Marxian Legacy: The Search for the New Left*, Cham, Switzerland: Palgrave Macmillan, 2019, p. 55.

④ Ernst Bloch, "Man As Possibility", *CrossCurrents*, Vol. 18, No. 3, 1968, pp. 273-283.

⑤ [南]米哈伊洛·马尔科维奇:《格奥尔格·卢卡奇的批判思想》,李元同译,《苏州大学学报》(哲学社会科学版) 2016年第2期,第18页。

⑥ [德]布洛赫:《基督教中的无神论》,梦海译,中国社会科学出版社2017年版,第296页。

忽可能性的传统形而上学,"过去的形而上学很难根据未来、趋势—潜势等范畴来描写自身的存在模式"①。世界是"一场自我构造或自我创生的实验片段"②,它不受任何既定本质的决定,也绝非木已成舟的"当下存在"(Being – Present)与当下现实性,更有别于已成终局的"总体性"(Totality),因为这将否定一切的创造变化,抹除所有的可能性,令世界陷入封闭僵滞。世界实为动态关系,"业已形成的东西并没有获得充分的胜利"③,未曾终结的过去、当下与未来相互交织。同时,世界不单纯处于过程中(Being – in – Process),因为自动的进步主义或者静态的寂静主义将"过程"视作无须主体行动的机械运作,"把未来装扮成过去……把未来本身凝视为早已封闭的、与世隔离的东西……成了所谓铁的法则范围内的既定结局"④,排除了改造世界的主体因素,消极被动,违背了希望哲学的基本原则,成了人民的全新鸦片。准确而言,"进程是由进程所塑造之人创造的"(The process is made by those who are made by the process)⑤,"尚未"是朝向可能的未来而非回返确切的过去,是崭新的而非陈旧的、开放的而非闭锁的,依靠主体奋斗而非自动生成。成为人就是沉浸于这种对未来的渴望中。⑥ 这是一种创造性期待(Creative Expectation),有别于确信,也不同于绝望,它既非对当下现实的主动肯定和臣服,也非对未来的被动静观和等待,而是康德的"我应该做什么"(What ought I to do)和"我可以盼望什么"

---

① [德]布洛赫:《基督教中的无神论》,梦海译,中国社会科学出版社2017年版,第76页。
② Peter Thompson, "Bloch, Badiou, Saint Paul, and the Ontology of Not Yet", *New German Critique*, No. 119, 2013, p. 39.
③ [德]恩斯特·布洛赫:《希望的原理》第1卷,梦海译,上海译文出版社2012年版,第230页。
④ [德]恩斯特·布洛赫:《希望的原理》第1卷,梦海译,上海译文出版社2012年版,第232—233页。
⑤ Peter Thompson, "Bloch, Badiou, Saint Paul, and the Ontology of Not Yet", New German Critique, Wo. 119, 2013, p. 41.
⑥ Ian Bacher, "Ernst Bloch (1885 – 1977)", *Religion and European Philosophy*, eds. Philip Goodchild and Hollis Phelps, London and New York:Routledge, 2017, p. 112.

(What may I hope)的统一,希望与理性融合,"理性没有希望则无法昌明,希望没有理性则无法言说"①。希望的对象绝非起自然的力量,而是具体的乌托邦(Concrete Utopia),被誉为布洛赫哲学创作的"决定性轴心"。②依据黑格尔、马克思对"具体"一词的理解,布洛赫指出"具体"有别于偶像崇拜的物化(Reification),是合理的而非抽象的、生成的而非僵死的、可能实现的而非全然无望的,不脱离社会现实与历史境况,与之相系,深入其中,触及关乎未来的深层趋势和尚未实现的丰富潜能,亦即"实在论的超越深度"③,其基础是处于可能性中的能动主体。布洛赫并非仅仅寻求重新恢复乌托邦概念,而是"力图在马克思主义中恢复乌托邦,作为一种遭受轻忽的马克思主义遗产"④,要求人们必须承担两项不可推卸的使命:"一方面,人不应当继续生活在异化状态中;另一方面,人应当预感和发现自身更美好的世界。"⑤

为此,布洛赫基于上述融合希望与理性的"整全性人类学"(A Holistic Anthropology)⑥,强调马克思的寒流与暖流不可偏废,⑦ 冰冷的红色与温暖的红色交织融合,清醒与热情相辅相成,"主观与客观这两种要素应当在持续得辩证交互作用中得到理解,因为它们不是相互分开、相互孤立的"⑧。

---

① Ernst Bloch, *On Karl Marx*, frans. Johm Maxwell, New Tork: Herderand Herder, 1971, p. 33.

② [德]弗洛姆、库恩策:《寄希望于"具体的乌托邦"——纪念 E·布洛赫诞生一百周年》,燕宏远摘译,《哲学译丛》1985 年第 6 期,第 22 页。

③ Jolyon Agar, *Post - Secularism, Realism and Utopia: Transcendence and Immanence from Hegel to Bloch*, New York: Routledge, 2014, p. 208.

④ Ruth Levitas, "Educated Hope: Ernst Bloch on Abstract and Concrete Utopia", *Utopian Studies*, Vol. 1, No. 2, 1990, p. 14.

⑤ [德]布洛赫:《基督教中的无神论》,梦海译,中国社会科学出版社 2017 年版,第 361 页。

⑥ John Marsden, "Bloch's Messianic Marxism", *New Blackfriars*, Vol. 70, No. 823, 1989, p. 35.

⑦ 在西方马克思主义阵营中,阿尔都塞与英国伯明翰学派常遭对峙,前者被指责忽视暖流,后者被批评忽视寒流,实则二者均肯定了暖流与寒流的必要性,仅是侧重点有所不同。

⑧ [德]恩斯特·布洛赫:《希望的原理》第 1 卷,梦海译,上海译文出版社 2012 年版,第 165 页。

一方面，寒流是科学、谨严、冷静、非浪漫化的政治经济学批判。针对雅各宾主义拥抱抽象乌托邦（Abstract Utopia）的狂热盲目盼望和绝对行动主义妄图肆意改变客观规律的偏激立场，布洛赫要求冷静剖析那些被确定下来的可能性（being-according-to-possibility/what-is-considered-possible），准确辨识和剔除那种"基于事实、适应目标的可能性"（the fact-based object-suited possible），因为它是虚假的可能性，基于既定现实、囿于既定现实甚至服从当下现实，抹除了超越当下现实的深层潜能和客观趋势，抽象的乌托邦将演变为虚假意识，遮蔽和美化现状。马克思主义之所以是具体的乌托邦，在于它迥异于神话、幻想，有别于虚假意识的意识形态，属于客观真实的可能性，力求"从当下中可以看出的可能事物，在当下中所具有的可能事物"①，马克思主义的乌托邦超越了当下的既定状态，绝非将未来视作"当下在场的模态"（A Modality of Presence）②，将未来封闭于当下现实的狭隘延长线上。因此，必须舍弃"基于事实、适应目标的可能性"，寻获"客观真实的可能性"（the objectively-real possible），亦即未来的可能性，这也是一种可被实现而非全然无望的可能性，迥异于虚假的、抽象的、空洞的形式可能性。马克思在《法兰西内战》中提出"工人阶级不是要实现什么理想，而只是要解放那些由旧的正在崩溃的资产阶级社会本社孕育着的新社会因素"③，这一论述恰恰体现出具体乌托邦与抽象乌托邦的本质差异。

对布洛赫而言，"客观真实的可能性"基于客观真实的趋势和潜能，肯定了变化与更新，逾越了封闭完结的当下既定状态，具有一种非

---

① ［德］布洛赫：《乌托邦是我们时代的哲学范畴》，梦海译，《现代哲学》2005年第4期，第75页。

② Susan McManus, "Fabricating the Future: Becoming Bloch's Utopians", *Utopian Studies*, Vol. 14, No. 2, 2003, p. 5.

③ ［德］马克思：《法兰西内战》，载《马克思恩格斯选集》第3卷，人民出版社1995年版，第60页。转引自［德］布洛赫《基督教中的无神论》，梦海译，中国社会科学出版社2017年版，第356页。

当下性。希望必须可被落空，否则便不是希望，因为真正的希望必然伴随着对具体现实中有限希望的失望，拒绝被现实性规划、框定甚或终结，溢出现实的筹划与过去的延续，朝向开放的未来，处于流动、变化、更新之中，难以预测与把握，出乎意料，逾越了理所当然基于既定现实性的确定性。对希望的可行性评估倘若仅仅基于当下现状，则会以现实性规训和遮蔽可能性，扭曲希望的真谛，闭锁希望的开放性，排除希望的他异性，钝化希望的激进锋芒，压抑希望的批判意识，"当'实证精神'捕获乌托邦后，可能性的精神即遭否弃"①，因为它"不是强调生成，而是强调事实，并且用事实搞偶像崇拜、拜物教，也就是说仅仅沉思地、因而反动地、无论如何保守地肯定现在的事实"②。真正的乌托邦融合了"潜能"与"乌有之处/无—处"（no‑placia），是"尚未到来之处"（Not‑yet‑place），筑造此种未来之处的砖石始终处于未完成的潜能状态中。③

另一方面，欲实现具体的乌托邦，改变世界的革命热情不可或缺、不可穷尽。离开坚实的革命主体，世界无法得到改造，乌托邦将难以建立，纵然建立，也将是枯燥、黯淡甚至恐怖的。真正的可能性从未止步于纯粹的理论认识，限囿于形式的可能性（Formally Possible）和认知的可能性（Cognitively Possible），而是指引实践的可能性，扬弃了与实践无关的"理性的可能性"④。"暖流"要申明乌托邦的未来不会自动到来，希望的前提条件是"勇往直前"的坚强意志，这是"一种不为任何业已形成的东西所否决的意志""一

---

① Susan McManus, "Fabricating the Future: Becoming Bloch's Utopians", *Utopian Studies*, Vol. 14, No. 2, 2003, p. 4.

② ［德］布洛赫：《暴力的哲学还是哲学的暴力》，梦海译，《现代哲学》2005年第4期，第80页。

③ Craig A. Hammond, *Hope, Utopia and Creativity in Higher Education: Pedagogical Tactics for Alternative Futures*, London: Bloomsbury Academic, 2017, p. 36.

④ Ze'ev Levy, "Utopia and Reality in the Philosophy of Ernst Bloch", *Utopian Studies*, Vol. 1, No. 2, 1990, p. 5.

种不与现实妥协的意志"。① 主体凭借这种意志，投入实现乌托邦的革命行动中。因此，必须打破机械唯物论、庸俗马克思主义对行动的轻蔑、压抑和桎梏，剔除自动进步主义、寂静主义、机会主义②放弃行动的态度，摒弃偏狭的教条主义、浅薄的现实主义、平庸的实证主义和拙劣的犬儒主义，解放革命的热情，朝向未来开放，期待不可穷尽的可能性，即"可能之物"（Being – in – possibility/What – may – become – possible），开启创造性历程。布洛赫强调"乌托邦"既非黑格尔笔下隶属于现实性的可能性，也非海德格尔所谓的"在手之物"，而是布莱希特所谓的"缺失之物"（Something Missing），关乎对乌托邦的内涵及其实现方式的界说，③ 蕴含诸多可能性，迥异于当下现实的既定状态，敞开当下，拒绝屈从当下现实性，发挥着对当下既定状态的批判作用。抽象的可能性虚幻空洞，缺乏与实践的真实联系，未提供实践的可能性，弃绝了奋斗的行动。相反，真正的马克思主义"并不熄灭人的梦中腾起的熊熊火柱，而是通过具体的乌托邦使它变得无比炽烈"④，释放被压抑的具体理想。

上述观念充分契合了《德意志意识形态》的著名论述：

> 共产主义对于我们来说不是应当确立的状况，不是现实应当与之相适应的理想，我们所称为共产主义的是那种扬弃现存状况的现

---

① ［德］恩斯特·布洛赫：《希望的原理》第 1 卷，梦海译，上海译文出版社 2012 年版，第 163 页。
② 布洛赫批评机会主义总是耽于空想，"陷于市侩主义泥沼而不能自拔，直至妥协让步、变节背叛"。参见［德］恩斯特·布洛赫《希望的原理》第 1 卷，梦海译，上海译文出版社 2012 年版，第 246—247 页。
③ Peter Thompson, "Ernst Bloch and the Spirituality of Utopia", *Rethinking Marxism*, Vol. 28, No. 3 – 4, 2016, p. 442.
④ ［德］恩斯特·布洛赫：《希望的原理》第 1 卷，梦海译，上海译文出版社 2012 年版，第 162 页。

实的运动。①

共产主义绝非一种静止封闭、业已完成的既定状态。布洛赫所批判的"基于事实"与"适应目标"对应着"应当确立的状况"和"现实应当与之相适应的理想",其所主张的"客观真实的可能性"则与"那种扬弃现存状况的现实的运动"相联系。从中可见二者明显的互文性与延续性。布洛赫实则融合了青年马克思与成熟马克思,而非"以青年马克思代替成熟马克思"②。真正的马克思主义融合"对状况的严密分析和预见未来的意识"③,用冷静的分析破除了抽象乌托邦的幻象,用革命的热情推动了具体乌托邦的实现,"把主观要素与经济、物质趋势联合起来"④,这正是无产阶级争取解放的革命决断。

这种可能性与潜能高于现实性,拒绝封闭静止,否定了宿命论与决定论,要求对希望保持忠诚(loyalty to hope),相信乌托邦既未曾终结,也尚未终结,忠诚要在行动中冒险,面对危机四伏和重重障碍,放弃对确定性的盲目寻求和信靠,⑤"只有在不安宁中保持不变的那种乌托邦的忠诚才长久地存在并深入人心"⑥。这种忠诚会产生形塑未来的创造性行动,行动便是真正对希望的忠诚。此种"战斗的乐观主义"或行动的乐观主义,既不堕入因绝望或危险而放弃行动的悲观主义、逃避主义,也不陷溺于那种因坚信乌托邦自动到来而放弃行动,乃至置身事

---

① [德] 马克思、恩格斯:《德意志意识形态》,载《马克思恩格斯全集》第3卷,人民出版社1960年版,第40页。

② Marcel Neusch, *The Sources of Modern Atheism: One Hundred Years of Debate over God*, New York: Paulist Press, 1982, p. 194.

③ [德] 阿尔弗雷德·施密特:《马克思的自身概念》,吴仲昉译,商务印书馆1988年版,第170页。

④ [德] 恩斯特·布洛赫:《希望的原理》第1卷,梦海译,上海译文出版社2012年版,第233页。

⑤ Ernst Bloch, *Man on His own: Essays in the Philosophy of Religion*, trans. E. Pshton New York: Herder and Herder, 1970, p. 84.

⑥ [德] 布洛赫:《基督教中的无神论》,梦海译,中国社会科学出版社2017年版,第27页。

外、袖手旁观的自动乐观主义、寂静主义，而是勇敢直面和理解现实的苦难、缺陷，不向现实投降，不放弃希望，展开创造性活动，"不断利用可能性、希望来改造这个世界，最终得以激进地连根拔除最坏的生存条件、最恶劣的生存状况、最糟糕的环境和敌视人的周遭"①。这种观念完全符合马克思主义的根本精神。也因此，布洛赫被誉为"在寂静主义、悲观主义、逃避主义环境中鼓舞人心之人"②，堪称"十月革命的哲学家"③（philosopher of the October Revolution），忠诚于充满冒险的革命事件，守护革命事件创造的新开端。这是马克思主义所高扬的"生命的勇气"④。

第三节

布洛赫的希望哲学指向宗教批判，并非旨在废除宗教，而是试图"寻获宗教中究竟有什么真正能够解放而非束缚我们"⑤，揭示"宗教的本真遗产是对尘世美好生活的渴望和憧憬"⑥，促使人类追求自由王国。依布洛赫之见，马克思主义的真正精神绝非简单地将宗教斥为假相与谎言，予以摒弃，而是深刻剖析与严肃批判宗教。"没有超越者的超越"（transcending without transcendence），又作"没有任何大国超越者的超越"（transcending without ay heavenly transcendence）、"不诉诸超越者的

---

① ［德］布洛赫：《将世界改造到可理解的程度》，金寿铁译，《德国哲学》2015 年第 1 期，第 270 页。
② Amy Allen and Eduardo Mendieta eds., *The Cambridge Habermas Lexicon*, Cambridge: Cambridge University Press, 2019, p. 501.
③ Peter Thompson, "Introduction", *Atheism in Christianity*, London and New York: Verso, 2009, xxvii.
④ ［德］布洛赫：《基督教中的无神论》，梦海译，中国社会科学出版社 2017 年版，第 332 页。
⑤ Peter Thompson, "Introduction", *Atheism in Christianity*, London and New York: Verso, 2009, xiv.
⑥ ［德］布洛赫：《基督教中的无神论》，梦海译，中国社会科学出版社 2017 年版，第 331 页。

超越"（transcending without recourse to the transcendental），堪称布洛赫最为知名的论点，也是最受宗教神学家们关注甚至激辩的思想。布洛赫主张真正的超越性不会诉诸悬设的、神秘的、超自然的上帝、天国（以及相关的尘世至高主权者）等超越者，① 不会趋向实体化的超越者，它是"没有上帝的终极"（ultimate without God）、"没有上帝的希望"（a hope without God），② 甚或没有上帝的超越性，摆脱了任何偶像的压制和权力的奴役。宗教的内核是希望而非恐惧。"何处有希望，何处就有宗教"（Where is hope, is in fact religion），"有希望的地方也有宗教，但是，有宗教的地方并非总是有希望。就是说，我们不可从意识形态角度抵押希望，而是要从下至上地依次构筑希望"。③ 并非宗教创造了希望，而是希望决定了宗教，解构了传统宗教。真正的希望不会堕入狭隘的认信宗教。对于《旧约·出埃及记》三章14节所载的上帝在西奈向摩西给出的第一个姓名，布洛赫特意采用了马丁·路德的译法"我将是我所将是"（I will be what I will be）而非常见的"我是我所是"（I am that I am）。上帝之名的将来时态彰显了宗教的未来趋势，对未来的希望是宗教的根本基因。希望的宗教必须是"没有超越者的超越"的宗教，充满乌托邦精神。④ 这一命题带有强烈的马克思主义批判意识，可从以下几个方面疏解。

第一，反对偶像崇拜。真正的超越性反对一切偶像崇拜，拒绝迷信任何既定的现实事物，臣服任何权威，沦为"百依百顺的奴才"⑤，反而会对其予以批判。这是在其位置上的不在场，朝向可能性开放。正因

---

① Ernst Bloch, *On Karl Marx*, trans. John Maxwell, New York: Herder and Herder, 1971, p. 80.

② Marcel Neusch, *The Sources of Modern Atheism: One Hundred Years of Debate over God*, New York: Paulist Press, 1982, p. 181.

③ ［德］布洛赫：《基督教中的无神论》，梦海译，中国社会科学出版社2017年版，第353页。

④ Wayne Hudson, *The Marxist Philosophy of Ernst Bloch*, London: Macmillan, 1982, p. 184.

⑤ ［德］布洛赫：《基督教中的无神论》，梦海译，中国社会科学出版社2017年版，第7页。

如此,这种批判将视线下移,从高高在上的天国走向尘世,坚持没有超越者的超越性,必然意味着放弃"父神—自我"(Vatrer - Ich)观念,废除"彼岸世界的虚构之物"①,对尘世进行审视与批判,"唯物主义带给人们知识,教人们反抗不可识破的、偶像化的命运"②。所以,布洛赫所谓的"唯有无神论者才能成为优秀的基督徒"意味着真正的基督徒必须像无神论者那样,经历"上帝之死",体认超越性偶像的死亡。不存在任何至高无上的超越者,真正的超越性不能被固化为某种具体的、确定的、不变的、完结的超越者,必须从弥赛亚主义中抽离与剔除固化的超自然偶像。偶像的退位和死亡并不意味着希望消失,而是为人类的自由和未来开辟道路。在政治层面,他们必须拒绝"以某一天国之主的名义把自己的权力加以合法化"的君主制,因为君主将自身塑造为"来自上天的、不可探究的最高旨意","让臣民仰望自己,使他们相信自己是最高的神性存在,从而在心理反应层面上、在意识形态层面上给统治者带来好处"。③

第二,批判教会。此乃尘世批判的内在要求。尘世中对超越者的诉诸往往指向了教会与现实权力的媾和共谋和对未来解放的虚假应许。批判教会就是批判权威,控诉压迫者,批判虚假意识,清除压抑生命勇气的路障和陷阱。依布洛赫之见,原始基督教爆发出反抗权威的革命思想光芒,但随着罗马帝国逐渐衰微,保罗基督教路线获胜,"耶稣的所有'希望神学'都始终致力于名列前茅的变化中的东西、新的东西。然而,使徒保罗通过称心如意的被动性,一味地趋炎附势、同流合污,恰恰使十字架前后耶稣的惊人愿望图像完全失去了革命的锋芒"④,"被动

---

① [德]布洛赫:《基督教中的无神论》,梦海译,中国社会科学出版社2017年版,第343页。
② [德]布洛赫:《基督教中的无神论》,梦海译,中国社会科学出版社2017年版,第68页。
③ [德]布洛赫:《基督教中的无神论》,梦海译,中国社会科学出版社2017年版,第2页。
④ [德]布洛赫:《基督教中的无神论》,梦海译,中国社会科学出版社2017年版,第212页。

的等待"代替了"积极的等待",在基督教中位居首要地位的是忍耐心理学以及对十字架殉道的正当化,①是绝对无条件服从当前的压迫现状和现存体制,将梦想指向遥不可及的彼岸世界,不再寻求"对此岸世界的激进更新"(a radical renewal of this world)②。教会垄断了超越者的代言人地位,丧失激进的革命精神,压抑和排斥了约阿希姆(Joachim of Fiore)的第三王国千禧年主义,充当了最狡诈的"人民的新鸦片"(new opium for the people),几乎毫无例外地致力阻碍甚或埋葬自由,否定人的可能性,弃绝开放的未来。教会的布道充斥着奴隶语言,提倡忍耐的意识形态和奴隶道德,利用遥不可及的天国作为画饼充饥的许诺,欺骗尘世之人"忍辱负重、疲惫不堪,不得不蒙受'十字架的忍耐'"③。这种向被压迫者灌输的忍耐话语是在为压迫者辩护与祈福,为压迫者带来了"极度的舒适和方便感"④,被压迫者则被要求逃避、圣化和屈从现实,放弃反抗,接受奴役,否则便遭污蔑为大逆不道、恐怖残忍。于是,"教会的世俗性就与剥削者的身份密切相连"⑤,"已经赐予了吸血鬼'幸福的彼岸',即主教通告所提到的那种极乐世界。真实的彼岸仅仅留给了穷人,并借以安慰他们,鼓励他们坚持下去"⑥。教会承诺了虚假的可能性,展现了对现实不公的肯认和臣服,"保留苦难和不公,首先容忍并进而认可造成这些苦难和不公的阶级权力;它阻止了任何关于拯救的严肃态度,将其推迟到'圣

---

① [德]布洛赫:《基督教中的无神论》,梦海译,中国社会科学出版社2017年版,第174页。
② Ernst Bloch, *The Principle of Hope*, trans. Neville Plaice, Stephen Plaice and Paul Knight, Cambridge, Mass.: The MIT Press, 198, pp. 502-503.
③ [德]布洛赫:《基督教中的无神论》,梦海译,中国社会科学出版社2017年版,第3页。
④ [德]布洛赫:《基督教中的无神论》,梦海译,中国社会科学出版社2017年版,第212页。
⑤ [德]布洛赫:《基督教中的无神论》,梦海译,中国社会科学出版社2017年版,第20页。
⑥ [德]布洛赫:《基督教中的无神论》,梦海译,中国社会科学出版社2017年版,第21页。

从不日'（St. Never – Ever's Days）或者转移至更遥远的地方"①，由此教会建立和巩固了一套等级森严的制度，发挥着维护压迫、阻碍革命的恶劣作用。延及现代，在梵蒂冈教廷与法西斯主义声名狼藉的沉瀣一气中，教会的千年堕落达至顶峰，这是现代教会最为邪恶、丑陋、恶劣的面目，②直接催生了布洛赫的教会批判。教会致敬和屈从反民主的专制独裁，甘为独裁者和剥削者的帮凶，"教会已经奴役人们太久、太久了"③。

也正因此，布洛赫主张唯有马克思主义的辩证唯物论可以真正扭转这一切，摧毁一切压迫性权力结构和意识形态幻象。布洛赫援引恩格斯名言（唯物论就是"从世界本身说明世界"④），强调唯物论"废除了主仆关系，将社会的他律性设定在地上，正本清源，虔诚地修正了人与人之间的关系"⑤，"辩证唯物论是一切平庸性和虚无主义的解毒剂，或者，在宗教中，辩证唯物论是旨在激活一切非鸦片的、非压迫偶像的因素的催化剂。借助于此，辩证唯物论倾听和把握这个世界中强大的趋势之声；借助于此，辩证唯物论让我们依照其'向何''为何'来工作，并且意味着，让我们从死的宗教中占有活生生的东西：没有超越者的超越的行为，即主观与客观均有保障的希望。如果我们不像鸦片中毒的傻瓜那样痴痴地期待彼岸的灿烂天国，那么留给我们的恰恰是这种希望。因为在这种希望中恰恰蕴含着关于完整的现实世界或新的地球的号召和指示"⑥。无神论与具体的乌托邦"摧毁现存的权力取向的宗教，翻转

---

① Ernst Bloch, *Man on His own：Essays in the Philosophy of Religion*, trans. E. B. Ashton New York：Herder and Herder, 1970, p. 144.
② Ernst Bloch, *The Principle of Hope*, trans. Neville Plaice, Stephen Plaice and Paul Knight, Cambridge, Mass.：The MIT Press, 1986, p. 513.
③ ［德］布洛赫：《基督教中的无神论》，梦海译，中国社会科学出版社2017年版，第8页。
④ ［德］恩格斯：《自然辩证法》，人民出版社1971年版，第11页。
⑤ ［德］布洛赫：《基督教中的无神论》，梦海译，中国社会科学出版社2017年版，第5页。原文"Heteronomie"（他律性）被误译为"异质性"。
⑥ ［德］布洛赫：《基督教中的无神论》，梦海译，中国社会科学出版社2017年版，第318页。

异端的宗教希望,把头足倒立的人颠倒过来"①,实现人的解放。这显示出布洛赫承续和发展了恩格斯在《乌培河谷来信》中对宗教蒙昧主义、预定论、宿命论的批判,拒斥教会剥夺人类"按照个人意愿期望幸福……创造幸福"②的能力。

第三,基于上述马克思主义的寒流批判,布洛赫发挥马克思主义的暖流作用,强调宗教的伟大遗产被正统派遮蔽和破坏,在宗教异端中方可发现宗教的真正价值。异端对宗教至关重要,异端越多,宗教就越有生命力,越有未来的希望,越不会堕落。异端所采取的形式是反抗和团结。就反抗而言,青年马克思对普罗米修斯的热情称颂深刻影响了布洛赫,③使之肯认并强调异端与反抗者的重要价值,他们是最为高尚的殉道者,点燃了革命火炬,推动了人类的自我拯救与历史进步,超越了当下现状,开辟了新的未来,切近真正的超越活动。真正的宗教应当是抗议的宗教、革命的宗教。此中,除了上文语及的主张第三王国千禧年主义的约阿希姆(Joachim of Fiore)外,还有两位激进的宗教人物对布洛赫影响甚巨。

首先是出自被布洛赫视作"异端书籍"④的《旧约·约伯记》的主人公约伯,堪称《圣经》中的普罗米修斯。布洛赫申说《圣经》的要义在于社会政治革命。约伯表明了自己的不幸、痛苦、孤独、绝望、愤怒,激烈反抗不公正的对待,摒弃神义论,否认耶和华是正义之神,甚至控诉耶和华纵容恶事,"从约伯开始,确认了'神义论'

---

① [德]布洛赫:《基督教中的无神论》,梦海译,中国社会科学出版社2017年版,第319页。

② [德]恩格斯:《乌培河谷来信》,载《马克思恩格斯全集》第1卷,人民出版社1956年版,第504页。

③ "普罗米修斯是哲学日历中最高尚的圣者和殉道者"([德]马克思:《德谟克利特的自然哲学和伊壁鸠鲁的自然哲学的差别》,载《马克思恩格斯全集》第40卷,人民出版社1982年版,第190页。

④ [德]布洛赫:《基督教中的无神论》,梦海译,中国社会科学出版社2017年版,第88页。

的致命必然性：恶也是神的意义之一"①。约伯"不再寻求自身不幸的罪责，不再寻求自身的弱点或罪责"②，拒绝默默承受，反对用遥不可及的"正义"来证明自己所受痛苦的正当性。他绝非教会所塑造的"忍耐的典范"，更不是"呼天喊地、苦苦哀求的请愿者"③。布洛赫写道：

> 约伯是一个义愤填膺、怒不可遏的人，但是，他被描写成一个忍气吞声、委曲求全的人。教会方面把约伯当作一个"怀疑神的牲畜"，将他重新送回马厩里。民众书压倒一切，战胜了《约伯记》的作者。教会方面把倔强的愤怒者替换为温顺的忍耐者。一开始，教会方面说道："主给了祝福，主接受了这种祝福。"但是，最后教会方面这样说道："此后，主赐给约伯更多的祝福。"这番话完全熄灭了《约伯记》中全部沸腾不息的核心内容。这样约伯最终成了忍耐的典范，斯宾格勒称其为"阿拉伯的浮士德"，因为在现实中根本就不存在像约伯一样的人。他认为，如果是西方的浮士德，那么在"魔力灵魂中"，他早就已经放弃一切战斗，寓居在环绕教会的拱形穹顶之中了。④

约伯是反抗者形象的代表，反抗者抗拒管束，拒绝温柔得"像狗一样一味地朝着天上卑躬屈节、摇尾乞怜"⑤、盲目服从。约伯通过自己的抗议，否定了宿命论与决定论，批判了现存世界，盼望和

---

① ［德］布洛赫：《基督教中的无神论》，梦海译，中国社会科学出版社 2017 年版，第 134 页。
② ［德］布洛赫：《基督教中的无神论》，梦海译，中国社会科学出版社 2017 年版，第 132 页。
③ ［德］布洛赫：《基督教中的无神论》，梦海译，中国社会科学出版社 2017 年版，第 68 页。
④ ［德］布洛赫：《基督教中的无神论》，梦海译，中国社会科学出版社 2017 年版，第 144 页。
⑤ ［德］布洛赫：《基督教中的无神论》，梦海译，中国社会科学出版社 2017 年版，第 29 页。

预见了更好的世界,揭示了乌托邦的能力:"一个人比神更好,比神表现得更优秀。"① "一个人可以超然于一切,甚至可以超越并照耀自己的神。"② 人不再卑微怯懦地向上仰望,而是朝向未来,向前展望。

另一位人物则是曾受恩格斯赞扬的德国革命神学家托马斯·闵采尔(Thomas Münzer,1489—1525)。③ 闵采尔是伟大的共产主义革命传统的一部分。后期马丁·路德鄙弃反抗者,要求被压迫者背负痛苦的十字架,与此迥异,闵采尔拥有强烈的批判意识,充满着对理想乐园的向往和反叛的欲望,呼唤正义,抨击路德是虚伪的"撒谎博士"④,斥责不公正的残酷现实,拒绝被动忍耐、顺服和等待。⑤ 闵采尔倾听被压迫者的呼声,大声疾呼"让我的人民走",代表了全体被压迫者团结一致的心声,⑥ 成为"第一个利用圣经反抗当局权力的人"⑦,"通过敏锐地识破圣经中的插入和嫁接部分,将圣经的本真思想付诸自身的革命行动"⑧,彰显了《圣经》的激进锋芒,凸显其中的革命语言与民主内容,挣脱了传统教会对《圣经》"乖巧听话"的奴性态度和虚假解释,拒绝压抑被迫者的怨言与愤恨,阻止了《圣

---

① [德]布洛赫:《基督教中的无神论》,梦海译,中国社会科学出版社2017年版,第134页。
② [德]布洛赫:《基督教中的无神论》,梦海译,中国社会科学出版社2017年版,第136页。
③ 在当时德国,考茨基批评闵采尔的平等共产主义存在缺陷,不可过高评价,布洛赫对闵采尔的揄扬称颂与之形成鲜明对比。James Bentley, Betueen Marx and Christ: The Dialogue im Greman - Speaking Ewope 1870 - 1970, London: Verso, 1982, pp. 83 - 84.
④ [英]埃尔顿编:《新编剑桥世界近代史》(第二卷),中国社会科学院世界历史研究所组译,中国社会科学出版社2003年版,第202页。
⑤ Anson Rabinbach, "Unclaimed Heritage: Ernst Bloch's *Heritage of Our Times* and the Theory of Fascism", *New German Critique*, No. 11, 1977, p. 12.
⑥ [德]布洛赫:《基督教中的无神论》,梦海译,中国社会科学出版社2017年版,第16页。
⑦ [德]布洛赫:《基督教中的无神论》,梦海译,中国社会科学出版社2017年版,第26页。
⑧ [德]布洛赫:《基督教中的无神论》,梦海译,中国社会科学出版社2017年版,第84页。

经》自下而上喷发的火焰的熄灭。① 闵采尔为现代社会政治革命提供了重要思想资源。

在布洛赫看来，宣扬等待、静观、忍耐、受难的宗教家是"鸦片牧师""鸦片神父"（Opium – priest），"极力赞美俯首帖耳、逆来顺受的行为，同时用空话许诺来世幸福和永生"②，麻痹人民，压制任何的不满和怨言，譬如马丁·路德便用"苦难，苦难，十字架，十字架是基督的一部分"之言来驯服反叛的农民。③ 这种立场体现了卡尔·曼海姆（Karl Mannheim，1893—1947）所说的布洛赫与闵采尔的"内在亲缘性"（Inner Affinity）④。

布洛赫心目中理想的宗教人物皆是以自下而上反抗的革命者面目示人，旨在改造世界，拒绝逆来顺受，例如耶稣实现了《旧约》的犹太弥赛亚斗争精神，改造了真实世界，有别于其在《新约》中携爱而来、指向超越天国的谦卑形象。⑤ 依布洛赫之见，反抗的方式包括了团结（Solidarity）、斗争（Struggle）、尊严（Dignity）、消灭剥削（the end of exploitation）、未曾平等化的平等（equality that does not equalize）（亦即实质平等而非形式平等）、超越现实友谊关系的友爱（fraternity that goes beyond fraternization）等。在《基督教中的无神论》一书中，布洛赫专注基督教中的革命无神论。基督教的真正革命精神是无神论，念兹在兹的是底层的被侮辱者、被伤害者、被压迫者，而非高高在上、遥不可及的超越性上帝。这些被剥削者的联合展现出深刻的"友爱"（Brotherliness）精神，"必须与艰辛者和负重者以及被侮辱者和

---

① ［德］布洛赫：《基督教中的无神论》，梦海译，中国社会科学出版社2017年版，第26页。
② ［德］布洛赫：《基督教中的无神论》，梦海译，中国社会科学出版社2017年版，第16页。
③ ［德］布洛赫：《基督教中的无神论》，梦海译，中国社会科学出版社2017年版，第16页。
④ Vincent Geoghegan, *Ernst Bloch*, London and New York: Routledge, 1996, p. 91.
⑤ Peter Thompson, "Introduction", *Atheism in Christianity*, London and New York: Verso, 2009, p. xxvii.

被蔑视者一道，在希望中获取必胜的力量和勇气才能到达自由王国"①。布洛赫在阐释原始基督教、奥古斯丁、约阿希姆、闵采尔时对此皆有所提及，友爱是天国的基本条件和降临方式，是世界性的规范。② 这种精神也彰显于浸信会（Baptist）、德国再洗礼派、英国掘地派（Diggers）、基督复临派（Adventist）、千禧年主义者、纯洁派（Catharism）、第五国王派（Fifth Monarchy Men）等基督教异端宗派中。不过，在布洛赫看来，真正的宗教团结应当趋向社会主义，唯有社会主义才能实现真正的宗教合一，超越私人的宗教信仰，挣脱狭隘的宗教共同体，实现和平与解放。

第四节

20世纪以来，"乌托邦"常被视作恐怖力量而遭斥责，世人避之唯恐不及，哈贝马斯坚称"乌托邦力量似乎已经消耗殆尽，并且已经从历史思想当中抽身出来。未来的视野发生收缩，彻底改变了时代精神和现实政治。未来充满了消极的因素……呈现在我们面前的满是可怖的景象，生命到处都可能受到危害"③。然而，恰恰在这样一个乌托邦精神看似终结的时代，以"尚未"（notyet）为中心的"乌托邦"概念却在当代欧陆思想中"不合时宜地"获得了新生，开辟了新的道路，既摆脱了盲目的乐观主义，也克服了黯淡的悲观主义，德里达、阿甘本等思想家先后对"乌托邦"展开了崭新的阐释，与马克思主义宗教批判紧密相系，昭示了马克思主义宗教批判的持久生命力。因此，在当代重新审视现代

---

① ［德］布洛赫：《基督教中的无神论》，梦海译，中国社会科学出版社2017年版，第352页。
② ［德］布洛赫：《基督教中的无神论》，梦海译，中国社会科学出版社2017年版，第171页。
③ ［德］哈贝马斯：《新的非了然性——福利国家的危机与乌托邦力量的穷竭》，载伽达默尔、哈贝马斯、霍克海默等《赫尔墨斯的口误》，曹卫东译，上海人民出版社2016年版。

最重要的乌托邦思想家布洛赫,① 抉发布洛赫的宗教批判思想,具有极其重要的理论意义和现实价值。

---

① 布洛赫不仅是研究乌托邦理论的现代最重要哲学家,其哲学本身就是乌托邦理论。他恢复了乌托邦精神在马克思主义和现代思想中的生机(Vincent Geoghegan, *Ernst Bloch* p. 144),使乌托邦重新赢得了崇高的哲学声誉,他也被称作"第二个莫尔"(参见〔德〕克劳斯·博尔格汉《波澜壮阔的乌托邦历程——从托马斯·莫尔到恩斯特·布洛赫》,金寿铁译,《国外理论动态》2016年第5期,第10页。)。阿多诺恰也因此强调"乌托邦"之所以能够重获荣光,布洛赫功莫大焉(Vincent Geoghegan, *Ernst Bloch*, London and New York: Routledge, 1996, p. 152)。

下 篇

20世纪西方德国古典哲学美学宗教观对话性阐释

第一章　当代西方哲学对德国古典哲学美学宗教观的转型

随着费尔巴哈哲学，特别是马克思主义哲学的深刻影响，19世纪中期，德国古典哲学美学失去了哲学的时代领军、思想主流和教科书作用的统治地位，作为体系化哲学理论的德国古典哲学美学终结了，西方的哲学美学思想朝着多元发散、各领风骚的方向发展。随着新世纪的到来，德国古典哲学美学经历了有史以来空前严肃的思想批判和理论方法扬弃，在浩荡的精神意识洗礼中，德国古典哲学美学宗教观被转型了。

20世纪对德国古典哲学美学宗教观的转型主要体现在几个方向上。

一是语言学转向。20世纪语言学转向对德国古典哲学美学宗教观的转型集中体现在对德国古典哲学美学彼岸性的取消上，语言学转向直接导致德国古典哲学美学宗教观的根基发生大崩解。

二是阐释学转向。20世纪西方阐释学的问世和哲学美学向阐释学的转向，阻断了德国古典哲学美学解释世界的基本路径，消解了德国古典哲学美学宗教观的普遍性。

三是非理性主义转向。20世纪西方非理性主义转向，摧毁了德国古典哲学美学的精神实质，否定了德国古典哲学美学宗教观的理性基点和原则。

四是形式主义转向。20世纪西方美学的形式主义转向剥除了德国古典哲学美学的历史性原则和意识形态性价值导向，颠覆了德国古典哲学美学宗教观的乌托邦图景和未来。

五是后现代转向。20 世纪西方思想文化的后现代转向拆解了德国古典哲学美学的启蒙传统和使命，使德国古典哲学美学宗教观失去了现代性的中心、本质和依据。

就 20 世纪西方哲学美学对德国古典哲学美学的根本态度而言，都极力反对德国古典哲学美学宗教观的精神普世化、思想普遍化、理论意识形态化、目标救世化、理想乌托邦化。在此，我们主要讨论语言学转向和阐释学转向，而在探究阐释学转向时，也会涉及非理性主义转向。

第一节

西方 20 世纪语言学对哲学的挑战与改造是西方传统哲学思想转型的标志性事件。对以德国古典哲学美学为代表的经典哲学美学而言，20 世纪语言学的新知识、新理论、新话语带来的改变不再是哲学的思维、思想和理论，而是语言。语言是哲学的本体，是思维、思想和理论的存在起点和构建基础。维也纳学派古斯塔夫·伯格曼在《逻辑与实在》中提出"语言学转向"这个标志性概念时，就指出一切哲学家的方法都基于语言。哲学家只能通过语言来理解、叙述、阐释哲学所要表达的世界。

西方哲学自古希腊以来始终如一地以昭示真理、解释真理、传播真理为使命，也正因此，语言在西方传统哲学中成为思维、思想和理论昭示、解释以及传播真理的基础性、本源性的工具，语言在西方传统哲学中只是言说真理的普遍有效性系统。语言在其自然状态中指向经验，经验使语言具有了意义，但在传统哲学中，昭示、解释、传播的真理却是超越经验的。经典哲学迫使言语指向彼岸世界时，德国古典哲学美学的宗教学说就在言说彼岸世界，而本质上，语言却无法表述彼岸世界的真理性意义。换句话说，面对宗教等彼岸世界，包括德国古典哲学美学在内的哲学无法言说，应该沉默。这正是 20 世纪语言学转向的核心，也是 20 世纪主流哲学不再直接阐释所谓纯粹的哲学思维和哲学逻辑的关键所在，造就了20世纪主流哲学更关心哲学真理的语境与现场的重大契机。正如现代美国哲学家皮尔士（1839—1914）所理解的那样——不是思想决定语言，而是语言决定思想。

语言学转向显示出德国古典哲学美学宗教观的历史性中断，失去了真理与话语的存在依据，德国古典哲学美学关于绝对的神、大写的人、救赎、解放等彼岸真理的形而上学变成一种不在场、不真实的无意义的神话传说。

18世纪德国理性主义哲学与英国经验主义哲学关于对世界的认识如何才是可靠的争论，说明了语言在哲学世界中的不可靠，也表明了关于世界存在的判断不能轻信。尽管德国古典哲学美学用主体性的对象化构建、主客体同一性、绝对理念历史与逻辑统一运动等方式来解决这个危机，但是对存在与认识的怀疑最终还是在语言和意义的问题上爆发。正是这个爆点直接导致当代哲学无法继续以观念的形式展开对世界的叙述与阐释，转而选择了用语言分析的形式为关于世界的知识进行辩护。语言学转向使哲学在本质上成为关于世界的语言分析和语义表达。

在德国古典哲学美学那里，思想观念是一种精神意识状态，而在语言学转向中，则成为一种语言现象。在德国古典哲学美学中，知识是心灵中的理性观念，表达着世界的客观存在，理性观念也由此具有了客观性，客观世界存在也因此具有了主观性。所以德国古典哲学美学论述存在就是在论述观念，德国古典哲学美学正是这样统一了存在与意识，打破了笛卡儿的怀疑论，哲学知识有了心理、生理的保证。然而，这一切无法绕过语言。

其一，语言处在语境中，如果语言能认识存在、表达知识，那么这一切都由语境决定。这意味着意义、观念、知识和真理源于语境，语境之外没有存在、观念、知识和真理。

其二，知识以观念形态存在着，语言表述知识就要用符号在存在与意识中建立对应关系，使存在与意识在符号中异质同构。但符号是约定俗成的，具有随意性，受控于语言使用。换句话说，某种特定的语言使用掌控着知识。德国古典哲学美学将整个世界视为观念的对象化,主体、理性、意识无条件、无语境,至高无上,好似神,德国古典哲学美学也就有了神学的特征。在有神学意味的德国古典哲学美学中感性的活生生的人抽象化了。20世纪语言学转向坚持哲学是人学,不是神学,人是唯一使用语言的存在,哲学就是关于人的语言学。

说到20世纪语言学转向就要谈论维特根斯坦。张学广教授认为在语言学转向中,维特根斯坦有以下几项特殊的思想贡献。第一,他塑造了20世纪后半期,乃至21世纪的哲学地图和哲学话题。第二,维特根斯坦哲学被称为"治疗哲学",他严格区分了哲学与科学,其目的在于使哲学在语言问题中消解,又一次引发了对哲学的整体怀疑和反思,哲学中的任何具体论断在这种整体怀疑和反思中都岌岌可危。第三,维特根斯坦所讨论的语言学溢出了英美分析哲学,宗教、伦理、价值等深层问题在语言的检讨中重新成为英美分析哲学探讨的重大哲学问题,促进了英美哲学与欧洲大陆哲学在论题、视域、方法等方面的融合。第四,维特根斯坦的反本质主义立场和概念分析方法对西方宗教学、美学、社会学等领域产生了广泛影响。① 我赞同张学广教授的判断。

论及当代语言学转向对德国古典哲学美学宗教观的颠覆,维特根斯坦具有代表性,可以说,维特根斯坦的语言哲学思想及其广泛与深刻的影响埋葬了德国古典哲学美学宗教观,也拆解了整个传统哲学,具体表现为以下几这方面。第一,凡能够说出来的,都可以说清楚,且都是不重要的;凡说不出来的,都是更为重要的。凡无法说出的,就无法思考,也就无法表达。凡无法说出的也可能隐含在已说出之中,揭示它们,即是发现意义,这就是哲学的基本任务。第二,语言本质上是人最熟知、最离不开的游戏。语言由游戏所掌控。第三,语言有透视功能,能透视熟视无睹的生活现象,还能表述本身不可言说之在。第四,语言

---

① 张清俐:《深化对维特根斯坦哲学思想的研究》,《中国社会科学报》2019年9月17日第8版。

具有综合功能,语言能建构事物之间的相互联系。第五,语言有直接证实命题真或假的功能,可表述当下的现象或直接经验。第六,语言从不预先设置标准,只有在言说时标准才生成而出。德国古典哲学美学的命题全都包含在它预先设置的标准中,问题的结论也已包含在问题的提出中,所以问题不能被证实,结论也就一定是无意义的形而上学。

我们在维特根斯坦的关键性理论与方法中切实看到了语言学转向在解构德国古典哲学美学的彼岸性中彻底地埋葬了德国古典哲学美学的宗教观。

第二节①

20世纪西方阐释学的问世和哲学向阐释学的转向,阻断了德国古典哲学美学理解世界的基本路径,消解了德国古典哲学宗教观的普遍性。不过,20世纪西方阐释学转向与语言学转向不同,它在阻断德国古典哲学美学理解世界的基本路径、拆解德国古典哲学美学宗教观的普遍性的同时,为德国古典哲学美学宗教观的当代复制、传递、演化与转化提供了一种个体理解与具体意义生成、释读与公共化的非逻辑性、非意识形态性、非概念性的路径与方法。

阐释学是解释文本的哲学,它将面对的一切对象视为可理解、可解释、可书写的意义文本。相对于经典哲学而言,它更是一种泛化、亚化的哲学观念与方法,并在20世纪西方当代的哲学、宗教学、历史学、语言学、心理学、社会学、美学中广泛出现。我们可以将阐释学概括为关于对文本意义的阅读、理解、解释、书写的当代哲学。

阐意、释义是思想书说与精神言说的重要内容,古代就有解卜、释神、先知的活动。古希腊亚里士多德哲学中就有关于理解与阐释的研

---

① 本节内容可参见张政文《认识的普遍性与阐释的公共性——从认识论到阐释学的思想史解构与重建》,《复旦学报》2018年第2期,第115—125页;张政文《从批判哲学走向文化哲学——论李凯尔特对康德的超越》,《哲学研究》2004年第12期,第39—44页。

究，其诗学中关于艺术模仿人的应然行为的论述用现代视域来解读，可以说是当代美学阐释学的先声。中世纪的《圣经》经文解释、奥古斯丁等神学对基督教教义的解读、16世纪马丁·路德对基督教教义的重释、古代的法律阐释学、历史文献学、语言修辞学都把如何将隐晦不明的文意转换为明晰可解的语义作为一种基本的思想与学问工作，为当代阐释学转向奠定了方法准备和学术基础。20世纪之交，施莱尔马赫、狄尔泰、文德尔班、李凯尔特等新康德主义哲学家着手建立文本理解与解释的方法论，在超越古典解释学的同时，创立了完全不同于依靠、追求思维普遍性的经典哲学的当代阐释学，阐释学转向开始了。到了海德格尔，阐释学转向从方法论层面发展到存在论层面。伽达默尔则在海德格尔的存在论基础上构建了阐释学体系。德国的布尔特曼又将阐释学直接运用于当代宗教阐释，艾伯林则将阐释学应用于语言学研究，贝蒂、保罗·利科、哈贝马斯和阿佩尔等人也都对阐释学转向产生了重大影响。

　　阐释学转向有着深刻的思想原因和复杂的文化背景，也隐含着传统哲学，特别是德国古典哲学美学无法解困的危机。众所周知，理解世界是人类生存发展的基本行为方式，阐释学转向是人类关于理解的从认识论到阐释学的一个不断解构又不断建构的思想、方法的历史过程，从某个方面讲，从认识论到阐释学的转向也是人类澄明对认识世界、把握自我、探究真理、不停践行的必由之路。

　　经典哲学特别是德国古典哲学美学把人们对于客观世界的理解称作认识。而当代阐释学则将对文本世界的理解视为阐释。

　　公元前6世纪，泰勒斯提出水是世界本原的哲学论断后，阿那克西曼德、阿那克西美尼、毕达哥拉斯、赫拉克里特、巴门尼德、恩培多克勒、阿那克萨戈拉、芝诺、德谟克里特等哲人构建了西方关于自然宇宙本源的理解，这些关于自然宇宙本源的理解虽结论不同，却都将某些特殊物设定为自然宇宙之所以在的基原。现代哲学家罗素在《西方的智慧》中说过，当人们对一具体之在进行普遍性追问并希望得出普遍回答时，哲学就产生了。① 西方传统哲学的本质特征就在于普遍性规定着思想追问与理论回答。

而当苏格拉底依据普遍性原则向人的本质提问时，认识论就诞生了。尽管苏格拉底没有直接回答人是什么，然而他却将人是什么的问题设置为一个普遍开放的话题，并将追求一种确定不变、恒久稳定的回答作为此问题的真理。这表明苏格拉底否定对问题的相对主义"意见"，而执着于对绝对真理的揭示，缔造了普遍性、理性、真理性等认识论的基本原理。

柏拉图根据苏格拉底关于普遍性、理性、真理性的认识论基本原理，探究具体的实在为何为在的问题，首次建构了认识论体系。柏拉图认为感性具体的现实存在生生不息、永在变化，但一定有使其无论怎样变化都是一个实在的确定性。这确定性使具体的实在得以存在就具有普遍性，揭示这普遍的确定性即是发现存在的真理。感性具体的现实存在之所以能够在的普遍确定性被柏拉图称为"理念"。理念是普遍的原型，理念是明确不变的范本。普天之下的万事万物皆模仿各自的理念而使之所以在。模仿的对象、样式、角度、方法等的不同，便有了同一属种各有特点、各有形态的感性现实的具体实在。在柏拉图的认识论图景中，理念先于经验而存在，感性现实的具体实在在可感的经验中，理解普遍恒久的先验理念如何使感性现实的实在能够在经验中具体存在则为认识论的根本任务。柏拉图赋予认识以揭示现象背后的本质、发现事物深处的规律、把握特殊之中的普遍的基本功能，成为后世认识论的核心原理。

亚里士多德相信认识起源于后天，认识是人的感官加工经验而获得知识的过程。认识对象可感知，认识过程是理性的，所谓的终极原因在认识中不需要存在，因为人的思维与人的认识对象有同一性，这就是逻辑。只要按照思维的形式逻辑去思考，就能理性地、普遍地、明确地认

---

① ［英］伯特兰·罗素：《西方的智慧》，崔权醴译，文化艺术出版社1997年版，第6页。

识对象的真理。亚里士多德认为人们从经验观念中归纳出概念，概念是思维形式逻辑的基本单位。将两个或两个以上概念在思维中组成表示肯定或否定的语句就是判断。如果判断与对象相一致，那么它就是真判断，反之则为假判断。为保证实现真判断，亚里士多德为思维形式逻辑设立了同一律、矛盾律和排他律。在思维形式逻辑中还有推理。推理是以一个或数个已知判断为前提而推导出结论的思维过程，推理的结论提供未知的信息，所以推理产生知识。亚里士多德开创的逻辑学使认识论落脚于人的思维能力和机制，确立了思维与对象的同一性，为认识提供了普遍、理性、规范的主观工具，给认识论奠定了科学基础。亚里士多德将认识论重心移位于主观思维，将主观普遍性、思维确定性、认识的真理性定型为主观的判断与推理的正确性，也为18世纪认识论的崩解埋下了大患。

在经历了中世纪的黑暗和意大利文艺复兴的洗礼后，认识论步入17世纪欧洲封建社会逐渐解体、现代资本主义社会正在兴起的时代。欧洲获得了世界海上贸易霸权和全球殖民地位，以欧洲为中心的世界市场和以工业化为方式的社会生产生活开始形成。15—16世纪哥白尼的"日心说"、雷蒂库斯的三角函数、开普勒天文学等自然科学的成就极大地推动了17世纪自然科学，特别是数学的发展。无理数、虚数、对数、导数、积分法、四次方程、解析几何、射影几何、概率论、分析学、微积分等数学新概念、数学新算法和数学新学科层出不穷。数学成为最普遍、最公认、最有用的思维工具，有力地推进并支持了认识论，使认识论具有解释一切的超强自信与能力，并在笛卡儿那里达到顶峰。

被黑格尔称为"现代哲学之父"的笛卡儿也是数学家、物理学家，首创解析几何。他对认识论的贡献得益于数学的公理和方法。在古希腊时期，柏拉图用理念表述了世界存在的本质，在中世纪教会声称信仰可以认识世界万物，但是怎样才能相信所说的这一切都是真理呢？笛卡儿进一步追问如何才能消除上述如此普遍而本质的怀疑以获得可靠的知识与可信的真理呢？笛卡儿认为由于思维存在，所以可以认识到世界万物在，因为思维才能让人相信上帝在，此外一切皆可怀疑，即"我思故我在"。对于认识论而言，一是笛卡儿将存在与意识的关系从存在是怎样决定意识转移到意识是怎样认识存在的问题，认识论与存在论分离而完全独立。在认识论中，意识从此成为掌握世界的主角。二是认识的起点是怀疑而不是其他。古希腊的"逻各斯"、中世纪的"上帝"、文艺复兴的"自然"都不是认识的起点，应将之请出认识论。三是在意识活动和认识过程中唯一不可怀疑的是思维。思维决定了意识可以与存在发生联系。思维可以认识存在，可以获得知识，可以掌握真理。唯有思维无须怀疑，它是最普遍、最实在、最自明的。

18世纪启蒙时代到来，随着"人性论"的传扬，哲学、宗教学、伦理学、美学、历史学、文学、心理学、法学、政治学、经济学、社会学都将人性视为标志性议题，并对此展开了深入的讨论与研究，引发了18世纪思想史内部对认识本质的大争论，造成了认识论的解体危机。以英国思想家培根、休谟、洛克等为代表的经验论基于人类心理要素与功能的分析，认为感性是认识的唯一来源，经验是知识的基本构成。认识中的概念、范畴、观念基于后天经验，来自现实感性，不存在先验观念、客观规律，先验观念、客观规律皆由人的记忆或联想而来，所以也就不存在理性的普遍性决定认识的真理性这一认识论铁律。检验认识真理性的唯一标准是经验和实证。而以莱布尼茨、沃尔夫、鲍姆加登等为代表的德国唯理论则坚持笛卡儿思维自明的信念，认为人存在着与生俱来、不依赖经验的天赋观念。天赋观念以普遍的概念、范畴、定义、公理等思维形式在推理、演绎的逻辑思维过程中产生知识，这种知识自洽而无矛盾，这就是真理。所以，检验真理的唯一标准是理性的普遍性、规律的自洽性。经验论与唯理论各执一端，互不兼容，彻底撕裂了认识中感性与理性的基本关系，认识论处于解体的绝境之中，认识论自诞生以来第一次面临解构。英国经验论与德国唯理论争论的焦点有二。其一，存在究竟是经验之在还是先验观念之在；其二，如英国经验论所言，存在是经验之在，那么认识就是对经验的感知。如按德国理性论而论，认识就是理念的显现。

面对双方面的偏执，康德指出存在有本体之在和现象之在。在《未来形而上学导论》中，康德将本体称为存在本身，"它指的仅仅是一般物的存在的各种规定的合乎法则性"①，是"物自体"。本体之在的"物自体"是经验之在所以存在的根据，是经验能被认识的前提。本体之在也不是人的先验观念。先验观念与生俱来，是人的理性自我意识，而本体之在不是意识，是存在着的物自体。由此可见，本体之在既不是后天经验，也不是先天观念，所以不可认识，只能信仰。而经验之在虽然可以被意识，但是经验杂乱混多、个体无序，对它的意识不可能形成理性有序、逻辑规范的认识，不能产生普遍有效的知识。康德就这样宣布了英国经验论与德国唯理性关于认识之争的无效性，为保留认识论的合理性争得了生存时空。康德认为包括英国经验论、德国唯理论在内的既往所有认识论的错误根源在于误设了认识论的元命题。既往所有认识论的元命题都是人认识了什么，而认识论真正的元命题是人有怎样的认识能力。怎样的认识能力决定了人能够认识到什么。就这样，康德更换了认识论话题，传统认识论实现了现代性转向。在《纯粹理性批判》中，康德指出人有感性、知性、理性三种基本认识能力。感性认识能力在认识过程中以直观的方式出现。直观就是时空。时空是客观的，同时也是人天生的主体构架能力，人只要感知世界，世界必定在时空中出现。当人的感性能力直观外界时，产生的结果便是有时空结构的、丰富杂多的经验现象。经验现象既不是英国经验论的主观后天感觉，也不是德国唯理论的客观先天观念，而是康德所说的客观"物自体"的存在被人直觉后显现的具有客观性又离不开主观性的现实世界。现实世界以经验现象为存在方式，它是认识的对象，又是认识的开端。人的知性能力对经验现象的判断便产生了知识。知性能力就是人的逻辑思维能力。它由概念、范畴、推理、归纳、判断构成。当逻辑思维借助概念、范畴对杂多

---

① ［德］康德：《未来形而上学导论》，庞景仁译，商务印书馆1982年版，第60页。

无序、个别纷繁的具体经验现象进行推理、归纳、判断时，就形成了清晰明确、规则有序、系统完整的认识结果，这就是知识。由此可见，认识的对象是可知的现象经验世界，认识过程是逻辑思维对现象经验世界的理性解析与构建，认识结果是形成知识，而认识、知识的边界则是现象经验世界。一旦越出现象经验世界，对诸如上帝、宇宙诞生前的世界、天堂生活这些信仰、想象、审美等问题进行认识，认识就出现了二律背反，知识内部将充满矛盾，混沌杂乱，失去理性的普遍性和思维的统一性，认识成了感悟，知识化为了经验。康德所说的理性就是一种确定知识边界、使认识始终固守经验现象以保证知识的同一性、普遍性、真理性的认识能力，所以理性总是反思的、限制性的、批判的。就这样，康德从人有何等认识能力出发，通过人能认识什么、不能认识什么的解析，得出了人的认识能力有限、知识有限的结论，控制了传统认识论无限扩张认识领域、恶性膨胀知识的作用，强化了认识的真理有效性，将不属于认识的对象和领域交给了信仰与审美，将不属于认识论的对象和领域还回了伦理学、美学，通过认识论的转型，阻止了认识论的崩溃，实现了认识论的现代升级，使认识论得以伟大复兴，也为现代阐释学的诞生预留了思想的巨大空间和丰厚的理论资源。

而在费希特那里，认识就是自我对现实经验表象的理性把握，认识的本质就在于自我在现实经验表象中的创造性活动。自我不是先验理念，也不是后天经验，自我是人的创造性活动产生的社会意识，是人的创造性活动的典型过程和结果。正是在自我这种社会意识的创造性活动中，认识对象与认识主体实现了同一性，认识主体认识到对象的本质，认识结果成为真正的知识。费希特为现代认识论融注了社会性的元素和现实活动的维度。谢林认为，在认识中自然怎样变成自我而自我又怎样变成自然是认识论的根本问题，知识由自然与自我共同构成。他认为在绝对同一的直观中，自我是不可见的自然，而自然则是可见的精神。谢林关于自我与自然在认识中通过直观而绝对同一的理论十分诗意，更像诗学，但在其诗意的论述中，他为认识论注入了自然人化的现代文化意识，对当代认识论、阐释学都产生了深远的影响。黑格尔则强调客观世界与主观世界在人的绝对理念辩证发展演进中相互扬弃、相互确证而被认识并成为现实。黑格尔的认识论思想庞大严密，总的来说，其对现代认识论有几个重要贡献。其一，为现代认识论提供了系统的主客体兼性关系理论。其二，为现代认识论提供了辩证思维方法论。其三，为现代认识论提供了运动发展的思想观念。黑格尔认识论是马克思认识论诞生之前，最具系统性、理论性，最有说服力、影响力，同时也是最难懂的认识论大全，也预示着认识论登峰造极、由盛而衰的那一刻。

在黑格尔后，马克思批判地汲取历史上认识论的全部优秀成果，对认识论进行了最彻底的革命性改造，使认识论完全改变了原有的性质、特征、形态和功能。首先，马克思认为物质是客观世界的根本属性。客观世界相互联系、运动发展，它先于认识而存在。在各种联系、条件、环境、变化中把握客观世界的本来面貌是认识的本质。其次，实践活动是认识的源泉与归宿。不同于西方将实践理解与解释为伦理道德活动的思想史传统，马克思的实践指人类改造物质世界和精神世界的全部社会活动。客观世界成为人的认识对象，由人的社会实践需要所决定，人的全部能力也是社会实践创造的。认识的过程由社会实践规定，认识的边界被社会实践划定，社会实践推进到哪里，认识活动便跟进到哪里。认识的目的由社会实践设立，认识为实践服务。检验认识真理性的唯一标准也是社会实践。从根本上讲，认识本身就是一种社会实践活动。马克思认识论扭转了自古希腊柏拉图至德国古典哲学认识论的唯心倾向，将认识基于物质的、社会的实践，使认识与知识具有了客观根据。真理成为存在本质的真实表达而不再是主观意愿。马克思认识论第一次令人信服地揭示社会实践造就了认识的真实情况，深刻地显现出认识的发生本源和发展动因。马克思认识论是实践的认识论。认识的时代性、知识的历史、认识论自身发展的规律性昭然若揭，一切都伴随着社会实践生长兴衰，变化才是硬道理。这就在理论上预言了未来认识论在社会实践中还会变化。20世纪之交认识论返回自然科学、阐释学在人文领域蓬勃发展，又一次证明了马克思认识论的科学性与正确性。

20世纪之交，人类历史发生了巨大变化。在政治方面，现代国家强大有力，成为社会存在发展的基本结构。垄断是从生产到消费、从政治权力到日常生活的社会标志，帝国主义的时代特征日益明显。在科学方面，20世纪之交出现了许多变革性的成就，譬如法拉第的电磁感应论、孟德尔的遗传学、爱因斯坦的相对论、普朗克的量子力学、弗洛伊德的精神分析引论等。工程技术方面成就非凡，电力的广泛使用、内燃机在交通领域的普及、化学与化工产业的发达、电子通信的应用，等等。在社会科学方面，韦伯的社会学、费边的福利经济学、德国新历史学派、法国年鉴学派、维特根斯坦的语言学等。在文学艺术方面，出现了象征派、印象派、后印象派、野兽派、未来派等现代主义。特别是第一次世界大战和苏联社会主义制度的建立改变了人们的世界观。在全新的世界格局中，认识论捉襟见肘，无力回应，逐渐被挤压至传统自然科学的言说空间中日渐式微，而此消彼长的阐释学则日益兴盛，逐渐掌握了解释社会文化，特别是精神世界的话语权，成为主导话语形态。

当代阐释学声称，认识论与其不同之处在于认识的对象是恒定客观的自然，阐释的对象则是人类的精神文化；认识的过程可重复、可验证，而阐释的过程不可逆、不可实证；认识的基本方法以观察、统计、实验、计算为主，而阐释的主要方法是直觉、领悟、表现；认识的结果是普遍可传达、运用的知识，而阐释的结果则是个体教化与群体共鸣的文化意义。德国神学家施莱尔马赫是设计这一思想理论的始祖。他一反中世纪将宗教植根于关于神的知识的教会传统，也否认康德将宗教归于信仰律令的哲学，相反，他认为宗教本源于人们的总体情感。传教作为西方最重要、最常见的社会文化行为既不应是天主教式的经学说教，也不能是新教的道德命令，而应该是敬虔而独到的情感传达。施莱尔马赫要求一种对宗教文本进行理解的普遍方法。这种理解的普遍方法不是认识论的、不是伦理学的，而是阐释学的，其最大的特点就在于从作者与读者的共同语境中重返文本历史场景，融入文本原意，实现情感的共生共鸣，这也是他所谓"总体情感"的"总体"所在。

继施莱尔马赫之后，狄尔泰进一步深化了阐释既非知识认识亦非道德信仰的核心观念，将阐释设定为个体的生命体现和个体的历史理解。认识与信仰面对精神文本无效，人只有再度返回个体的生活世界中，借助个体对自我与周围世界的体验来理解精神文本，通过体验而实现对精神文本的理解就是阐释，狄尔泰将阐释学称为"精神科学"。"精神科学"的对象是"社会—历史现实"，包括人的主观心理活动、人的心理活动所引起的活动行为和活动行为所产生的客观结果。实际上，狄尔泰的"精神科学"指的就是除自然科学之外的全部人文科学和社会科学。阐释的实质就在于认识与信仰不可能建立理解精神科学的条件，而只能回到个体精神自身之中，这也是在精神科学中阐释学取代认识论之必然。文德尔班进一步将人类世界划分为"事实世界"与"价值世界"两个世界。对"事实世界"的理解是认识，对"价值世界"的理解便是阐释。无论是认识还是阐释，价值是其最终的真理性。

李凯尔特秉持文德尔班的价值论，并以此改造康德批判哲学认识论，发展了当代阐释学。

康德批判哲学由认识哲学、道德哲学、美学、法哲学、历史哲学五个方面构成，这五个方面都在试图阐释人在现象与本体两个世界同时生存，受现象与本体两种不同的要求制约。在现象世界中，人是经验的，感性自然和知性主体决定着人的基本生存内容与基本生存方式。康德更倾向于从人类理性出发来理解人，更重视人在本体世界中的生存。本体指存在的本源。康德相信，既然人不同于自然，那么人的本体就不可能从自然中获得，而只能在自然之外找寻。人与自然相遇时，人受到自然的规范，合规律地生活着。但人又不绝对地受自然支配，人还在理性的指导下追求对自然的超越，表现为"把一切经验条件都排除了出去"①而合目的地生活着。康德称后者为"自由"。在康德看来，自由可能是

---

① ［德］康德：《实践理性批判》，韩水法译，商务印书馆1999年版，第2页。

人完全不同于自然的地方，所以他相信只有这完全不同于自然而又不受自然规律支配的自由才是人的本体，是人之所以为人的本源。康德对自由的思考与确立有两个特点。其一，康德对自由的理解受到人与自然不同的预设所支配，这意味着作为人的本质与本源的自由不可能在经验世界中存在。人在其日常生活中既无法找寻到自由，又不能发现自由。如此，自由是人的本质和本源，人却对自由不可感受、不可经验；自由不能被我们的感性生命所拥有、享受。其二，对人而言，居于彼岸、远离感性生命的自由在先验世界只能以某种绝对命令出现。在康德看来，自由源自主体意志功能。主体意志功能将人自己当作唯一目的，并以此确立了自由的基本内涵。所以自由不是感性的、个体的、生物的，而是社会的、理性的、人类的；自由不单纯意味着每个人都能涵盖整个社会的存在，更指整个社会作为人的普遍性存在于个体之中。基于此，康德又将自由表述为"普遍立法"。在"普遍立法"的统摄下，自由在人的实践性活动中显现为"道德律令"。康德认为道德与人的感性欲求无关，完全不受自然的支配。相反，道德远离感性生命，成为人独立于自然、在拥有感性生命的同时超越感性生命的基本标志。李凯尔特在传承康德的自由可以思考和实践却不能成为感知对象这一思想的前提下，试图使自由返回包括感性在内的、丰富的现实生活现场中。他扬弃了康德对自由的道德主义注释，从求解人类现实生活出发，而不像康德那样单纯从人类理性出发，放弃了康德对自由的绝对信仰，视价值为人类生存发展与建构世界意义的合理尺度，从而实现了从自由本体到价值联系的阐释学转向。

李凯尔特发现，康德的自由的本质规定性在于合目的性。合目的性不取决于自然的规律，只能由人的需求决定。人对需求的把握与满足则受制于人的价值活动。价值从根本意义上规范了目的性的基本内涵与外延。就更广阔而现实的生活世界而言，决定人类生存与发展特性的不是自由而是价值。李凯尔特称价值的实质在于它的意义性而不在于它的事实性。换句话说，价值不是物的存在，不是某种不以人的意识行动为转移的客观事实。价值可被创造并存在于人类意识、活动、阐释中，显现为意义，正如李凯尔特所言："关于价值，我们不能说它们实际上存在着或不存在，而只能说它们是有意义的、还是无意义的。"① 康德的自由是纯理性的主体形式，自由的客观性指它客观地存在于人的主体功能之中，普遍地展现于人的信仰、道德等本体实践活动里，表现为一种被先验预设的、与经验无关的价值，但自由本身却不是价值而是存在。李凯尔特的价值虽具有一定的客观性，却不是客观存在，价值的存在性在于与某种主体的联系性。所以价值是存在着的，但它不像物、事实那样单纯客观地存在着。李凯尔特正是由此坚持并改造了康德关于自由不可认识的思想。

在文德尔班的启发下，李凯尔特进一步阐明价值之所以不可认识，就在于认识涉及判断，而价值涉及评价。判断是两个表象在内容上相互包容、统摄，而评价则表示评价者的意识与表述对象之间的需求与文化的关系，这就意味着"价值是文化对象所固有的"②。文化对象是李凯尔特哲学思想中的一个独特概念，指与现实有价值联系的存在。这种存在在人类生活中或被人创造或为人评价。李凯尔特又称价值为财富。他指出客观的未被人创造或评价的"自然现象不能当成财富，因其与价值没有联系"③。李凯尔特反复强调，他所说的价值并不是纯粹主观随意的。他指出人与文化对象的联系有两种方式。一种方式是价值附着于对象之上，并由此使对象变成财富；另一种方式则是价值与文化主体相联系，通过主体活动而变成评价。他用以取代康德自由理念的价值是财富意义上的价值，而不是与文化主体实践功利活动直接相关的评价。他要

---

① ［德］李凯尔特：《文化科学和自然科学》，涂纪亮译，商务印书馆1991年版，第21页。
② ［德］李凯尔特：《文化科学和自然科学》，涂纪亮译，商务印书馆1991年版，第21页。
③ ［德］李凯尔特：《文化科学和自然科学》，涂纪亮译，商务印书馆1991年版，第21页。

求人们把价值与"本能地评价和追求"①区别开,同时还要把价值与"情绪的激动"②区别开。进而,李凯尔特将评价更准确地规定为"实践的评价",将价值确立为"理论的价值联系",指出"理论的价值联系处于确定事实的领域之内,反之,实践的评价则不处于这一领域内"③。从价值与评价的内涵中可以看出,价值与评价的根本区别就在于价值具有客观性、普遍性,评价却不具有。价值的客观性并不意味着价值是以物的方式存在着的事物,而是说价值与事实相联系,是人类历史中积淀下来的人类文化产物。价值作为人在不同历史时期创造并世代传承的文化产物是客观的,不以个人好恶、心态为转移。而评价则是当下与个体意识直接相联系、受个体需求与需求满足的支配的判断,为个体所决定。价值不同于评价正在于价值是在历史和现实生活中被普遍承认的。通俗地讲,李凯尔特心目中价值的典型形态就是人类文化知识,而评价则完全属于个人生活。由此可见,李凯尔特理解的价值在领域范围上要比康德自由之所在的信仰、道德领域广泛得多,即一切充满意义的领域都可属于价值领域。与康德形而上、彼岸性的自由不同,李凯尔特的价值是此岸的,居于现实个体活动之中。

康德哲学思想试图解决三大问题,即人能认识什么、人应该做什么、人能希望什么。批判哲学倾向于在人类精神领域中探寻解决人类三大问题的方案。但精神领域只是人类生活的一部分而不是全部,因此,康德没能圆满地解决这三大问题,而且造成了三大问题解决方案之间的联系勉强、生硬。哲学需要阐释人是什么的问题。李凯尔特从主体转向客体,改造了康德的人能认识什么、人应该做什么、人能希望什么三大问题,通过建立自然对象的特质是什么、历史对象的特质是什么等问题

---

① [德] 李凯尔特:《文化科学和自然科学》,涂纪亮译,商务印书馆1991年版,第21页。
② [德] 李凯尔特:《文化科学和自然科学》,涂纪亮译,商务印书馆1991年版,第22页。
③ [德] 李凯尔特:《文化科学和自然科学》,涂纪亮译,商务印书馆1991年版,第79页。

的文化立场，解决人与世界的关系，重释人是什么的内涵，完成了从认识论向阐释学的转向。

关于文化，李凯尔特的理解十分广泛，既包括具有形而上性质的人类精神活动，也包含与价值相关的日常生活。他说："文化或者是人们按照预计目的直接生产出来的，或者是虽然已经是现成的，但至少是由于它所固有的价值而为人们特意地保存着的。"① 凡在人类目的统摄之下、由人创造而生成或与人的价值相关的事物，都可被理解为文化领域中的存在。在李凯尔特的哲学中，文化概念在形式上是被普遍承认的价值的总和，在内容上则是这些价值的相互联系。由此可见，价值是文化的根本，也是文化得以存在的原因，正像李凯尔特所言："价值是文化对象所固有的。"② 用价值的眼光审视文化，我们就可"把文化对象称为财富"③，而这正是文化不同于自然的根本之处。在科学研究中，"只有借助价值的观点，才能从文化事件和自然的研究方法方面把文化事件和自然区别开"④。价值不仅区别了文化与自然、文化科学与自然科学，还确立了文化科学研究中区别本质与非本质的尺度。李凯尔特在论及历史学研究时说道："通过与价值联系的原则所要明确地表述的，就是任何人在谈到历史学家必然懂得把'重要的'和'无意义的'区别开时所隐含地主张的见解。"⑤ 李凯尔特在借助价值对文化进行考察时，还发现了文化具有个别性特征。意义是在差异中产生并显现的，意义的普遍承认即为价值，价值生成了文化，因而文化以及作为文化存在方式的

---

① ［德］李凯尔特：《文化科学和自然科学》，涂纪亮译，商务印书馆1991年版，第20页。
② ［德］李凯尔特：《文化科学和自然科学》，涂纪亮译，商务印书馆1991年版，第21页。
③ ［德］李凯尔特：《文化科学和自然科学》，涂纪亮译，商务印书馆1991年版，第21页。
④ ［德］李凯尔特：《文化科学和自然科学》，涂纪亮译，商务印书馆1991年版，第76页。
⑤ ［德］李凯尔特：《文化科学和自然科学》，涂纪亮译，商务印书馆1991年版，第77页。

文化事件，在人类生活中也就显现为具体、个别的。文化及其文化事件总是不可重复的，它与其他存在的差异决定了其存在的独特属性和特征。

在李凯尔特看来，现实由与价值无关的存在自然和与价值相关的存在财富共同构成。现实中的一切，无论是自然还是财富都是渐进相续、相关转化的，李凯尔特称此为现实的"连续性原理"。现实的"连续性原理"体现在当现实被主体理解为连续性世界时，现实是普遍相连、具有规律性的；在连续性的视野和背景中，可对现实进行普遍认知。同时，李凯尔特又坚持认为现实中的一切又绝对不同质。每种存在都有其特定的本质和属性，李凯尔特将现实的不同质特点视为一切现实之物的"异质原理"。"异质原理"表明现实中的每一种存在虽相互关联，但绝对是不相同的。对不相同的现实之物不可能有普遍的认识，找不到理解的客观统一性。在这一层面上，现实是非理性的。实际上，面对世界，是将之视为自然还是视为财富，完全取决于主体对世界的理解。正因如此，面对现实，既不可能有普遍的科学，又不可能有普遍的科学方法论，而只能将现实中的自然与财富设定为不同科学的对象——前者属于自然科学，后者属于文化科学。文化科学不仅研究精神领域，还研究包括传统精神领域在内的一切与价值相关的文化现实，用李凯尔特的话来说就是："宗教、教会、法权、国家、伦理、科学、语言、文学、艺术、经济以及它们借以活动所必需的技术手段，在其发展的一定阶段上无论如何也是严格地就下述意义而言的文化对象或财富：它们所固有的价值或者被全体社会成员公认为有效的，或者可以期望得到他们的承认。"[①]一切被认为与价值发生联系的现实都可以成为文化科学研究的对象。从方法论角度讲，在用"连续性原理"面对现实时，现实显现为自然，研究便是自然科学，而用"异质性原理"面对现实时，现实将与价值相关，显现为财富，研究便是文化科学。由此可见，价值决定了文化科

---

① ［德］李凯尔特：《文化科学和自然科学》，涂纪亮译，商务印书馆1991年版，第22页。

学研究的对象,"异质性原理"决定了文化科学的基本方法。

"异质性原理"使文化科学中的个别性、特殊性在研究中具有关键意义。李凯尔特相信必须从对象的个别性和特殊性方面研究文化对象。在文化科学的研究中,只有那些与价值相联系的个别性、特殊性才是本质的。为此,李凯尔特以历史学研究为例来说明个别性、特殊性在文化科学研究中的重要性。历史学自古以来就是显学。在兰克实证主义历史学诞生之前,自古希腊始,西方历史学一直涌动着将历史学研究当作精神现象来研究的冲动,近代甚至出现了历史哲学,试图运用人类精神最普遍的理性形式——哲学来阐释历史现象、从事历史学研究。19世纪兰克的实证主义历史学用实证的观念、自然科学的方法研究历史,颠覆了西方历史学研究传统。在当时,人们普遍认为这是历史学的伟大进步,称兰克的实证主义历史学研究为真正科学的历史学研究。李凯尔特却不以为然而别有洞见。在李凯尔特看来,历史特指人的历史,历史学是关于人的历史研究,"我们通常希望而且能多撰写的仅仅是关于人的历史,这个情况已经表明我们在这种情况下是受价值指导的,没有价值,也就没有任何历史科学"①。价值决定着历史学的性质。实证主义历史学的错误是把"对现实的理解和现实本身混淆起来"②。历史学所涉及的史事并不是历史本身,历史学通过历史学家对史事的研究,叙述或重构历史。所以,"对于一个抹杀自我的历史学家来说,就没有任何历史,而只有一堆没有意义的、由许多简单和纯粹的现象所组成的混合物,这些现象是各不相同的,但在同等程度上或者是有意义的或者是无意义的,是引不起任何历史兴趣的"③。历史学家的自我正在于他发现了史事中的价值,以意义的方式使史事中的价值之间发生联系,让历史中孤立的事实显现意义。在意义中,史事与史事构成逻辑,最终产生历

---

① [德]李凯尔特:《文化科学和自然科学》,涂纪亮译,商务印书馆1991年版,第76页。
② [德]李凯尔特:《文化科学和自然科学》,涂纪亮译,商务印书馆1991年版,第76页。
③ [德]李凯尔特:《文化科学和自然科学》,涂纪亮译,商务印书馆1991年版,第76页。

史学家所称的历史。"随着作为指导原则的文化价值发生变化,历史叙述的内容也发生变化。"① 从来就没有实证主义所谓的"客观历史",历史是敞开的、个别的、特殊的,"只有通过个别化、与价值联系的概念形成,文化事件才能形成发展的历史"②。由此可见,历史事物之所以成为历史学的对象,不是由历史之物决定的,而是由个别化、特殊性的价值确认的。

早在古希腊,苏格拉底便用"理性"这一具有心理学意味的概念来界定人对自然的超越之所在。之后,古希腊罗马哲学、中世纪神学哲学、经院哲学、文艺复兴哲学、启蒙哲学都或多或少地借用、使用带有心理学成分的概念来释析人类精神状态,诸如感性、知性、感觉、想象、情感等。18世纪,随着心理学作为一门学科系统出现后,哲学更是将心理学不同程度地引入其中,在哲学研究中形成一种时代特征,尤以英国经验主义为甚。康德深受18世纪英国经验主义哲学思想的影响,因此,他的批判哲学有严重的哲学心理学痕迹也就不足为怪。在《纯粹理性批判》中,康德在论析主体认识能力时,所使用的概念基本上是当时流行的心理学概念,如感性、知性、理性等。在其《判断力批判》中,当论述合目的问题时,对主体审美能力和审目的能力的建构使用的也是诸如情感、想象、表象等心理学概念。因而,后人在释读批判哲学时,总能感受到康德用心理要素解决哲学问题的倾向,总有批判哲学未对心理要素进行哲学批判的遗憾。

在19世纪末,20世纪初的学术背景和文化语境中,再用心理学概念诠释哲学,乃至文化科学的问题,显然有悖于时代精神和哲学研究的进步,是一个严重的错误。李凯尔特正于此对心理学的性质进行了认真的解析,在现代心理学与当代阐释学的分离方面卓有成效。李凯尔特从

---

① [德]李凯尔特:《文化科学和自然科学》,涂纪亮译,商务印书馆1991年版,第81页。
② [德]李凯尔特:《文化科学和自然科学》,涂纪亮译,商务印书馆1991年版,第84页。

区别人类心理与人类精神之不同来理解心理学性质。在李凯尔特看来，人类精神是人类价值的普遍存在形式、精神的积淀和物化，表现为人类的创造和对已在之物的合目的保留、承诺，属于文化范畴，可以被称为财富。李凯尔特将文化、财富的最根本特性设置为个别性、特殊性，因为价值根源于存在所拥有的独特意义和一次性现实过程，所以，对精神问题的研究必须采用个别性、特殊性的文化科学方法。心理是人类对外界在机体中的反应。就存在意义而言，人在最基本的方向上是作为生物机体而存在的，心理首先是人对外界做出的自然机能反应和重现。心理的大部分内容和特质是自然进化的产物，是人作为生物机体的自然性反应，如当人们受到伤害时，就在心理上反应为病痛。只有当文化、财富引起人的生物机体反应时，心理反应的结果才与精神有关，其中的一些成分可能直接属于文化，成为精神。而属于精神领域的心理反应一定是个别的、特殊的，如一人算出一道物理难题，心理上产生高兴的反应。但不是所有人在解开一道物理难题时，都在心理上产生高兴的反应，也许有些人在心理上出现的是疲劳或其他什么反应。甚至，人类心理中具有精神成分的方面也只能被理解为评价而不是价值。"心理只有作为评价才与文化相连接；而且，即使作为评价，它与现实中创造出文化财富的那种价值也不是一回事。"① 所以李凯尔特坚持说："心理生活本身应当被看作自然。"②

在李凯尔特关于现实的"连续性原理"和"异质性原理"视野中，心理存在以"连续性原理"的方式出现，"心理生活的规律也就是自然规律"③。心理是自然，心理规律是自然规律，因此，正如李凯尔特说

---

① ［德］李凯尔特：《文化科学和自然科学》，涂纪亮译，商务印书馆1991年版，第3页。
② ［德］李凯尔特：《文化科学和自然科学》，涂纪亮译，商务印书馆1991年版，第26页。
③ ［德］李凯尔特：《文化科学和自然科学》，涂纪亮译，商务印书馆1991年版，第26页。

的那样,"心理学被合乎规律地看作是自然科学"①。既然心理属于自然,心理学是一门自然科学,那么心理学的研究就是一种自然科学的研究:"每一种现实,也包括心理现实,都可以通过普遍化的方法而被理解为自然的一部分,因而也必须当作自然科学去把握。否则,就完全不能形成一个包括心理物理自然的概念。"② 当然,心理作为自然与纯粹的物质自然还不一样,这是不争的事实。即便如此,李凯尔特还是坚持说:"有某种心理学理论把全部心灵生活都纳入普遍概念之下,也不能用这种方法(指个别、特殊的方法——引注)得到一次性、个别的事件的认识。"③ 由此可见,李凯尔特对当代运用心理学概念和方法研究哲学的做法是多么深恶痛绝。当然,作为思想家的李凯尔特是冷静的,他承认心理学研究能促进文化科学的发展,他说:"心理学从科学上促进哲学的可能性是存在着的。"④ 李凯尔特承认心理学有助于文化科学,这在后来的精神分析学、需求心理学对当代人文社会历史科学的重大影响中得到了印证。

总之,李凯尔特认为人的本质是价值而不是经典哲学所说的自由。价值的个体性、差异性生成了文化的具体性、不可重复性,这区别了文化与自然,也使文化科学与自然科学大相径庭。哲学、历史、文学、艺术、宗教、伦理、语言、经济等都是李凯尔特所谓的"文化科学",与价值深刻地联系着。对它们中所拥有的特殊性价值与意义的阐发与昭示,乃是当代阐释学的真正本质。

20世纪的现象学为阐释学提供了全新可靠的哲学方法论。胡塞尔断言认识论的根本失误在于或从物质出发来理解精神,将精神最终解释

---

① [德] 李凯尔特:《文化科学和自然科学》,涂纪亮译,商务印书馆1991年版,第49页。
② [德] 李凯尔特:《文化科学和自然科学》,涂纪亮译,商务印书馆1991年版,第47页。
③ [德] 李凯尔特:《文化科学和自然科学》,涂纪亮译,商务印书馆1991年版,第49页。
④ [德] 李凯尔特:《文化科学和自然科学》,涂纪亮译,商务印书馆1991年版,第62页。

为物质；或从精神出发来言说物质，将物质还原为精神，两种方法都不可避免地导致了二元论。胡塞尔断言唯有直面现象，才能回到事物的本身，并不再出现心物分裂的认识困境。受到布伦塔诺"意象性"观念的启发，胡塞尔发现任何意识都不是纯粹的表象活动，都含有表象活动所表象出来的东西，所以任何意识都有表象过程、被表象的东西以及这两者之间的关系。这就表明了任何意识都有对某个对象的指向，也即胡塞尔的"意向性"。作为意识独一无二的特性，"意向性"意味着可将超出意识范围的前提、设定等悬置起来，使之失效。就像人们在阅读《诗经》、欣赏古乐不必知道谁是作者一样。这样"意向性"就与心理或物质分离开，可以还原到现象本身中了，从而昭示无前提、无设定的当下，这正是阐释学需要的真正的阐释方法论。认识论的理性反思的最终结果是笛卡儿式孤立的"我思"，正象理性阅读文学作品的最终结果常常只能是抽象出一个或一组所谓的作品主题思想一样。而现象学还原原则将前提、设定悬置起来，使对象从前提、设定的状态中解放出来，对象呈现出丰富化，现象的本质也在现象中不断地构成并显露，现象本质化了。而解放文本的既定状态，摆脱作者、评者、社会习惯、文化语境对文本阅读的束缚，正是阐释学追求的理想阐释状态。认识论将意义捆绑在载体上，通过解说载体来理解意义，所以长期苦恼于对理想、永生、复活等非实存的意义言说。而现象学还原拒绝先有存在后有认识与先有认识后有存在这两种认识论的基本观念、方法，主张每个意识都是对一个具体此在的意识，存在与意识不分先后、不分彼此，就是一体的，是当场被构建成的，而这就是阐释学抱定的阐释真谛。阐释正是在阅读与文本、言说与对话的具体语境中生成此刻具体的意义，正所谓"一千个读者就有一千个哈姆雷特"。

当代哲学家海德格尔以存在主义哲学为原理、以现象学为方法，提出了"阐释的循环"，为阐释学奠定了哲学存在论的基础。海德格尔认为从存在论上讲，说明世界万事万物存在不是哲学的任务，哲学存在论要解决的问题是存在的万事万物为何能够存在的问题。在他看来，世界万事万物之所以能够存在，是在世界万事万物中有一种特殊的存在使其他的万事万物存在了。海德格尔将这种特殊的存在称作"此在"（Dasein）。"此在"是一个德国古典哲学的经典概念，黑格尔在其《逻辑学》中将其标定为具体属性和特征的现实存在，但海德格尔口中的"此在"则是芸芸众生的现实个体。个体人之在不同于其他万事万物之在的根本之处就在于个体人之在有一种显现的本性，现实个体的人用言说证明自己现实地生活在世界中，并在世界中发现并确认了万事万物的存在，还发现了万事万物之在对人的意义和作用，人使万事万物成为现实的、有意义的具体存在，用海德格尔的话来讲就是"此在"使存在"去存在"。很明显，存在的本质已不是存在的实在性，而是存在的意义性。使存在能够获得存在意义的现实个体生存于时间中，是此时此刻的"此在"，也是时时刻刻的"此在"，他总是在时间中变化，无法确定不变地指明他的自身意义和他对万事万物赋予的存在意义。因此，此在的现实个体人就会在生存的每一个时刻不断地追问他自身的意义和他对万事万物赋予的存在意义，这就是澄明存在的意义。澄明存在意义的出发点和落脚点还是此在的现实个体人，此在的现实个体人是唯一能够意识到自己的当下存在，也是唯一能够领悟、理解其他万事万物之在的存在。现实个体人的此在与其他万事万物之在于人的领悟、理解中共存，构成此在的现实个体人的生存世界。此在的现实个体人对其他万事万物之在的领悟、理解具有了普遍价值和共同意义，存在的本质与意义也就澄明了。如此，阐释便十分重要了，此在的现实个体人在生存的每一个时刻不断地追问自身的意义，而领悟、理解世界和人生的存在是由阐释来实现的。

在海德格尔看来，阐释是对生活的领悟，而生活一直是历史性的，无法被分解为各种本质的元素，生活是此在的现实个体人的生存世界，它在此在的现实个体人生存之前就存在了，而此在的现实个体人一旦出生现世，就生活在这个世界中，当此在的现实个体人追问、理解、领悟、回答人生和世界的存在意义时，此在的现实个体人的生活世界就一定前置在此在的现实个体人的头脑中,成为现实个体人追问、理解、领悟、回答的前结构;当此在的现实个体人追问、理解、领悟、回答人生和世界的存在意义时,头脑中的生活世界前结构不可避免地参与此在的现实个体人的阐释,所以阐释必然具有历史性、普遍性、当下性。在阐释中具体存在的意义在生活世界中被显现,而生活世界的存在意义也只在对具体存在的意义领悟中被澄明。追问、理解、领悟、回答成为一个不断循环的阐释过程,人类正是通过绵延不绝又此时此刻的循环阐释,确证着自己和世界的存在意义。在这个意义上,循环阐释是世界、人类、个体、万事万物本质的共有存在方式。这就是海德格尔"循环阐释论"的中心思想,它为后来的阐释学提供了两个合法性。一是个体阐释关乎存在本体,具有当下真理性;二是个体阐释关乎生活世界,具有历史普遍性。

海德格尔的弟子伽达默尔将阐释学定位于人面对一个文本而发生的理解活动。因此,阐释不是尽量排除主观而达到对文本客观原意的认识,也不是阐释者的任意言说,阐释有方法与真理的尺度、标准。他秉承海德格尔在主体精神与生活世界兼性关系中理解阐释的阐释学基本精神,确立对话和理解是人生此在的根本存在方式的立场,从存在论的角度,在阐释的历史性、视域融合、语言等方面构建了最为系统的阐释学体系,他的《真理与方法》被视为阐释学的"圣经"。理解的历史性是伽达默尔始终坚持的理论核心。阐释者是身处具体生活世界之中的此在,他从来都不可能超出他面对的具体生活世界和具体文本去阐释。这一点集中体现在阐释者的"前见"① 上。伽达默尔认为阐释者无法克服各种主观因素去客观地认识文本的本来面目。文本是文本作者的创作结晶,积淀着作者的思想、情感、动机等主观意识,当阐释者面对文本时,作者已不在场,无法还原文本的作者原意。即便作者出场指认自己

---

① [德]汉斯-格奥尔格·伽达默尔:《真理与方法》,洪汉鼎译,上海译文出版社1999年版,第341—365页。

的原意，也是另一阐释者对文本的阐释。从根本上讲，文本创造是一个时间性过程，时间的不可逆性导致具体创作过程不可复原，文本一旦现世，作者就永远地离开了文本。同样，阐释者先前的意识、经验在阐释中存在着，参与理解与言说，也可以说在阐释者阐释时有一个"前理解""前阐释"存在着，这就是"前见"。"前见"不可避免，存在的就是合理的，它成为理解的前提和基础，也是阐释能够产生对话、交流、共享的前提，是阐释产生真理性的条件。这样就决定了阐释总是有限的、相对的、开放的，历史性是阐释的内在规定性和阐释者的普遍属性。阐释的历史性决定了阐释者与文本之间、阐释者与阐释者之间一定是对话的、交流的，否则阐释就失去了合理性、真理性，成为独白或命令。阐释的历史性又使阐释成为一种"视域融合"①。"前见"使阐释者有不同的理解视界，在对同一文本进行的各种视域的理解中，由于人类经验和生活经验的共在性，不同视界交叉重叠，融为一体，个体视域共融为更广泛、更普遍的共同视域，形成了关于文本的公共理解。在视域融合中，阐释的过程成为文化生成的历史过程。这个历史过程是文本与阐释者相互作用、相互融合的"效果历史"②，是一种产生对话、产生意义、产生文化效果的开放性历史。效果历史是在阐释中实现的，语言是阐释的手段与方式。在阐释中，语言的言说是对话，是一种"提问的艺术"③。对话就是要提出问题，问题所含的意义规定了理解的边界，不断提问题就是不断生成、展开意义，阐释的真理性也就不断地敞开。

伽达默尔的阐释学融通了20世纪唯意志主义、新康德主义、存在主义、分析主义、实用主义、科学主义，集阐释学之大成，是20世纪反理性时代精神的典型，也为20世纪精神科学提供了独特的方法论。

---

① ［德］汉斯－格奥尔格·伽达默尔：《真理与方法》，洪汉鼎译，上海译文出版社1999年版，第393页。
② ［德］汉斯－格奥尔格·伽达默尔：《真理与方法》，洪汉鼎译，上海译文出版社1999年版，第385页。
③ ［德］汉斯－格奥尔格·伽达默尔：《真理与方法》，洪汉鼎译，上海译文出版社1999年版，第471页。

第三节

从根本上讲，当代资本主义社会中具有领导权与话语权的资产阶级统治层在内政上实行集权甚至法西斯统治，在经济上全面寡头垄断，在外交上盛行帝国主义，在文化上非理性主义至上，启蒙理念泯灭，阶级进步性丧失，这是20世纪阐释学的基本时代图景和主要社会原因。卢卡奇坚持历史唯物主义，对20世纪西方非理性主义文化思潮的源流、变迁、后果进行了系统的辨析和深刻的反思，在主客体统一中用理性重建人类的完整意义。卢卡奇与马克斯·韦伯、西美尔、狄尔泰等非理性主义思想大师都相识相交，他对20世纪西方非理性主义思潮的认识是切身透心的，他认为西方非理性主义思潮在康德认识的"二律背反"理论中生成，在20世纪德国社会改良文化中，成长为向当代资本主义妥协并为当代资本主义社会寻找生理与文化合理性的一种时代思想。当代资本主义的异化造成了工人阶级自我意识退化，使民众崇拜权威、追逐超人、依赖利益，使西方非理性主义思想与社会民众的日常生活相融合，最终出现了法西斯文化和纳粹政治。

在卢卡奇看来，"法西斯的宣传和暴政不过是一个长期的、起初表现为'无辜的'过程的顶点：理性的毁灭"[1]。在理性毁灭的过程中，非理性主义思潮有以下特征。其一，无论是叔本华的"唯意志论"哲学还是狄尔泰的"体验论"阐释学，任何一种非理性主义思想都有不可知论的性质；其二，各种非理性主义思想理论都从个体出发走向无边界的相对主义；其三，各种非理性主义思想理论都有着虚无主义态度；其四，各种非理性主义思想理论都有着悲观主义情绪。以上的特征就决定了20世纪非理性主义思潮是反理性的、反历史进步的。因而，卢卡

---

[1] [匈]卢卡奇：《理性的毁灭》，王玖兴、宋祖良、谢地坤等译，山东人民出版社1997年版，第74页。

奇坚信，要在根本上遏阻20世纪非理性主义时代状态，就必然重唤人民群众的阶级意识，在马克思历史唯物主义的引领下，重燃理性的灯塔，让理性照亮20世纪的历史。

在理性的审视中20世纪非理性主义思潮是当代资本主义社会普遍物化的结果，是当代资本主义社会普遍物化的"物化意识"的集中体现，是当代资本主义社会制度的商品关系意识反映，是当代资本主义社会的意识形态。要消除这种非理性主义的当代资本主义社会意识形态，必须重建当代以社会存在本体论为基础的具体的整体理性，"在这里不是对对立客体的认识，而是客体的自我意识"①。理性有着自身客观的社会存在本体，一旦没有了，理性便成为没有真实性的非理性幻象。理性又是对自身客观的社会存在本体的主观揭示，理性不是孤立的、静止的，而是社会存在本体具体而整体的观念显现，主体性是实现理性的基本方式、主导因素。在理性中，被简单决定的可能性不存在。理性由有目的的社会活动所建造，因此理性也就最能体现实践的能动性和历史发展前景。

由此，社会存在的整体性在理性的具体中，"具体的整体性是支配现实的范畴"②，理性有了双重规定。一方面，理性的具体性体现了社会存在本体在特定历史情境中的可能发展趋势；另一方面，理性的整体性又直接显现为现实的具体真实。同样，理性绝不是自然的产物，而是人有目的的社会选择的结果。而每一次有目的性的理性实现，都毫无例外的是客观社会存在本体的因果链的有序展开。在理性的主观目的性与客观规律性之间就有了一种主体性辩证中介，这就是实践的选择。实践的选择使理性成为现实的存在。卢卡奇用这种以社会存在的本体性为前提，以人的实践性为本质，以历史进步发展为目的性的具体的整体理

---

① [匈]卢卡奇：《历史和阶级意识——关于马克思主义辩证法的研究》，王伟光、张峰译，华夏出版社1989年版，第191页。

② [匈]卢卡奇：《历史和阶级意识——关于马克思主义辩证法的研究》，王伟光、张峰译，华夏出版社1989年版，第11页。

性，力挽20世纪当代资本主义非理性主义思潮之狂澜，正面阻击了西方非理性主义对德国古典哲学美学宗教观的迁延。

20世纪非理性主义思潮的宰制和阐释学的转向也预示着自启蒙时代以来的社会公共性的退化。哈贝马斯正是以其公共领域理论和行为交往理论，在后现代格局中抵抗非理性主义侵入，重建当代社会合法性与合理性，为当代阐释学的康复提供了公共性维度。哈贝马斯确认当代资本主义社会的合法性危机缘于历史、经验、技术三类知识所造成的公共领域丧失。所谓公共领域是指市民社会中日常的私人生活与国家统治的政府辖域共同关注、共同参与、共同建设、共同分享的共同空间。这种共同空间愈宽阔，社会就愈具有合法性；愈丰富，社会就愈具有合理性。当代资本主义社会公共领域萌发于中世纪晚期和意大利文艺复兴时代，其主导结构是文学、艺术、教育、学术。工业革命时代，公共领域在英国、法国、德国和美国迅速发展，其主导结构转向社会政治、社会舆论、社会治理。

但是在20世纪当代资本主义社会，国家政治干预民众日常社会生活领域，公共权力时常被少数私人组织掌控，公共领域与私人领域渐趋整合。国家霸权膨胀、政治强权威猛、中产阶层孤立、公众文化批判性减弱，民主建设、平等参与、自由分享愈来愈难以实现。资产阶级公共领域日渐萎缩，公共领域存在的前提消隐，基础坍塌。"社会的国家化与国家的社会化是同步进行的，正是这一辩证关系逐渐破坏了资产阶级公共领域的基础"①，造成了当代资本主义社会合法性危机，哈贝马斯称之为"再封建社会化"。如何解决当代资本主义社会合法性危机，是哈贝马斯思考的主题，为公共领域建立"普遍准入性"核心原则是他的基本思路。他说："资产阶级公共领域的成败始终都离不开普遍开放的原则。把某个特殊集团完全排除在外的公共领域不仅是不完整的，而

---

① ［德］尤根·哈贝马斯：《公共领域的结构转型》，曹卫东、王晓珏、刘北城、宋伟杰等译，学林出版社1999年版，第171页。

且根本就不算是公共领域。"① 同时建立新的社会舆论标准。社会舆论必须以公众理性为基础,经过公众讨论而形成,社会舆论不能独断强制或欺骗愚弄,社会舆论必须具有批判意识,而不能随波逐流、人云亦云,而这一切都要在交往行为中来实现。

哈贝马斯认为当代资本主义社会公共领域的"再封建社会化"与其交往行为不合理有直接关联。在当代资本主义社会中公众的交往行为呈现出物质利益泛化的特征,人们之间的沟通缺乏公共基础,公众理解出现障碍,这又造成社会交往行为风险性增强。人们在交往行为中常常误解、怀疑、仇恨、冲突,甚至有大规模战争和毁灭文明的情况,更深刻的是社会交往的公共空间不断萎缩,社会的分化以功利主义为价值导向,自私自利是行为动力。人们相互远离而孤立生活,进而消解了人们生存其中并为此而行动的生活世界。

面对当代资本主义社会合法性危机,哈贝马斯要重建历史唯物主义,使人类日常生活的客观世界、主观世界、社会世界在公众交往行为中重获合理性,实现社会存在的合法性。在生活世界中,公众有目的性行为、规范性行为、戏剧性行为等几类交往行为。目的性行为主要集中在生产领域,工具理性支配着改造客观世界的活动。工具理性压制着公众主体性,使目的性行为成为不合理的行为。规范性行为以共同的价值取向为目标,表现为公众主观世界中的价值认同和规则遵守。规范性行为常被强制观念、霸权规则所宰制而不合理。戏剧性行为如同舞台表演。公众在生活世界中背诵"台词"、扮演角色、感化他人,而自己则变成一种社会符号或文化工具。哈贝马斯真正赞许的交往行为是理解的交往行为,通过语言或话语的倾吐、传达、聆听、对话从而达成相互理解、彼此共享的协调一致。在这种公共性交往行为过程中,公众在对话中掌握了知识,在合作中确认了社会共同目的,在共享中肯定了普遍的

---

① [德]尤根·哈贝马斯:《公共领域的结构转型》,曹卫东、王晓珏、刘北城、宋伟杰等译,学林出版社1999年版,第94页。

生活意义。所以通过这一系列交往行为,才能真正促进20世纪当代资本主义社会结构转型和社会进化,实现重建历史唯物主义的宏大事业。在这个意义上,现代性仍然是一件未完成的事业。哈贝马斯在当代对启蒙进步性的捍卫,有效地阻止了非理性主义的蔓延。他的公共性理论对再释德国古典哲学美学宗教观提供了一种当代思路。

综上所述,从认识论到阐释学的思想史变迁、认识论与阐释学内部兴衰的历史,可以清晰地看出阐释学最终如何因认识论内部无法消弭的危机,一步步走向思想现场的中心并解构传统哲学特别是德国古典哲学美学宗教观的。不过,20世纪西方阐释学转向与语言学转向不同,它在阻断德国古典哲学美学理解世界的基本路径,消解德国古典哲学美学宗教观的普遍性的同时,为经典哲学,尤其是德国古典哲学美学宗教观的当代复制、传递、演化与转化提供了一种个体理解与具体意义生成、释读与公共化的非逻辑性、非意识形态性、非概念性的空间、路径与方法。

第二章　当代西方思潮对宗教超越维度的解构与重建

第一节

哲学与宗教的关系始终是西方思想史中的重要问题，德国古典哲学对这一问题的卓越贡献就在于，它在现代性高歌猛进的大背景下仍为人们提供了促使二者相互和解的方案。德国古典哲学既顺应时代之潮流，肯定哲学理性的自主性，又苦心孤诣地保留了宗教信仰的重要性，[①] 这种哲学与宗教相互竞争又相互依赖的张力被规定为人们天性中的"对超越性的内在诉求"[②]。启蒙运动带来了理性的觉醒，确证了人类理智通过自身认识真理的内在力量，西方科学，乃至哲学都要求自己成为体现理性之自主性的典范；但对理性自主性进行无条件推崇的同时，也意味着对超越维度的追求必须在理性的法庭上做出自我辩护，甚至在理性看来，这种超出理性自治的要求本身就是可疑的。那么德国古典哲学在理性自主的框架下为宗教的超越性留出空间的平衡方案究竟如何成为可能呢？这是将宗教外在的超越转化为内在超越的问题。

[①] Cf. William Desmond, Ernst‐Otto Onnasch und Paul Cruysberghs, *Philosophy and Religion in German Idealism*, Netherlands: Springer, 2004, p. xi.

[②] Cf. William Desmond, Ernst‐Otto Onnasch und Paul Cruysberghs, *Philosophy and Religion in German Idealism*, Netherlands: Springer, 2004, p. xiii.

德国古典哲学美学宗教观念的批判性阐释

众所周知,在中世纪经院哲学的传统中,超越(Transzendenz)和内在(Immanenz)为一组对立的概念,① 例如造物主是超越的,那么被造物就是内在的;永恒之物是超越的,可变和暂时之物就是内在的,等等,简言之,超越概念在中世纪具有形而上学的意义,它指称的乃是真实的存在者。而在康德批判哲学的架构下,超越被重新规定,首先,限制在可能经验范围之内的被叫作内在,而超出可能经验范围的就是超越,② 由于超越之物超出了可能经验的范围,故无法认识。在康德的改造下,超越和内在的对立从存在维度被转移到了认识层面,神学和经院哲学中神的绝对超越性就被转化为一种认识论意义上的"超出认识范围"。而斯宾诺莎的"内在无限学说"在1800年前后的德意志思想界风靡一时,恐怕也正是其内在超越的精神实质与康德批判哲学的旨趣殊途同归而已。

在德国古典哲学家中,谢林和宗教的关系最为密切,老年黑格尔派的哲学史家库诺·费舍尔(Kuno Fischer)曾认为谢林的宗教哲学"第一次以哲学的方式贯穿和把握了宗教的历史性格,神的启示和历史的关系通过对神的认识而得到阐明"③,宗教与哲学的关系问题在谢林那里被擢升为其运思核心,他在《哲学与宗教》中将两者界定为同源分流的关系,宗教和哲学都源出于神秘学(Mysterien),哲学为了保持真理的纯粹性在流传过程中转为秘传(Esoterisch),而宗教则反之成为显白的(Exoterisch),二者由此而分流并展开了真理解释权的竞争。④ 哲学因为不具备公开性和普遍性而被人误解为解释范围仅仅局限在有限事物和可能经验的范围内,但从本原方面来看,超越者、神与绝对才是理性

---

① Vgl. Jena Halfwassen, *Transzendenz in Historisches Wörterbuch der Philosophie*, Hrsg von Joachim Ritter und Karlfried Gründer, Band 10, Basel: Schwabe, 1998, S. 1445.

② Vgl. Immanuel Kant, *Kritik der reinen Vernunft*, A325/B352, 中译参见康德《纯粹理性批判》,邓晓芒译,人民出版社2004年版,第277页。

③ Kuno Fischer, *Schelling. Werke und Lehre*, Heidelberg: C. Winter, 1902, S. 580.

④ 参见先刚《哲学与宗教的永恒同盟——论谢林的宗教哲学思想》,《社会科学战线》2007年第3期,第34—40页。

和哲学真正的对象，这也是谢林和黑格尔要通过哲学本身所恢复的共同目标和理想。谢林认为哲学需要通过宗教完成自身，阐明绝对、神和超越才是自己真正的认识对象，宗教则需要哲学才能获得本质规定，绝对、神和超越必须通过理性才能达到真正的普遍性和清晰性。与谢林的基本动机类似，黑格尔也不满足于康德基于理性或哲学的自主性为宗教留出空间的调和性方案，他认为这一方案的弊端在于造成了世界本身的分裂，还产生了心灵的内在分裂，分裂又造成了两个世界的分离，故此，黑格尔更强调通过哲学自身概念式的认识将宗教从表象这一认识方式的局限性中纯化为自我思维的思想本身，进而将宗教对象的超越性转化为思维本身的内在性。在个意义上，不同于谢林将世界本身超越化，黑格尔的方案进一步将绝对者或神内在化，由此其体系哲学就代表了德国古典哲学将传统宗教指涉的外在超越转化为内在超越形式的极致。

经由德国古典哲学的转化，宗教所代表的人类对超越的根本诉求实际上已经被代换为如何认识经验界限之外的存在，德国古典哲学提供的内在超越方案完全颠覆了古希腊哲学、中世纪经院哲学，乃至近代形而上学对超越和内在存在论意义上的区分，对德国古典哲学之后的思想家而言，对神、神圣之物具体的、活生生的信仰和崇拜现在已经被还原为认识如何超越自身、达到一个不在意识范围内的存在者的问题。概言之，尽管德国古典哲学以内在超越的解决方案保留了传统神学或形而上学中神、绝对和超越者的地位，却剥夺了超越维度对人们日常生活的实际影响，这无疑取消了宗教的独立性和社会根基。然而对超越性的渴望乃是人之天性，这种不可遏制的内在诉求也使得宗教问题成为西方现代思潮中时隐时现的幽灵，抑或死而不僵的百足之虫。同时，德国古典哲学的内在超越方案带有强烈的通过认识研究存在的理性主义色彩，这种认识上的优先性实际上加剧了现代性思潮中早已出现的理论和实践的分裂。德国古典哲学素来以理性和自由为哲学最崇高的使命，力图使哲学本身具有真正实践性的，却无法避免作为整体的德国古典哲学从19世纪末期开始就成为学院哲学或哲学理论化的典型，这无疑与其初衷背道而驰。德国古典哲学以思维扬弃对神的信仰，既剥夺了宗教作为西方日常生活的根基性地位，又使得哲学自身的范围也日渐缩小，哈贝马斯忧心忡忡地解释了这种吊诡现象出现的根源，"到了近代，理论概念失去了同神圣事件的这种联系……逐步退化为了一种社会特权。理论所剩下的只有远离日常经验和兴趣的唯心论解释。……在轻视唯物论和实用论之际，逐渐形成了一种绝对主义的理论观，它不仅凌驾于经验和个别科学之上，而且剔除了其世俗源头所遗留下来的蛛丝马迹，变得十分纯粹"①，这就戏剧化地导致了"新纪元则以一种反讽的方式，通过抽象地行使一种越来越不透明的科学体系的主权，满足了已丧失殆尽的一和全的要求，但是，在分散的世界图景的汪洋大海中，封闭的世界图景只有在隐蔽的亚文化岛屿上还能站住脚跟"②。如果说马克思还因为哲学家只能解释世界而彻底放弃了当时已经逐渐沦为理论的学院派哲学，转而求新求变，那么现代西方哲学则是自觉地放弃了对"一和全"的追求，安于哲学局限于理论的局面，这样一来哲学本身免不了步宗教的后尘，丧失对生活或生命的解释力。现代世界抑或现代性的特征本就是一系列的二元对立，即神与世界、精神与自然、个体与社会、理性与感性，古代世界中由宗教所维系的那种圆融一体的世界图景被瓦解了。哈贝马斯在《现代性的哲学话语》中认为这种分裂的根本原因不外乎理性作为一种力量使生活关系系统发生分裂和破碎。③ 而在哈贝马斯看来，德国古典哲学通过理性在理论层面重建了神与世界、超越与内在之间统一性的实质，是在实践层面悬置了神之超越性对人的本真存在的内在关联。这意味着，从现代性进程的角度来看，哲学本身所追求的真理或意义已经狭隘化为一个单纯的理论性问题，而不再是人生问题。

---

① ［德］哈贝马斯：《后形而上学思想》，曹卫东、付德根译，译林出版社2001年版，第32页。

② ［德］哈贝马斯：《后形而上学思想》，曹卫东、付德根译，译林出版社2001年版，第28页。

③ 参见［德］哈贝马斯《现代性的哲学话语》，曹卫东、何诺等译，译林出版社2004年版，第32页。

哲学在解构宗教的同时自身也不可避免地日益学院化和技术化，它越来越与时代脱节，与这个事实相对应的无疑就是西方哲学本身的现代转向，这一转向折射出了哲学本身的危机。如果将古希腊哲学视为西方哲学或思想的源流地，那么可以说西方哲学从诞生初始就以追求一和全为根本旨趣，哲学本身不仅是对永恒或理念的静观，而且更是人类的一种基本存在方式。德国古典哲学著名的反对者雅各比曾经颇有洞见地指出康德的批判哲学隐含了虚无主义的危机，这一虚无主义的危机实际上意味着哲学对最高存在或终极意义的探求不能等同于对可能经验或一般知识的追求，而应该是对自身存在根据的追寻。在雅各比看来，康德尽管确立了实践理性对于理论理性的优先性，却无法避免物自体本身实际上是一个理智的预设或理论哲学的需要。从根本上说，德国古典哲学已经是主体性兴起之后的产物，主体性的出现必然会带来一系列的二元对立，古典形而上学视野中的万物一体、一与全的统一都成为亟待论证的问题而非不言自明的前提。因此，德国古典哲学将宗教代表的超越性维度内在化或转化为内在超越实际上也是在哲学危机下的无奈之举，是在现代性危机的大背景下重构神与世界、一与全之间统一性的最后尝试。在现代性或主体性哲学的基本架构下，一与全、神与世界原本实体性的统一却必须依赖于认识本身的统一，而认识所构造的统一性则被进一步约简为一种纯粹的理论态度，此种无奈之举不可避免地使哲学狭隘化为认识理论，而非人的存在方式，哲学无法提供宗教原本所维系的人之安身立命之本。在这样的大趋势下，真理问题或意义问题不再关涉生命或实践，而转为认识，进而细化为语言问题。进入20世纪，哲学原本所追求的理解的整全性被语言分析搅碎为局部的、不可化约的、碎片化的意义，哲学失去本质对象，放弃了对超越维度的实质性追求。20世纪的语言学转向实质上也正是在哲学本身危机的大背景下应运而生的，是哲学危机的必然后果，在现代性进程下，德国古典哲学中已然出现的宗教危机在现代西方思潮中也就顺理成章地深化为哲学本身抑或形而上学的危机。

第二节

只有在由现代性所引发的哲学危机的语境中，现代西方思潮对宗教欲拒还迎的暧昧态度才能得到比较恰切的理解。其中维特根斯坦所代表的语言哲学、法兰克福学派代表的批判理论和里特学派（Ritter Schule）代表的保守主义在某种程度上都是对由宗教崩溃而引发的哲学危机的回应模式。

维特根斯坦无疑是20世纪最重要的哲学家之一，其前期哲学和后期哲学分别启发了逻辑实证主义和日常语言学派，他所关切的重点无疑是数理逻辑和语言批判。而维特根斯坦的气质无疑又迥异于罗素和维也纳小组成员等纯粹的分析哲学家，他出生于维也纳巨富之家，艺术教养和文化修养深厚，维特根斯坦不信教，在父亲去世后他将继承的巨额财产悉数散去，过着最俭朴的生活，他的行止不能不让人联想到虔诚的教徒。维特根斯坦始终以最严肃和诚挚的态度对待生活与哲学，因而把维特根斯坦与宗教联系起来，一点也不奇怪。但困难之处在于，维特根斯坦和宗教的关联往往体现在他的生活之中，而不是他的思想中，好在维特根斯坦自己将《逻辑哲学论》称为一部伦理学著作，并在《哲学研究》的前言中耐人寻味地说："我想说：'这本书是写给上帝的荣光的'"①，他自己就常用伦理和宗教性词汇来言说逻辑分析和语言分析的哲学工作。

也源于此，一部分学者别出心裁地将维特根斯坦与宗教问题联系起来，尝试证明其思想根本上就是宗教性的，② 如美国学者谢尔兹（Phillip R. Shields）在博士论文《逻辑与罪》中就对这个问题做出了出色的

---

① Allan Janik, "Letters to Ludwig von Ficker", C. G. Luckhardt, *Wittgenstein: Sources and Perspectives*, New York: Ithace, 1979; Ludwig Wittgenstein, *Philosophical Remarks*, edited by G. H. von Wright and E. M. Anscombe, translated by Anscombe, Oxford: Blackwell, 1953, p. 7; 参见［美］谢尔兹《逻辑与罪》，黄敏译，华东师范大学出版社2007年版，第1页。

② ［美］谢尔兹:《逻辑与罪》，黄敏译，华东师范大学出版社2007年版，第3页。

阐释。《逻辑与罪》的标题非常吸引人，维特根斯坦毕生钻研逻辑自不必说，那么"罪"对他而言意味着什么呢？维特根斯坦曾对他的学生兼好友朱瑞（M. O´C. Drury）说过，"我没有信仰，但我总不由自主地从宗教的角度看待每个问题"①，与这一自陈相呼应的是维特根斯坦在剑桥求学时发生的著名轶事，他常常深更半夜跑到罗素的家里，讨论哲学问题，说是讨论，他却常常一言不发，一连几个小时像关在笼子里的老虎一样走来走去。有一回，如此这般过了几小时，罗素忍不住问他："维特根斯坦，你是在思考逻辑，还是你的罪？"维特根斯坦回答："两者都是。"然后又陷入了沉默。② 维特根斯坦曾抱怨罗素没有理解他的《逻辑哲学论》，谢尔兹也认为罗素尝试撇开维特根斯坦对伦理和宗教的关切来理解他关于逻辑和语言的思想并不恰切。谢尔兹将自己对维特根斯坦的阐释洞见集中在《逻辑哲学论》这本格言式著作的结束语中："对于不能说的东西（nicht sprechen）要保持沉默"③，谢尔兹将之概括为"对说（saying）与显示（showing）一贯的和截然的区分"④，在他看来，《逻辑哲学论》要做的基础工作就是划定可说和不可说的界限。谢尔兹由此将划界视为维特根斯坦思想中一以贯之的线索，并在这一阐释框架下视《哲学研究》和《逻辑哲学论》为一个整体。谢尔兹认为，维特根斯坦在《哲学研究》中重点讨论的"语法""生活形式"实际上都是不可说而只可显示的东西，在此意义上，维特根斯坦能被视为一个"准"先验的哲学家，他关注的是一种使意义得以展开的奠基性之物，谢尔兹援引维特根斯坦专家图尔敏（Stephan Toulmin）的判断，"图尔敏强调说，自始至终，维特根斯坦都是一个'先验'哲学家，他的核

---

① M. O'C. Drury, "Some Notes on Conversations with Wittgenstein", *Recollections of Wittgenstein*, edited by Rush Rhees, Oxford：Blackwell, 1984 p. 79, 转引自［美］谢尔兹《逻辑与罪》，黄敏译，华东师范大学出版社2007年版，第2页。

② Bertrand Russell, *Philosophers and Idiots*, in The Listener 55（February 1955）：247. 转引自［美］谢尔兹《逻辑与罪》，黄敏译，华东师范大学出版社2007年版，第4页。

③ Ludwig Wittgenstein, *Tractatus logico - philosophicus/Logisch - philosophische Abhandlung*, Frankfurt a. M.：Suhrkamp, 1989, S. 83.

④ ［美］谢尔兹：《逻辑与罪》，黄敏译，华东师范大学出版社2007年版，第1页。

心问题可以得到康德式的表述，'有意义的语言究竟是如何可能的？'图尔敏指出：'对康德来说，哲学的核心任务是（ⅰ）探究理性的范围及其内在界限，（ⅱ）验证企图突破和越过这些不可避免的界限，这种不可遏止的倾向带来的后果'。叔本华做出推进之后，维特根斯坦可以这样重述康德的任务，'（ⅰ）探究语言的范围及其内在界限（ⅱ）验证企图突破和越过这些不可避免的界限，这种不可遏止的倾向带来的后果'。最终，我们将把这种不可遏止的倾向标示以'罪'"①。

维特根斯坦在哲学危机的大背景中自觉地进行可说/显示的划界，因此，无论是《逻辑哲学论》还是《哲学研究》都不仅仅是语言批判或者划定语言界限的著作，更是纯粹的哲学著作，维特根斯坦根本的问题意识是通过划定语言的界限，来探讨哲学的界限，进而以合适的方式来呈现不可说之物。谢尔兹认为维特根斯坦虽然极少谈论宗教或者罪孽的问题，但他在探讨逻辑或语言界限时探讨哲学界限，而哲学之罪就是用可说的方式去表达了那些不可说的东西。言说或表达不可说之物并非哲学之罪，而是它本身的冲动，是由哲学探究"一和全"这一根本目标所决定的。因此不可说之物对维特根斯坦更为重要，这些最重要的部分在《逻辑哲学论》中虽然还未涉及，却是维特根斯坦之关切的根本所在，因此可说/不可说或可说/显示的划分不仅是语言的划界，而且是哲学本身的划界。去显示不可说之物就是抵达哲学本身的目标，重新规定哲学的任务。这一点正如康德在《纯粹理性批判》第一版导言中所指出的，"人类理性陷入这种困境并不是它的罪过"②，而维特根斯坦也和康德一样深刻地认识且尊重这种哲学本身的内在倾向，维特根斯坦看得清楚，这种倾向根植于人的本性，哲学的倾向是人之为人的所在，"它所说的东西对我们任何意义上的知识都没有增加任何新的内容。但它记载了人类心灵中的一种倾向，我

---

① ［美］谢尔兹：《逻辑与罪》，黄敏译，华东师范大学出版社2007年版，第47页。
② Immanuel Kant, *Kritik der reinen Vernunft*, A7, 中译参见［德］康德《纯粹理性批判》，邓晓芒译，人民出版社2004年版，第1页。

个人对此无比崇敬"①。人们常常根据《逻辑哲学论》所涉及的实际内容，以及《哲学研究》围绕着语言批判的角度所作的哲学划界，而认定哲学在维特根斯坦那里只有消极的治疗作用，或者认为维特根斯坦重新划定哲学界限只是为了将哲学的工作限定为语言分析或对逻辑误用的清淤，但根据维特根斯坦的自述，我们的关注焦点显然更应该在现代性和哲学危机的大背景下维特根斯坦那不同于现代西方主流思潮的问题意识，②维特根斯坦的根本旨趣依然是重建哲学对世界的整体性理解，揭示出世界背后的语言—逻辑架构。

  维特根斯坦积极的重建工作自然始于消极的治疗，他在《逻辑哲学论》的开篇就指出，"哲学不是自然科学的一种"③，这针对的是近代以来哲学要求仿效自然科学的自我主张，近代哲学认为哲学与自然科学的区分在内容，而不在形式，哲学必须要学习自然科学精密的形式，这样才能将哲学的任务和自然科学任务区分开来。维特根斯坦终其一生都认为，哲学与自然科学并不是并列关系，它既不是对自然科学方法的模仿，也无意于在方法上为自然科学奠基，在维特根斯坦的心中，自然科学追求客观知识，而哲学"是一种活动"④，这种活动是"从逻辑上澄清思想"，"哲学的结果不是哲学命题，而是澄清命题"⑤。如果结合维特根斯坦对形而上学或哲学本身的态度来看，那么所谓的澄清无疑指的就是限定和划界，哲学"必须划分为可思考的东西，由此划分不可思考的东西，它必须通过可思考的东西从内部来限定不可思考的

---

  ① ［英］维特根斯坦：《维特根斯坦论伦理学与哲学》，江怡译，浙江大学出版社2011年版，第8页。

  ② 关于这方面的研究参见张汝伦《西方现代性与哲学的危机》，《中国社会科学》2018年第5期，第23—42、204页。

  ③ Ludwig Wittgenstein, *Tractatus logico-philosophicus/Logisch-philosophische Abhandlung*, Frankfurt a. M.: Suhrkamp, 1989, S. 31.

  ④ Ludwig Wittgenstein, *Tractatus logico-philosophicus/Logisch-philosophische Abhandlung*, Frankfurt a. M.: Suhrkamp, 1989, S. 31.

  ⑤ Ludwig Wittgenstein, *Tractatus logico-philosophicus/Logisch-philosophische Abhandlung*, Frankfurt a. M.: Suhrkamp, 1989, S. 31.

东西"①。而这实际上直指近代以来哲学试图模仿科学,忽视了二者的区别的视野盲区,更确切地说,哲学认为自己和科学的区别只在内容方面,而忽略了形式上的区别,哲学实际上还是预设了以逻辑命题为核心的陈述,相信认识能解决一切问题。但在维特根斯坦看来,哲学其实由逻辑和形而上学组成,而形而上学的命题所指向的就是宗教所指涉的神、绝对和超越,这些命题言说的对象皆在世界之外。所谓可以被言说的命题恰恰关联自然科学所处理的对象,这些对象是有意义的、能被言说的,是存在于世界之中的事实,因此其也有着对应的命题,但它们却与形而上学无关;与之相反,形而上学无关世界之中的任何经验事实,其对象也无法以自然科学的命题形式加以言说,因而无关乎意义,"哲学著作中发现的大部分命题和问题不是虚假的,而是无关乎意义的"②,化用谢尔兹的说法,哲学的根本之罪是用自然科学的表达形式去言说了不可说的对象。我们常常根据维特根斯坦的这个区分简单地判断其要取消哲学,刻意强调维特根斯坦将可说之物表达清楚,而对那些不可说之物保持沉默,其实这只看到了维特根斯坦对哲学的消极规定,他要否定的是传统哲学,尤其是近代哲学仿效科学形式的做法,但维特根斯坦并无意取消哲学本身,相反,他表达了对形而上学的崇敬,"我把过去伟大的形而上学著作归入人类心灵最高尚的产物之列"③。例如,他并不是将"无关意义"视为不重要的,而是将这些对象视为更为根本的命题,但它们不能以科学的方式被命题化而需要以哲学的方式得到显示,从这个意义上看,维特根斯坦以哲学的方式重新审视、规定了哲学的任务——哲学是治疗和重构,它是一种活动,而不是纯粹的理论态度。

---

① Ludwig Wittgenstein, *Tractatus logico-philosophicus/Logisch-philosophische Abhandlung*, Frankfurt a. M. : Suhrkamp, 1989, S. 32.

② Ludwig Wittgenstein, *Tractatus logico-philosophicus/Logisch-philosophische Abhandlung*, Frankfurt a. M. : Suhrkamp, 1989, S. 26.

③ M. O'C. Drury, "A Symposium", K. T. Fann, *Ludwig Wittgenstein: The Man and His Philosophy*, New York: Dell, 1967, p. 68, 转引自张汝伦《西方现代性与哲学的危机》,《中国社会科学》2018 年第 5 期, 第 23—42、204 页。

第二章 当代西方思潮对宗教超越维度的解构与重建

这种重新规定构成了积极意义上的治疗，这种治疗不是放弃哲学而是克服现代性进程中哲学之罪，克服哲学一味通过仿效自然科学命题的方式来探究知识形式而产生的自我消解。他在《哲学研究》中指明了哲学本身的追求，"它（逻辑）产生出来，不是因为对自然事实有兴趣，也不是由于把捉因果关系的需要；而是出自要理解一切经验事物的基础或本质的热望"[①]，维特根斯坦要消除现代性进程或主体性原则对哲学实践本性的干扰，"把一切摆到那里，不解释也不推论"[②]，恢复哲学对"一与全"的实质性理解。为了澄清哲学的根本任务，维特根斯坦在可说/不可说—可显示之区分的基础上还确立了无关乎意义（Unsinnig）和无意义（Sinnlos）。维特根斯坦认为所谓意义（Sinn）指的是检验事物和命题是否一致，只有相互一致才称得上有意义的，而形而上学的对象已经超出了可说的界限，并不是可检验的事物，因此这些事物自然是"无关乎意义的"，但绝不是"无意义的"，可是，这些绝对超越的、不可言说的对象一旦以命题的方式加以表达，就会变成无意义（Sinnlos）的。幸好维特根斯坦并不是因为这种在命题形式中的无意义而消解了超越对象的无关意义性，他不像之后的逻辑实证主义者那样全然拒斥无关意义的对象，视其为形而上学的呓语。在《哲学研究》中，维特根斯坦将这些无关意义的对象称为可显示的，这些事物关系人们生活本身的根基性，因此绝不可能是无意义的，"事物对我们来说最重要的方面由于其简单平常而掩蔽着（你不会注意它——因为它一直都在你眼前摆着。）"[③]，它们就是世界的整体秩序，亦即传统宗教中的神、绝对和超越者等。因此显示就是治疗意义上正确的哲学方法，它不是复现式的描述，而是创造性的呈现活动，从而避免了以命题或自然科学的方式将超越性的对象表达为无意义的，而是始终将其保持或揭示为无关意

---

① ［英］维特根斯坦：《哲学研究》，陈嘉映译，上海人民出版社2001年版，第63—64页。
② ［英］维特根斯坦：《哲学研究》，陈嘉映译，上海人民出版社2001年版，第76页。
③ ［英］维特根斯坦：《哲学研究》，陈嘉映译，上海人民出版社2001年版，第77页。

义的。维特根斯坦说，哲学问题其实是语言误用所引起的，而对自然科学命题形式的纠正就是对不可说之物的显示，从整体上给出整体性秩序，这种整体性秩序在《哲学研究》中被维特根斯坦称为哲学语法，哲学语法是事情本身的语言结构，是世界的语言秩序，也是人思维与行动的基本前提，更是传统宗教所指向的实体性公共生活的基本语言形式。维特根斯坦所希冀达到的效果是阐明哲学并不给出关于事物的知识，而呈现如何理解世界本身的基本前提，哲学包含着对人生意义的实践性关怀，而这正是维特根斯坦对待宗教的态度，语法规则不能为其自身正确应用进行辩护，最后的裁决只在于我们的"实践"，这就好比我们对待神的诫命，只能接受而无法要求解释。

维特根斯坦在解构近代哲学尤其是德国古典哲学内在超越方案的同时，也以自己的方式完成了对超越性之物的守护。据说，维特根斯坦极其钟爱托尔斯泰的《三隐士》，在托尔斯泰笔下踏水而行的三隐士，正可类比于能抗拒哲学诱惑，逃脱了"捕蝇瓶"的苍蝇，正如谢尔兹在《逻辑与罪》的结尾所说："维特根斯坦常常把我们的注意力引向由于熟识而被忽略的奇异之处。如果我们准备承认并接受那强加于我们并维系我们的东西，如果我们的意志准备按照'上帝意志加以转变'，傲慢与狂妄就必定让位于感激与惊讶。"① 在这个意义上我们可以说维特根斯坦以实践优先的态度又回转到了康德的结论。

第三节

除了语言转向之外，现代西方思潮的另一大主脉就是现代性批判。进入20世纪，现代性造成的分裂愈演愈烈，西方现代思潮也愈发以批判现代性造成的种种分裂为己任，绝大部分思想家都意识到主体性造成的哲学危机本质上就是现代性的危机。尤为值得一提的是，霍克海默和

---

① [美]谢尔兹：《逻辑与罪》，黄敏译，华东师范大学出版社2007年版，第180页。

第二章 当代西方思潮对宗教超越维度的解构与重建

阿多诺通过《启蒙辩证法》所开启的社会—批判的进路几乎决定了当前学界研判现代性机制的基本立场。要细加甄别的是,现代性批判和现代性的关系并非批判者与被批判者,哲学能对现代性危机进行持续的批判,但这种批判却并非哲学的专利。以法兰克福学派为代表的批判进路就不断借鉴着其他人文社会科学的理论资源,这恰好意味着所谓的现代性批判并不是对现代性的总体批判,而是尝试在其内部修补裂痕,这种批判并不是一种立场的全局性转化而是现代性自身的补偿机制。

哈贝马斯在《后形而上学思想》中颇为无奈地感叹"哲学所剩下的以及力所能及的就是通过解释把专家知识和需要探讨的日常实践沟通起来。哲学剩下的就是通过阐释来推动生活世界的自我理解进程。这个进程和整体性密切相关,同时又必须借助于专家文化的客观化、道德化和审美化的干预,使生活世界避免过分异化"①,但既然"康德之后,不可能还有什么'终极性'和'整合性'的形而上学思想"②,那么这种对生活世界的自我理解又如何可能,哲学相对于文化、道德和审美的优先性体现在何处呢?在这个意义上,法兰克福学派开启的批判转向并没有改变生活缺乏宗教根基的事实,相反现代性借助哲学的现代性批判完成了对未来的许诺,进而在文化层面完成了对分裂的补偿,这实际上意味着哲学只是以虚幻的方式在一定程度上代替了以往宗教部分实体性的功能。这种代替性方案亦即法兰克福学派对客观理性的重建的尝试,因为在法兰克福学派那里,这种客观理性并不是传统宗教意义上的神、绝对和超越者,它缺乏实体性的基础,而仅仅是客观的合理性或理性本身的现实化和建制化。

法兰克福学派第一代思想家的宏愿在于将整个德国的观念论传统,乃至马克思哲学改造为一种社会批判理论。对霍克海默和阿多诺而言,

---

① [德]哈贝马斯:《后形而上学思想》,曹卫东、付德根译,译林出版社2001年版,第18页。
② [德]哈贝马斯:《后形而上学思想》,曹卫东、付德根译,译林出版社2001年版,第18页。

现代性问题在于如何在变革和对旧秩序的破坏所造成的分裂中重建新秩序，他们都接受了黑格尔的多样性和变化中存在着统一性的观念，这种统一性就是理性的客观性，因此理性的实现具有实践的维度。霍克海默认为真正的理性并不是启蒙运动所理解的狭隘的、仅仅局限于主观层面的知性，而是能够取代传统社会的宗教、超越的维度成为新秩序的客观规范性。霍克海默和阿多诺致力将观念论实践哲学传统发展为一种对实证主义的社会科学，甚至胡塞尔的现象学等其同时代认识论的批判，而这一批判的实质乃是理性的解放。资本主义社会的问题在于不仅用工具理性（知性）对待自然，而且以之看待他人，由此整个社会系统就被简化为机械性的功能系统，因此克服理性的工具化和人的解放对霍克海默和阿多诺而言是一回事，现代性不能局限于自我意识的主观性，而必须揭示社会和历史的客观性，这种客观性意味着社会事实和建制并非受到自然法则的支配，而只是人类对自身劳动的历史遗忘。社会批判就是为了终结人类社会现实的异化，这成为法兰克福学派第一代的理论成就。与卢卡奇的不同之处在于，霍克海默和阿多诺都不承认有终结世界异化和社会异化的历史主体，因此他们的理论基点并不是传统形而上学理性和现实的绝对统一，而是借用黑格尔的辩证法批判工具理性，以阐明理性本身能发展出一种客观的合理性，试图证明理性本身能承担起一部分传统宗教的任务，由此来克服启蒙运动对理性的狭隘理解。

在《合法化危机》中，哈贝马斯认为，他的前辈们仅仅在思想上做出危机应对，但这还远远不够，构建起社会本身的现实连续性显然更为重要。在哈贝马斯看来，经济领域和行政管理领域中工具理性是必要的，但当在经济危机和公共领域出现不可预测的意外后果时，我们却不能再退回到私人生活领域，需要文化领域起到社会整合的作用功能。换言之，哈贝马斯对工具理性的批判是有限度的，认为现代性危机的真正症结在于工具理性僭越了自己的界限，被滥用到文化领域之中，使得文化领域越加专业化而逐渐丧失了社会整合的功能，由此产生了合法化危机。这正是第一代批判理论未能解决的盲点，哈贝马斯通过构建一种理性建制来填补霍克海默和阿多诺理论的空白,这就是交往行为理论。交往行为理论的要旨在于通过理性沟通,完成公共领域的重构,使人们在文化领域也接受启蒙,进而使得理性交流成为社会规范性的来源,也是在这个意义上哈贝马斯认为现代性仍是未竟的事业,启蒙还需要推进。哈贝马斯的交往行为理论以及他所发展起来的关于系统和生活世界的危机理论,试图重新找到在整个社会空间中人与人之间相互结合的可能性,以取代传统宗教。霍耐特(Axel Honneth)则认为这种交往行为理论只强调人与人之间的共识,而忽略了斗争,他试图将霍布斯的原始状态纳入黑格尔早期承认理论框架中,将现代社会的特征归纳为为了完成结合而斗争,现代社会中个体自由必须建立在相互依赖和相对独立的社会关系上,他的出发点虽然与哈贝马斯完全不同,但所期待的效果则完全一致,通过扩展理性本身的内涵,挖掘出其超出程序合理化的实质内容,从而建立起社会建制内在与个体之间的一致性,稳固资本主义社会内在的基础,缓解人与世界的异化。

1968年德国学生运动失败标志着思想右转,法兰克福学派内部在这一时间也发生了新的转向,哈贝马斯、霍耐特开始接受资本主义现状并缓和现代性批判的力度,与之同步发生的是德国保守主义重新登上历史舞台。哈贝马斯认为德国保守主义的源头同样可以追溯至黑格尔,但其阐释传统却来自黑格尔右派。黑格尔右派代表罗森克兰茨(Karl Rosenkranz, 1805 – 1879)捍卫君主制,认为君主可以独立于党派之外保持中立,从而消除不同利益之间的对立,这种主张通过卡尔·施米特(Carl Schmitt, 1888 – 1985),在第二次世界大战之前始终占据魏玛共和国宪法学说的统治地位,试图用一种外在的强制手段把分裂了的社会世界整合起来,他们将黑格尔的国家概念偷换成赤裸裸的极权国家。① 德国保守主义对这种极权国家的理念做了修正,但保留了以外在强制手段

---

① 参见[德]哈贝马斯《现代性的哲学话语》,曹卫东、何诺等译,译林出版社2004年版,第78—82页。

克服分裂，实现社会统一和重建生活根基的基本内核，这也构成了与法兰克福学派不同的另一种重建客观理性的路向。

第四节

里特学派兴起带来了保守主义，里特学派也在政治哲学领域重新复活了黑格尔右派国家观念的基本主张，因此这一派别也被称为新保守主义。里特学派创始人约阿希姆·里特（Joachim Ritter，1903—1974）从1947年起在明斯特大学主持的"Collegium Philosophicum"哲学小组，在此后的十五年里，德国一些极具声望和影响力的知识分子都与这一团体有着或多或少的联系。里特通过主持《哲学历史辞典》（*Historisches Woerterbuch der Philosophie*）的编纂工作以及与伽达默尔合作主导"概念史文库"（Archiv für Begriffsgeschichte）的选编对德国学界产生了持久的影响，里特的亲炙弟子施佩曼（Robert Spaemann）在里特诞辰一百周年的文集中曾经说道："约阿希姆·里特对于德国战后的哲学具有最为非凡的意义——唯有伽达默尔可以与他相提并论。"① 里特学派对法兰克福学派的"整体性"概念提出了批判，他们认为对"民主"和"自由"的探讨应该离开作为国家或者体制的整体视野，回到公民性（Bürglichkeit）自身上来，否则会沦为一场属于精英幻想式的意识形态工程。里特学派的重心并非借助现代性批判来完成理性重建，而是彻底将现代性本身解读为一种补偿方式，个体在现代化进程中沦为服务于功能性建构的、异化了的社会零件，意义补偿机制通过文化建制和对"公民性"概念自主选择完成，这就产生了一种身份建构意义上补偿的需要。里特学派认为政治秩序的正当性并非从任何抽象原则中演绎出来的规范性，而是具体社会文化进程的结果，公民的身份认同在此进程中会

---

① 转引自瓦尔特·施瓦德勒《形而上学与政治：当前哲学讨论中的"里德学派"（Ritter Schule）》，贺念译，《清华西方哲学研究》2017年第2期。

随着生活形式和共同体的体制间接地表明他们对现存秩序的自我理解。在这个意义上，里特学派建构客观性方案也可被视为一种基于现代性立场重建客观性的途径。

里特学派力图在亚里士多德伦理学、黑格尔法哲学的传统背景下重新思考了以下两对重要的概念，即"传统和伦理"（Sittlichkeit）与"理性和道德"（Moralität），"分裂"（Entzweiung）与"革命"（Revolution）之间的关系，其问题意识与法兰克福学派类似，在于现代社会中以一种非超越性的方式，重建传统宗教所代表的客观性。里特在1966年的论文《道德与伦理》中，基于黑格尔对抽象道德的批判，提出了两项基本主张。第一，对从实体到主体性的历史性转化进行具体化的思索；第二，抛弃传统的"是与应当"的二元论。[①] 这意味着里特学派正确处理"过去"与"未来"的分裂的方法既不是简单地重新回到传统与自然之中，也不是通过暴力革命而走向未来的乌托邦，既不是"返回"，也不是"解放"，而是"均衡"。"均衡"意味着同时走向过去和未来，一方面要保护现代性的成果，另一方面正视已经由历史所证明了的作为"进步"标签的现代性所带来的危机，由此现代性学说本身必须包含补偿机制。

构成法兰克福学派和德国新保守主义构建客观理性不同方案的结点就是所谓的审美现代性问题。哈贝马斯在《现代性的哲学话语》中对启蒙的内核界定聚焦于理性的自主选择，认为由此导致了"文化层面上的内在自主性结构，于是产生了三个相关领域工具化的认知领域、实践性的道德领域和表现性的审美领域"[②]。哈贝马斯认为，现代性的这种自主选择强化为一个固定框架结构，不可能以任何一个领域来取代文化合理性的全部。不过伴随着现代性发展的不平衡日益严重，这种不平衡

---

① Vgl. Joachim Ritter, *Metaphysik und Politik*, Frankfurt. a. M: Suhrkamp, 1969, S. 281 – 309.

② ［德］于尔根·哈贝马斯：《现代性：一个未完成的方案》，《文化与诗学》2019年第1期，第260页。

性主要体现在美学的自主化上,由此出现了启蒙现代性和审美现代性的内在对峙。哈贝马斯把审美现代性的信念追溯到康德美学,认为其中隐含着某种"审美执拗"(der Eigensinn des Ästhetischen),即"去中心性的、自行经验自身的主观性的客观转化,脱离于日常生活的时间和空间结构,断裂于感知与目的行为的习惯,揭露与震惊的辩证法"①。哈贝马斯这一进路以语境化为名,包含着鲜明的现实意图,"在特定情况下,恐怖主义行径与某一文化因素的过度扩张有关,也就是与这种倾向有关,即将政治审美化,用道德严肃主义来取代政治,或使之屈从于某种学说的教条主义"②。哈贝马斯将恐怖主义与审美现代性的扩张关联起来,既以此驳斥了后现代对启蒙理性的批判,维护了启蒙现代性,又将现代性的弊端与审美现代性本身联系起来,可谓一石二鸟。实质上,自治领域扩张或僭越乃是理性公共性的内在要求,公共性的本质是某一种要求自身成为主导性原则,从而转化普遍性,这完全符合理性要求将整体划分为各个自治领域、最终实现整体绝对统一性重构的进程,但统一性却对自治领域构成了反向强制。

里特学派的健将、怀疑主义者马夸德(Odo Marquard)同样强调欧洲启蒙带来了启蒙现代性和审美现代性的二元结构。与哈贝马斯保卫自治性的意图不同,马夸德则试图维护理性的公共性,认为在理性建构整体性社会公共空间的同时,美学或审美现代性构成了一种对整体性建制的拒绝。世界审美化的实质类似于灵知主义式(Gnostisch)对整个世界的否定,启蒙现代性建构的现实世界的终结也就是艺术创造和艺术作品的诞生,③ 他将审美现代性所体现的这种否定自主性称为"末世论的世

---

① [德] 于尔根·哈贝马斯:《现代性:一个未完成的方案》,《文化与诗学》2019年第1期,第262页。
② [德] 于尔根·哈贝马斯:《现代性:一个未完成的方案》,《文化与诗学》2019年第1期,第265页。
③ Vgl. Odo Marquard, *Aesthetica und Anaesthetica. Philosophische Überlegungen*, München: Wilhelm Fink, 2003, S. 13.

界丧失（eschatologischen weltverlust）的一种补偿方案"①。里特学派审美现代性补偿方案的实质是否定这种公共空间包含的对个体的强制，为个体的身份建构提供真正能够自主选择的领域，从而为理性的公共性建构留有余地。这一方案恰好与哈贝马斯的审美执拗判断构成了镜像关系，理性的自主性会限制公共性的自我扩张，防止理性的公共性转变为一种自主性对另一种自主性的取消，从而维持这个平衡结构，但这也遏制了理性本身重建客观性的可能。从法兰克福学派和里特学派关于审美现代性的争论中不难看出，法兰克福学派依然捍卫、固守现代性所包含的自我意识对时间或历史连续性的确证，因此他们认为理性所建构的社会建制作为第二自然本身与个体之间的异化关系并非不可克服，而文化、道德和审美只能起到补充作用；里特学派则反其道而行之，他们看到的是现代世界所包含的主观自由对历史秩序的绝对抽象，在这种抽象的机制中道德、文化和审美不再是补充性的，而是替代性的，唯有这些因素完全替代了传统宗教所扮演的角色，个体的自主选择才是可能的，因此现代社会的历史延续性实质上只能在内在自由或公民性的自主选择中得到延续。

要再次强调的是，在哲学危机的背景之下，宗教所代表的超越性维度的崩解会进一步表现为形而上学的瓦解。德国古典哲学美学在思维中为神、绝对和超越者保留内在超越维度的尝试失败之后，宗教本身所包含的超越维度在很大程度上只能被纳入主体自身之中，但如此一来宗教，乃至思想就难以避免地随着主体性原则的消亡而走向彻底瓦解。在当今现代性危机不断加剧的情形下，诸种不借助宗教而重建绝对超越性的方案是否可行，仍是一个有待进一步思考的问题。

---

① Vgl. Odo Marquard, *Aesthetica und Anaesthetica. Philosophische Überlegungen*, München: Wilhelm Fink, 2003, S. 13.

第三章　西方现代哲学与宗教分离的基本模式

第一节

正如俄国哲学家弗兰克（Semyon Lyudvigovich Frank；1877–1950）所言，在西方世界，哲学与宗教的关系问题属于"人类精神的典型的'永恒问题'"①，这种关系在不同时代呈现不同的形态。宗教改革后的德国文化放弃了马丁·路德对哲学的宗教禁令②。在德国古典哲学中，哲学与宗教关系密切，在康德、费希特、黑格尔、谢林处，宗教与哲学并非势如水火地割裂、互斥或者对立——宗教或被视作哲学的盟友与同伴；③或占据哲学为之腾出的空间；或被纳入哲学（及哲学史）的框架中，④成为哲学的先驱。总体而言，哲学与宗教均能在差异中承认彼此

---

① ［俄］弗兰克：《哲学与宗教》，子樱译，《哲学译丛》1991年第4期，第33页。
② ［法］布尔乔亚：《德国古典哲学》，邓刚译，高宣扬校，人民出版社2013年版，第21页。
③ ［德］谢林：《哲学与宗教》，先刚译，北京大学出版社2017年版，第92页。
④ 哈贝马斯称之为"哲学……将宗教置入自身的概念中，作为一种过去的但明晰理智的构成"（Jürgen Habermas, *Postmetaphysical Thinking II: Essays and Replies*, trans. Ciaran Cronin, Cambridge: Polity, 2017, p. ix）；而依迪特·亨利希（Dieter Henrich, 1927— ）之见，哲学乃宗教的双重继承者，"哲学取代了宗教，但同时，哲学也接受了宗教的动机，并且用它自己的方式满足了这些动机，数千年来，宗教使这种方式成为了最高的有意识的生活方式"（转引自［德］于尔根·哈贝马斯：《后形而上学思想》，曹卫东、付德根译，译林出版社2006年版，第252页）。

第三章 西方现代哲学与宗教分离的基本模式

的价值、领域、方法,"并立存在和相互补偿,而不是相互争斗和攻讦"①,无须实质性贬低对方或自我贬抑以达至和谐,一方对另一方的消灭与征服绝非德国古典哲学的立场。

然而,自 19 世纪下半叶至 20 世纪上半叶,② 西方思想界经历了一场现代"世俗"(Secular)变革,宗教沦为"时代的战败者"③,变得"萧条"④。这场变革被马克斯·韦伯称为"祛魅"(disenchantment);⑤ 遭德国神学家特洛尔奇(Ernst Troeltsch,1986–1923)指认为一次宗教观念薄弱、超自然宗教权威崩解的"宗教危机"⑥,关联于狂热颂赞此岸人类力量的乐观主义的"自我神化";⑦ 被奥地利艺术史家汉斯·赛德尔迈尔(Hans Sedlmayr,1896–1984)描述为丧失中心的危机,神人

---

① [德]特洛尔奇:《基督教理论与现代》,朱雁冰、刘宗坤、李永言译,华夏出版社 2004 年版,第 65 页。

② 之所以将时间限定为这一阶段,是因为 20 世纪下半叶出现了后世俗(Post–secular)的"宗教回归"(return of religion)现象。然而,正如"后世俗"并非意欲完全否定(也无法否定)"世俗化",直接回返前世俗时代,所谓的"宗教回归"也不可能完全恢复传统的哲学与宗教关系,宗教与哲学的关系在经历了现代思想沁入骨髓的洗礼之后,早已发生了巨变,并且恰恰是此处所讨论的哲学与宗教的现代分离,构成了当代思想无可否认、难以逃避的前理解结构。妄想全然否定者,往往堕入保守、排他、不宽容、恐怖的宗教原教旨主义。此亦彰显了此处讨论的必要性。另外,值得重视的是,在西方,哲学常被认为仅仅流淌着古希腊的理性血液,是古希腊的纯粹后嗣,而在 20 世纪,伴随着本雅明、罗森茨维格、列维纳斯、德里达等犹太思想巨擘的贡献,欧陆哲学开始重新揭开自身刻意隐藏的犹太烙印,愈发呈现出希腊与犹太的混杂特性,德里达在《书写与差异》中援引乔伊斯《尤利西斯》的名言,将此形容为"我们是犹太人吗?我们是希腊人吗?我们存在于犹太与希腊的差异之间……'犹太希腊即希腊犹太。两极相遇'(Jewgreek is Greekjew. Extremes meet)"(Jacques Derrida, *Writing and Difference*, trans. Alan Bass, London and New York: Routledge, 2005, pp. 191–192)。由此,既有的奠基于希伯来与希腊之分的宗教和哲学二元分断开始崩解。

③ [法]欧内斯特·勒南:《哲学对话录》,徐梦译,海天出版社 2018 年版,第 3 页。

④ [美]杜威:《超自然的自然》,王新生、陈佳编,华东师范大学出版社 2018 年版,第 7 页。

⑤ [德]鲁道夫·欧肯:《宗教之真理》,高修娟译,北京时代华文书局 2015 年版,第 27 页。

⑥ [德]特洛尔奇:《基督教理论与现代》,朱雁冰译,华夏出版社 2004 年版,第 65 页。

⑦ [德]特洛尔奇:《基督教理论与现代》,朱雁冰译,华夏出版社 2004 年版,第 50—51 页。

关系断裂;① 被德国犹太哲学家马丁·布伯（Martin Buber, 1878—1965）视作"上帝之蚀"（Eclipse of God）；在美国社会学家卡恩（H. Kahn）和维纳（A. J. Wiener）的笔下呈现为"经验的、此世的、世俗的、人本的、实用的、功利的、契约的、享乐主义的"②感性变革；被美国社会学家彼得·伯格（Peter L. Berger, 1929—2017）概括为超自然者隐遁、宗教沦为并非众所周知的"天使的传言"（rumor of angels），"现代思想或意识的权威取代了传统的权威，旧时代的 Deus dixit（神说）被同样绝对的 Homo modernus dixit（现代人说）所取代。换言之，现代意识及其声称的范畴变成了对宗教思考的正确性进行判断的唯一标准"③；它也被德国神学家朋霍费尔（Dietrich Bonhoeffer, 1906—1945）描述为世界"成年"（Come of Age），被美国"上帝之死神学"（death of God theology）和"基督教无神论"（Christian Atheism）的代表阿尔蒂泽（Thomas J. J. Altizer, 1927—2018）诠释为上帝"完全临在"（Total Presence）④与神人"完全合一"（Total Union）⑤，"上帝之死神学"的另一位代表神学家保罗·范·布伦（Paul van Buren, 1924—1998）将此归纳为"现在的问题是，'上帝'一词也死了"⑥，必须放弃谈论上帝。

在德国古典哲学终结后，西方迈入一个新的世俗时代，宗教丧失了对世界的宰制与掌控，"'人类先后从宗教和形而上学对理性与语言

---

① [奥]汉斯·赛德尔迈尔：《艺术的危机——中心的丧失》，王艳华译，译林出版社 2020 年版。
② [美]贝格尔：《天使的传言：现代社会与超自然再发现》，高师宁译，中国人民大学出版社 2003 年版，第 1 页。
③ [美]彼得·贝格尔：《宗教社会学：彼得·贝格尔读本》，谢夏珩译，中国社会科学出版社 2015 年版，第 181 页。
④ Thomas J. J. Altizer, *The Descent into Hell: A Study of the Radical Reversal of the Christian Consciousness*, Philadelphia & New York: J. B. Lippincott Company, 1970, p. 42.
⑤ Thomas J. J. Altizer, *The Gospel of Christian Atheism*, Philadelphia: The Westminster Press, 1966, p. 17.
⑥ 转引自[英]约翰·麦奎利《谈论上帝》，安庆国译，高师宁校，四川人民出版社 1997 年版，第 2 页。

的掌控中解放出来.'世界脱离了对自身的宗教和准宗教理解,所有封闭的世界观被消解,所有超自然的神话与神圣象征被打破"①,此岸的"世俗之城"(Secular City)顶替了彼岸的上帝之城,上帝的超越性、自律性、隔绝性遭到否定,被归入人类的非超验性表征。② 加拿大哲学家查尔斯·泰勒(Charles Taylor,1931—)以超越性衰落与内在性僭越来界说世俗化,③愤然评之为一种清除了超越生命之物(beyond life)的"内在性反叛"(Immanent Revolt)④,酿就生活狭隘平庸,人类被牢牢铆钉在隔绝超越性的时空中。与之相近,法国学者马塞尔·戈谢(Marcel Gauchet)亦坚称这是"一个赢得自律,反抗他律的时代"⑤。

在这种超越性与内在性"两军对垒"⑥的思想结构之外,是"基督教界"(Christendom)瓦解、宗教批判风起云涌、宗教信仰与实践衰微、政教分离、宗教退入私人领域的西方现代社会现实,"宗教所谈论的被信以为真的先验实在必定是虚构的"⑦,在"现代社会中生活全面私人化"⑧、内在化、主观化、去制度化(Deinstitutionalization)的背景下,信仰至多只能被视为"无害的私人的幻想"或"个人主观上的私

---

① Harvey Cox, *The Secular City*, Princeton and Oxford: Princeton University Press, 2013, p. 2.
② [美]贝格尔:《天使的传言:现代社会与超自然再发现》,高师宁译,中国人民大学出版社2003年版,第1—31页。
③ [加]查尔斯·泰勒:《世俗时代》,张容南、盛韵、刘擎等译,徐志跃、张容南审校,上海三联书店2016年版,第21页。
④ Charles Taylor, *A Catholic Modernity?*, New York and Oxford: Oxford University Press, 1999, p. 30.
⑤ [法]吕克·费里、马塞尔·戈谢:《宗教后的教徒》,周迈译,中国人民大学出版社2007年版,第4页。
⑥ [美]杜威:《超自然的自然》,王新生、陈佳编,华东师范大学出版社2018年版,第3页。
⑦ [英]约翰·希克:《宗教哲学》,王志成、思竹译,四川人民出版社2000年版,第1页。
⑧ [德]卢克曼:《无形的宗教》,覃方明译,中国人民大学出版社2003年版,第135页。

人爱好"①，姑且可被容忍甚或怜悯，②"宗教被视为一场正在输掉的事业，注定要被驱逐出越来越多的人类知识领域"③，"诸神的权力消失……为宗教信仰的貌似合理性提供支撑的结构的坍塌……宗教已变成第二性的、非根本的现象，随着其起因被消解而逐渐退隐或失去了根基。……宗教就变成了一种个人癖好。它只是作为私人事务而存在。作为一种选择继续存在下去；它在信仰者的个人良知问题上具有约束力，但在个人认同或集体认同的形成方面已不再起作用"④，"宗教的促成社会融合的功能逐渐落到世俗化了的交往理性身上"⑤，宗教判断属于片面狭隘的个人意见，宗教话语缺乏规范性和有效性，宗教被迫识认自身的限度，一旦僭越，将被认定会给社会造成巨大危险。

　　事实上，生活在德国古典哲学终结时期的叔本华便已意识到宗教的现代命运，指出在19世纪"和平、足够的闲暇和繁荣促进了科学的迅速发展和知识的广泛传播，结果便导致了……宗教致命而可怕的没落"⑥，科学驱逐了宗教。在同时代的英国，诗人丁尼生（Alfred Tennyson，1809—1892）业已体会宗教信仰瓦解，自己退化为"一个在夜里哭泣的婴儿，一个为夜晚哭泣的婴儿，而且没有任何语言，只有哭泣"⑦，保守派文人马修·阿诺德（Matthew Arnold，1822—1888）则在《多佛海滨》（*Dover Beach*）中哀叹"信仰之海"（Sea of Faith）黯然退

---

　　① [德]特洛尔奇：《基督教理论与现代》，朱雁冰、刘宗坤、李永言译，华夏出版社2004年版，第92页。
　　② 依据各国不同的政教分离原则，容忍程度各异。或刻板严厉，鉴于国家中立性而限制宗教自由信仰；或灵活开放，侧重良心自由，保护宗教信仰自由。参见[加]若瑟兰·麦克卢尔、查尔斯·泰勒《政教分离与良心自由》，程无一译，江苏人民出版社2018年版，第27页。
　　③ [英]约翰·希克：《宗教哲学》，何光沪译，高师宁校，生活·读书·新知三联书店1988年版，第101页。
　　④ [德]乌尔利希·贝克：《自己的上帝》，李荣荣译，上海译文出版社2016年版，第18—19页。
　　⑤ [德]于尔根·哈贝马斯、米夏埃尔·雷德尔、约瑟夫·施密特等：《对于缺失的意识》，米夏埃尔·雷德尔、约瑟夫·施密特编，郁喆隽译，商务印书馆2013年版，第36页。
　　⑥ [德]叔本华：《叔本华论说文集》，范进、柯锦华、秦典华、孟庆时等译，商务印书馆1999年版，第253页。
　　⑦ [英]凯伦·阿姆斯特朗：《神的历史》，蔡昌雄译，海南出版社2001年版，第406页。

潮，忧郁呜咽取代了往昔光耀，"人类在令人害怕的平原中四处流浪"①。尼采在1882年宣告"上帝之死"（God is dead），这句宣言虽意蕴丰富，聚讼纷纭，却在某种意义上反映或者印证了那个时代的社会思想文化现实，即西方思想文化不再由宗教完全宰制，宗教即便未完全消亡，也至多充当西方思想文化的一个普通组成部分，甚至日益边缘化，变得无足轻重，并非不言自明、不可或缺。英国作家托马斯·哈代（Thomas Hardy，1840—1928）在1908年用《上帝的葬礼》（*God's Funeral*）一诗诉说了此种宗教信仰衰微之景，留下了"何者或何物将填补他的位置"（who or what shall fill his place）的时代之问。

在此种思想语境和时代氛围中，哲学与宗教的关系问题，变得愈发尖锐，德国古典哲学美学所理解和阐释的哲学与宗教之关系开始动摇，遭受质疑、批判乃或否定，哲学与宗教逐渐分离，"宗教与哲学，对大多数人来说，这两个词意味着两个有着显著区别的思维领域"②。自此，德国古典哲学与宗教的交织关系已不再为人理解或肯认。③ 德国哲学家卡尔·洛维特（Karl Löwith，1897—1973）明言："距离尼采对'危机'和'关于无神论问题的最高决断'的说法已经过去了100年了，如果我们还想为基督教信仰和哲学问题的携手做出某种保证，那显然是一种错误的声音。"④ 他更语带讽刺地指出德国古典哲学深藏的宗教精神已脱离现实，不再可信。

（黑格尔）可以将他的历史哲学解释为一种神正论。他称自己是宣扬绝对的神父，'是上帝要求他，去成为一个哲学家'。但我们现代人，还有谁仍然信仰这样一个经过了世界精神的中介的、为

---

① ［英］凯伦·阿姆斯特朗：《神的历史》，蔡昌雄译，海南出版社2001年版，第406页。
② ［英］弗朗西斯·麦克唐纳·康福德：《从宗教到哲学：西方思想起源研究》，曾琼、王涛译，上海三联书店2014年版，第1页。
③ ［德］卡尔·洛维特：《从黑格尔到尼采：19世纪思维中的革命性决裂》，李秋零译，生活·读书·新知三联书店2019年版，第188页。
④ ［德］卡尔·洛维特：《从黑格尔到尼采：19世纪思维中的革命性决裂》，李秋零译，生活·读书·新知三联书店2019年版，第326页。

神所统治的世界秩序和天命呢?①

哲学的理性与宗教的信仰之关系已非"《圣经》这一基督教启示之源的权威能否被理性毫无辩驳地加以接受",而是"理性是否在它已显示出以权威为根据的信念是非理性的之后,仍能为基督信仰留有空间"②,哲学将主动权操之在手,宗教信仰的命运端赖哲学理性的裁断。

哲学与宗教的分道、雅典与耶路撒冷的别离出现在整个西方现代思想文化界,不仅发生在英、法、德等传统思想大国中,而且扩及其他西方国家,譬如博斯特罗姆(Christopher Jacob Boström,1797—1866)身为德国古典哲学在瑞典的代表人物,统治了19世纪下半叶的瑞典思想界。但其后,瑞典思想界的风向巨变,乌普萨拉学派(Uppsala School)代表人物哈格斯特罗姆(Axel Hägerström,1868—1939)反对形而上学和宗教,模仿古罗马老加图的名言"此外,我认为迦太基必须毁灭"(Ceterum autem censeo Carthaginem esse delendam),宣称一切形而上学都必须毁灭,与维也纳学派的逻辑实证主义遥相呼应。③

在此,英国著名神学家麦奎利(John Macquarrie)宽泛地总结了西方哲学与宗教之间"猜疑与疏离的态度"④。

> 哲学与神学日益分道扬镳。哲学家们关注于有限的问题,关注于分析和方法问题,不再觉得自己有就上帝和宗教发表意见的使

---

① [德]卡尔·洛维特:《从黑格尔到尼采:19世纪思维中的革命性决裂》,李秋零译,生活·读书·新知三联书店2019年版,第422页。
② [德]潘能伯格:《信仰与理性》,载迈尔威利·斯图沃德《当代西方宗教哲学》,周伟驰、胡自信、吴增定译,北京大学出版社2001年版,第30页。
③ Axel Hägerström, *Philosophy and Religion*, trans. Robert T. Sandin, New York: Humanities Press, 1964.
④ [英]约翰·麦奎利:《基督教神学原理》,何光沪译,上海三联书店2007年版,第20页。

第三章 西方现代哲学与宗教分离的基本模式

命。他们甚至会故意避开这一类问题——尽管在这种情况下,我们仍然有必要注意他们所说的话,因为他们的话对于宗教问题是有某种意义的。哲学的这种世俗化,可以被视为最终摆脱了神学的约束而受到欢呼,也可以被视为无力正视人生最深的问题而受到责备,欢呼或责备,因各人的观点而异。①

不过,在笔者看来,哲学与宗教的分离状况或可进一步究析与界说,疏解为下述三种基本模式,即不相叠、不相关、不相容。在方法、领域、目标方面,三者的分离程度逐层加重。下文论述的"分离"主要基于哲学对待宗教的态度,从哲学的角度出发,探究哲学如何将自身与宗教分离。

在当时的西方,宗教对待哲学的态度同样出现了此种分离趋势,怀疑、疏远和反叛德国古典哲学美学的宗教观,主动切断与哲学的关联,拒绝哲学对宗教的"殖民化"(Colonization)、"暴政"(Tyranny),②"小心地保护自己学科的自主性,避开哲学兴趣,把自己的发现建立在启示或信仰或内在体验的基础之上"③,"要么重新捡起纯神话的思维方式……要么退回到神秘主义的个人主义"④。不少神学家甚至为了维护所谓的神学的"纯洁性",拒绝哲学的"侵蚀"与"污染"(contamination),持守宗教与哲学对峙,强调彼此不可通约,坚称信仰与理性分离,对哲学与理性"作一次根本的清算"⑤,铸就了神学逃离哲学"奴役"的现代版《出埃及记》。他们虽然未必极端地重复托马斯·阿奎那笔下的"哲学是神学的婢女"这一古老偏见,否定哲学的独立性、合

---

① [英]约翰·麦奎利:《二十世纪宗教思想》,高师宁、何光沪译,上海人民出版社1989年版,第140页。
② 此处借用了德国思想家哈贝马斯和英国学者伊莉莎·巴特勒(Eliza Marian Butler)各自的名言——"生活世界的殖民化"与"希腊对德意志的暴政"。
③ [英]约翰·麦奎利:《二十世纪宗教思想》,高师宁、何光沪译,上海人民出版社1989年版,第140页。
④ [德]特洛尔奇:《基督教理论与现代》,华夏出版社2004年版,第163页。
⑤ [美]韦廉士:《近代神学思潮》,周天和译,基督教文艺出版社1990年版,第9页。

法性，但是坚持宗教与哲学迥异，宗教不是概念思维、数学公式、抽象命题或范畴体系，非哲学所能推论、"解释"和"证实"①。现代新教神学巨擘卡尔·巴特（Karl Barth）等人将"宗教"与"基督教""信仰"明确分离，坚称真正的基督教不是宗教，"宗教"属于"不信"（unbelief），信仰不再寻求哲学的理解，②转而诉诸启示神学（Theology of Revelation），超自然的启示真理至高无上。卡尔·巴特据此申说神学迥异于其他学科，乃至凌驾于其他学科（包括了哲学）之上，神学的"对象的合理性，优先于人类知识的原则"③。卡尔·巴特的一些极端追随者更进一步强调神人分离的超自然主义（Supernaturalism）。④启示神学愈发兴盛。尽管卡尔·巴特试图用基督论联结上帝与人类，用类比（analogy）来勾连圣言与人言，⑤但是圣言与人言之间仍存在本质差别，地位并不平等。⑥瑞典神学家古斯塔夫·奥伦坚称神学必须排斥哲学的影响，神学"所谈论的上帝，只向信仰的眼睛揭示自身，不是靠任何人

---

① Thomas B. Strong, *Religion, Philosophy and History*, Oxford: The Clarendon Press, 1923, p. 3.

② 也因此，提出"信仰寻求理解"并建立了上帝本体论证明的安瑟伦（Anselm）被他们重新审视和阐释。卡尔·巴特在自己的《安瑟伦：信仰寻求理解》（*Anselm: Fides Quaerens Intellectum*）一书中，没有简单否定安瑟伦，而是提出由于笛卡尔与康德的扭曲与误读（更准确地说，笛卡尔与康德二人误将安瑟伦论敌高尼罗［Gaunilo］对安瑟伦的粗暴理解等同于安瑟伦的观点），安瑟伦对上帝的本体论证明方才变得臭名昭著。事实上，安瑟伦与笛卡尔的进路完全不同，并且与康德所述判若两途。安瑟伦旨在描述上帝超越任何的信条、人类的感知，从未打算将上帝的存在问题限缩于人类的逻辑论。通过这种论证方式，哲学与宗教的距离被拉开。（Karl Barth, *Anselm: Fides Quaerens Intellectum*, trans. I. W. Robertson, Eugene, OR: Pickwick, 1975.）

③ ［瑞士］卡尔·巴特：《福音的神学——导论》，龚书森译，（台北）东南亚神学院1975年版，第100页。

④ Kenneth Hamilton, *Revolt Against Heaven: An Enquiry into Anti-Supernaturalism*, Devon: The Paternoster Press, 1965.

⑤ Elizabeth Frykberg, *Karl Bath's Theological Anthropology*, New Heaven: Princeton Theological Seminary, 1993, pp. 20 – 21.

⑥ 晚年的巴特似乎意识到这个问题，试图通过对上帝之人性（humanity of God）的强调，肯定神人相遇。

类智慧能够领悟的。"① 当代激进正统派（Radical Orthodoxy）神学家米尔班克（John Milbank）一味谴责自中世纪晚期尤其是康德、黑格尔以降的思想是放逐上帝的"虚无主义"②，控诉德里达的后现代主义纯属"诽谤"（Malign）③。米尔班克转而回归中世纪，诉诸托马斯·阿奎那，高举上帝的实在性。米尔班克甚至将护教学视为"基督教的核心"，蜷缩于信仰共同体中，力图回归"本真根基"。④ 这种激昂的护教姿态和防御性的起源神话令人望而却步。此外，基督教基要派等更堕入反智主义的护教立场，采取极端保守反动的态度对待哲学，意欲完全否定哲学的价值，而这种反智主义的态度影响深远，与政治右翼媾和，对当代国际政治影响甚巨，美国福音派与右翼保守主义的联合即为例证，此中的宗教问题乃是典型的"症候"（Symptom）而非突发的危机（crisis）。⑤ 这亦彰显了讨论哲学与宗教分离问题的必要性与紧迫性，不仅牵涉过去的历史，更关乎当下与未来。

第二节

现代西方哲学与宗教分离的第一种基本模式是哲学与宗教不相叠。其含义是哲学与宗教分化，划定界限，占据相互独立、无有交错的领域，各自拥有独立的问题意识、研究对象、方法进路、价值取向，扮演了不同的角色，以彼此有别、并存相待甚至互补互参的方式与人类思想

---

① [英]约翰·麦奎利：《二十世纪宗教思想》，高师宁、何光沪译，上海人民出版社1989年版，第410页。

② 依米尔班克之见，从谱系学的角度而言，这一虚无主义肇始于中世纪晚期，之后包括了德国唯心论、俄国虚无主义、海德格尔、科耶夫、后现代主义。John Milbank, "The Programme of Radical Orthodoxy", *Radical Orthodoxy – A Catholic Enquiry*?, ed. Laurence Paul Hemming, Aldershot: Ashgate, 2000, p. 42.

③ John Milbank, *Theology and Social Theory*, Oxford: Blackwell, 2006, p. 262.

④ John Milbank, "The Heart of Christianity: A Theological Defense of Apologetics", May 13, 2013, https://www.abc.net.au/religion/the-heart-of-christianity-a-theological-defence-of-apologetics/10099854. 访问日期：2022年1月5日。

⑤ Alain Badiou, *Trump*, London: Polity, 2019.

和生活相系，在社会文化中发挥相应的作用。这是最低限度的分离。

此种哲学与宗教不相叠的论述可见于叔本华的宗教阐释。伫立于德国古典哲学美学终结期的叔本华在探究宗教时，创置了两个人物，分别是代表哲学言说的费拉勒修斯（Philalethes）和代表宗教言说的德莫菲利斯（Demopheles）。叔本华通过拟写二者的对话，指出哲学乃高级的、精英的、精深的、理性的形而上学，宗教为低级的、大众的、通俗的、道德的形而上学。哲学承担理性的目的，追求真理，关联人类的最高理智能力，堪称"人类沉思的界限"和"全部思想的准绳"，[①] 专属少数学识渊博、聪慧明智且善于思索之人；宗教发挥着实践的工具性价值，满足那些无暇接受教育、学习和沉思真理的劳苦大众的人类本性需要，用道德引导、控制和平息大众的动物性，并以通俗易懂的方式阐明世界与生存的原因，满足大众微弱的形而上学需要。更重要的是，宗教"给人们对于痛苦和死亡的恐惧以永恒的慰藉"[②]。

因此，在叔本华的笔端，哲学与宗教无法相互替代和否定，二者各司其职，功能各异，满足不同人群的差异需要，"即使真正的哲学被发现，宗教也不会……从这个世界消失隐退。由于人们之间天生的智力的差异和所受教育的不同，绝不可能有一种形而上学适应于所有的人"[③]。叔本华的观点显然是对德国古典哲学美学宗教观的回应。

大洋彼岸的美国实用主义代表威廉·詹姆士也是此种不重叠说的代表。他聚焦宗教经验（Religious Experience），指出宗教经验是哲学思辨的前提材料，从制度宗教（Institutional Religion）转向个人宗教（Individual Religion），强调"个人宗教……比神学或教会制度更根本"[④]。宗

[①] ［德］叔本华：《叔本华论说文集》，范进、柯锦华、秦典华、孟庆时等译，商务印书馆1999年版，第232页。

[②] ［德］叔本华：《叔本华论说文集》，范进、柯锦华、秦典华、孟庆时等译，商务印书馆1999年版，第245页。

[③] ［德］叔本华：《叔本华论说文集》，范进、柯锦华、秦典华、孟庆时等译，商务印书馆1999年版，第248页。

[④] ［美］詹姆士：《宗教经验之种种》，唐钺译，商务印书馆2002年版，第27页。

教被定义为"各个人在他孤单时候由于觉得他与任何种他所认为神圣的对象保持关系所发生的感情、行为、和经验"①，而信仰实属一种主观的、个人的"信仰意志"（will to believe）。② 德国古典哲学美学以抽象的推理、形而上学的演绎取代了宗教经验，"用纯乎理智的过程证明直接宗教经验所表示的意旨是真实的"，属于"绝对无望的尝试"。③ 依詹姆士之见，"一切这些理智的工作，无论是建设的，或是比较的并批评的，都要先有直接经验作为它们的题材。这些工作是阐明的并归纳的工作，事实之后的工作，是宗教感情的工作，不是与宗教同等的，不是能离开宗教感情所实证者而独立的"④。就哲学与宗教的关系而言，哲学思辨绝不可排斥宗教经验。诸多思想家亦循此进路，为宗教正当性辩护。

由此，在哲学与宗教神学之间，诞生了"宗教学"，它融合哲学思辨与宗教经验，充当宗教内部与宗教外部、复杂人性与严格真理之间的翻译。

一方面，宗教学"能够排除这些定义内的局部的与偶有的成分，能够把教义和崇拜内的历史的外加部分除掉"，"调停于不同的信徒之间，促进意见的一致。它把它所比较的宗教信仰中的共同的并主要的从个人的并局部的成分分别得越清楚，它就能够将这件事做得越成功"。另一方面，"宗教学要从信仰给个人经验的事实，得到它的原始材料，并且在它的一切批评的改造过程，都要与个人经验相合。它始终不能离开具体的生活，不能在概念的真空中工作"。⑤

如果说在叔本华处，相互独立的哲学与宗教组成了一幅完整图

---

① ［美］詹姆士：《宗教经验之种种》，唐钺译，商务印书馆2002年版，第28页。
② 英国神学家、思想家纽曼（John Henry Newman，1801—1890）也曾以信念哲学为宗教辩护，但有别于詹姆士，纽曼主张宗教信念是不同于科学的理智推理和认知活动。参见［英］托马斯·鲍德温编《剑桥哲学史（1870—1945）》，周晓亮、江怡、张家龙、王柯平译，中国社会科学出版社2011年版，第381页。
③ ［美］詹姆士：《宗教经验之种种》，唐钺译，商务印书馆2002年版，第451页。
④ ［美］詹姆士：《宗教经验之种种》，唐钺译，商务印书馆2002年版，第431页。
⑤ ［美］詹姆士：《宗教经验之种种》，唐钺译，商务印书馆2002年版，第451—452页。

景，那么对詹姆士而言，它们唯有与宗教学相连，方能共构一幅完整图景。① 宗教学开创者麦克斯·缪勒（Max Müller，1823—1900）也采取了类似的三分法，在康德的知、情、意三分基础上，区分理性、感觉、信仰，令哲学与宗教分离，强调"从哲学的观点所写的一切关于神学的书籍文章，总有一天将会变得陈旧过时、古怪、毫无意义"②。英国现代科学史家周皮尔则以生命与奥秘之分，疏解哲学与宗教，展现人类整全的世界观。③

此类哲学与宗教不重叠论亦可在神学家处寻获。德国现代新教神学家赫尔曼（Wilhelm Herrmann，1846—1922）在吸纳新康德主义对神学与科学界限的形而上学批判的基础上，进一步将宗教与科学、思辨哲学分离，认定科学力图主宰自然，哲学探究知识的普遍根据，宗教聚焦至善的问题，宗教信仰是无条件的确信，互不抵牾。④ 宗教通过与哲学的不相叠式分离，在时代困境中寻获了自己的生存空间。

第三节

哲学与宗教不相关是现代西方哲学与宗教分离的第二种基本模式。如果说"不相叠"尚未彻底否定相关性的话，那么"不相关"的分离程度加深，隔断联系，严守畛域，缺乏重叠共识，既无叔本华式的边界相邻，也缺乏詹姆士式的异地相关。哲学与宗教毫无关系、冷漠相对甚

---

① 中国现代哲学家尤其关注上述问题。如方东美就指出宗教追求"快乐"，科学追求"真理"，哲学关乎"人生"，三者互不重叠，不可偏废，亦不可逾位越界，既不可用科学去替代哲学，将哲学科学化，也不能用宗教去征服哲学，令哲学沦为宗教的婢女。真正的哲学应当是人文主义的哲学，是人生哲学，与生命价值密切相关。参见方东美《中国人生哲学》，中华书局 2021 年版，第 85—87 页。

② [英]麦克斯·缪勒：《宗教学导论》，陈观胜、李培茱译，上海人民出版社 1989 年版，第 12—13 页。

③ [英]丹皮尔：《科学史及其与哲学和宗教的关系》，李珩译，张今校，商务印书馆 1997 年版，第 21 页。

④ [英]托马斯·鲍德温编：《剑桥哲学史（1870—1945）》，周晓亮、江怡、张宗龙、王柯平译，中国社会科学出版社 2011 年版，第 385—386 页。

至不可公度（incommensurable），哲学"漠视宗教"（indifference to religion），患上"宗教冷漠症"（Religious Indifference）。① 宗教被从哲学的视线中剔除，不再是哲学关注、互动、对话或结盟的对象。

英国新黑格尔主义代表柯林伍德（Robin George Collingwood，1889—1943）在 20 世纪初便已一针见血地指出，当时的西方哲学界告别了德国古典哲学美学宗教观，普遍认为哲学与宗教判然有别，相互隔绝，"宗教本身并非理智的功能，也与哲学无关。它是一种气质、一种想象、一种情感、一种行为，它可以是一切事物，但就是与思想无关"②。

罗素一向猛烈批判宗教，但也曾经通过"不相关"策略，为宗教保留了些许生存空间。他公开宣称"人们接受宗教的真实原因同论证根本没有什么关系。他们接受宗教是由于情感的原因"③，科学不会干预私人生活，二者互不相关，故而在科学盛世，宗教唯有借由私人化（Privatization），成为"纯粹的私人宗教"，"同那些感觉到它的重要性的人们的私人生活联系在一起"，"存在于某种感觉的方式中，而不存在于一套信条中"，方可安稳幸存。④ 科学与宗教冲突的解决之道往往是科学处理物质世界，宗教处理内心世界，⑤ 宗教不再是哲学和科学研究的对象，得以躲避哲学与科学的批驳与干涉。

这些论述集中反映了现代世俗化的一种典型趋势，即宗教为了获取合法性，只得从公共领域退入私人领域，成为私事（Private Matter），将公共领域留给哲学言说。宗教话语无法直接进入公共领域，必须预先

---

① Jean-Pierre Jossua and Claude Geffré eds., *Indifference to Religion*, Edinburgh: T&T Clark, 1983.
② R. G. Collingwood, *Religion and Philosophy*, London: Macmillan, 1916, p. xiv.
③ [英] 罗素：《罗素文集》第 11 卷，徐奕春、胡溪、渔仁译，商务印书馆 2012 年版，第 34 页。
④ [英] 罗素：《宗教与科学》，徐奕春、林国夫译，商务印书馆 2010 年版，第 2 页、第 7 页。
⑤ [英] 麦克·阿盖尔：《宗教心理学导论》，陈彪译，高师宁校，中国人民大学出版社 2005 年版，第 7 页。

经历哈贝马斯所谓的"哲学翻译",转译为规范的理性语言,宗教话语在公共领域的合法性取决于此种转译能否完成。①

由此,西方现代哲学与宗教的分离在"不相关"的层面上,演变为公共领域与私人领域的分离。这种漠然以对而非断然否定的哲学态度也被不少学者称为"无动于衷的无神论"(atheism through insensibility)② 或者"冷漠的无神论",它"毫不关注宗教问题,一种或者看似或者确是恬静自得的无神论,一种不再提出而是抑制甚至蔑视宗教提出的重大问题的无神论"③。后来的美国分析哲学巨擘蒯因(Willard Van Orman Quine, 1908 – 2000)提出了一个著名的口号"哲学不是科学的先验预备或基础,而是科学的延续"(philosophy not as an a priori propaedeutic or groundwork, but as continuous with science)④,表达了哲学与科学关系紧密,与宗教区隔。"科学的方法论蓝本……使哲学发展成为一门没有认识特权的专业学科……也培植起一种科学主义,从而……把对哲学思想的表述提高到一个更加严格的分析高度"⑤,哲学在科学的洗礼甚至收编中,愈发远离宗教,泾渭分明。

要之,随着哲学与宗教的冷漠相离,宗教遭哲学漠视和摒弃,不再是哲学思辨的对象,转变为自然现象、文化现象、社会现象("宗教现

---

① 近十余年来,哈贝马斯愈发意识到这种话语转译不可能彻底实现,在部分承认宗教话语之活力的基础上,强调宗教话语仍然必须超越特定宗教共同体的边界,参与公共领域的商谈。哈贝马斯关注的是"能否通过对无法穷尽的宗教内容予以持续的哲学占有,从而抵消理性道德的政治缺陷",宗教与哲学应当处于对话的关系,是互相学习的过程。哈贝马斯甚至指出哲学的"令意识觉醒的批判"应当与宗教的"救赎记忆"携手共进。Jürgen Habermas, *Postmetaphysical Thinking II: Essays and Replies*, trans. Ciaran Cronin, Cambridge: Polity, 2017.

② Rosino Gibellini, "Beyond Atheism: A Dossier of the Secretariat for Non – Believers on Religious Indifference", *Indifference to Religion*, eds. Jean – Pierre Jossua and Claude Geffré, Edinburgh: T&T Clark, 1983, p. 87.

③ [德]卡斯培:《现代语境中的上帝观念》,罗选民译,华东师范大学出版社2008年版,第31页。

④ W. V. Quine, "Natural Kinds", in *Ontological Relativity & Other Essays*, New York: Columbia University Press, 1969, p. 126.

⑤ [德]于尔根·哈贝马斯:《后形而上学思想》,曹卫东、付德根译,译林出版社2001年版,第8页。

象"），成为社会学、政治学、人类学、心理学、经济学等其他学科的研究对象，宗教社会学①、宗教政治学、宗教人类学、宗教心理学②、宗教经济学等学科因之勃兴。

第四节

现代西方哲学与宗教分离的第三种基本模式是哲学与宗教不相容。如果说"不相关"的冷漠症为彼此保留了相互隔绝的空间，那么"不相容"的分离就直接驶向了激烈对抗，哲学与宗教扞格不通，乃至对立冲突、互斥难容。哲学不再寻求理解宗教，与宗教共存，反而嘲笑、攻讦、驳斥和消解宗教，哲学成为宗教的审判官，"哲学自身就能决定宗教中什么为真或什么非真"③。

早在与黑格尔几乎同时代的实证主义鼻祖孔德（Auguste Comte，1798—1857）处，哲学与宗教的"不相容"即已出现。德国古典哲学美学的终结实则伴随着哲学与宗教的"不相容"。孔德远离和拒斥德国古典哲学美学，转向经验科学、实证科学。依孔德之见，人类思想的进化先后经历神学、形而上学与实证三个不同的理论阶段。神学阶段"纯然是临时性的和预备的阶段"，是人类的童年时代，关注绝对知识；形而上学阶段乃"解体性的变化阶段，仅仅包含单纯的过渡目标，由此逐

---

① 西美尔（Georg Simmel，1858—1918）的宗教社会学首先要求区分宗教与纯粹形而上学思辨、鬼怪迷信，检视宗教身上的形而上学与迷信因素（参见［德］西美尔《现代人与宗教》，曹卫东、刘小枫译，中国人民大学出版社 2003 年版，第 1 页）。涂尔干（Émile Durkheim，1858—1917）的宗教社会学也要求区分宗教与传统形而上学（参见［法］埃米尔·迪尔凯姆《迪尔凯姆论宗教》，周秋良等译，华夏出版社 2000 年版，第 26 页），宗教从这种区分中获得解放，不再是传统形而上学与宗教观念体系的对象（参见［英］吉登斯《宗教和认识论》，载《二十世纪西方社会理论文选 I》，上海三联书店 2005 年版，第 239 页）。

② 宗教心理学家布朗主张现代宗教心理学研究"宗教如何融入个人的人生"（参见［新西兰］L. B. 布朗《宗教心理学》，金定元、王锡嘏译，今日中国出版社 1992 年版，第 1 页）。此种界说在某种意义上也彰显了现代宗教私人化（privatization）的整体趋向。

③ ［德］哈贝马斯：《在自然主义与宗教之间》，郁喆隽译，上海人民出版社 2020 年版，第 291 页。

步通向第三阶段",作为过渡中介,形而上学是"受瓦解性简化冲击而变得软弱无力的一种神学","还保留着神学体系的全部基本原则,但却日益抽掉为其实际权威所必需的活力和稳定性";实证阶段是"唯一完全正常的阶段,人类理性的定型体制的各个方面均寓于此阶段之中",放弃追求超自然的绝对知识,转而聚焦真实观察领域,追求实证知识,"凡是不能严格缩减为某个事实(特殊事实或普遍事实)简单陈述的任何命题都不可能具有实在的清晰含义",在此基础上进行合理预测,"根据自然规律不变的普遍信条,研究现状以便推断未来"。① 孔德着力指认神学被现代西方人断然废弃,因为它模糊、虚幻、无用,难以被现代智慧接受,更因为它对现代人有害,无法维护道德规范,反而主动损害道德规范。从神学到实证科学是自幼年走向成熟,持续舍弃虚幻、无用、模糊、有害之物,实证精神与宗教精神扞格不通,更不可能不分轩轾、互补互辅,二者的关系是一方彻底代替一方,而非"持久的交替"。② 由此,"灵魂不仅被赶出了自然领域,还被赶出了它自己的内在生活……宗教本身就是一个错误,它变成了一个已被精神发展超过的生活阶段"③。

实证主义精神影响到青年黑格尔派代表、著有《耶稣传》的大卫·施特劳斯(D. F. Strauss, 1808—1874),使其在最后的著作《旧信仰与新信仰》(Der alte und der neue Glaube, 1872)中,"连同黑格尔哲学一起也放弃了基督教。他的'新'信仰是'现代'人的一种具有宗教气息的'道德学说'。对旧信仰的第一个问题是:'我们还是基督徒吗?'答案是否定的。第二个问题是:'我们还有宗教吗?'答案是半肯定的。第三个和第四个问题是:'我们如何把握世界?'和'我们如何安排自己的生活?'答案以科学进步的精神是'现代的',用了两个独

---

① [法]奥古斯特·孔德:《论实证精神》,黄建华译,商务印书馆2001年版,第1—12页。
② [法]奥古斯特·孔德:《论实证精神》,黄建华译,商务印书馆2001年版,第46—47页。
③ [德]鲁道夫·欧肯:《宗教之真理》,高修娟译,北京时代华文书局2015年版,第27页。

特的'附录'(《论我们伟大的诗人和音乐家》)。'新'信仰在于将基督教'深造'成'人道主义'。在施特劳斯毕其少有幸福的一生尽力撰写一部《耶稣传》之后，他面对这一不可解决的任务结束了文化中的一种可以的惬意。'万有'或者'宇宙'取代了'上帝'。能够反映施特劳斯从神学到哲学并从哲学到实证主义的发展的特征的，是他在自己著作的第一卷中还自称为哲学博士和福音神学研修班教师，但在第二卷中就已经自称哲学博士，尽管他在第一卷中就已经意识到，他在神学中所想做的一切，都只能是'这样的危险工作'"①。现代的新信仰取代了哲学与神学的旧信仰。

随着自然科学的发展，科学主义昌盛，强调科学至上，无所不能，是认识世界的唯一正确方式，是衡量其他一切知识的终极标准，将科学知识绝对化、特权化，成为真理的代名词。科学在改造哲学中确立了自身的支配地位，"哲学放弃第一科学和百科全书的诉求……哲学既不能拥有特殊的真理观，也不能拥有自己独有的方法和对象领域，甚至连一种属于自己的直观方式也不行"②，哲学必须向科学学习和靠拢，孔德的立场被此后的科学哲学推向极端，宗教批判愈发猛烈，认定宗教是反科学，科学与宗教无法共存，必然对撞冲突，殊死搏斗，并以科学战胜和驱逐宗教告终。

对罗素而言，"宗教是悖于事实的，而且……是有害的"③，"宗教是由于恐惧而发生的病症，是人类难以言说的苦难的根源"④，科学战胜宗教的意义在于科学驱逐了宗教引发的恐惧，令人类放弃诉诸想象与

---

① [德]卡尔·洛维特：《从黑格尔到尼采：19世纪思维中的革命性决裂》，李秋零译，生活·读书·新知三联书店2019年版，第446—447页。
② [德]于尔根·哈贝马斯：《后形而上学思想》，曹卫东、付德根译，译林出版社2001年版，第36—37页。
③ [英]罗素：《罗素文集》第11卷，徐奕春、胡溪、渔仁译，商务印书馆2012年版，第17页。
④ [英]罗素：《罗素文集》第11卷，余奕春、胡溪、渔仁译，商务印书馆2012年版，第39页。

虚构，转而仰赖自身力量改造尘世，使世界成为宜居之所。① 哲学并非简单地代替宗教，因为这会使哲学"沦为坏的形而上学"②。哲学必须彻底摒弃宗教的内在逻辑与运作机制。哲学与科学不会如宗教那般以恐惧为基础，走向残忍。在科学昌明时代，社会的理性与宽容前所未有；在宗教兴盛之时，社会的狂热与残忍登峰造极。斟酌前引罗素将宗教置于私人领域之言，可知其深意，即哲学与私人宗教不相关，哲学与公共宗教不相容。依罗素之见，"一切确切的知识……都属于科学，一切涉及确切知识之外的教条都属于神学"，哲学位于科学与神学之外，哲学相对于科学的合法性在于它关注思辨的心灵及其所感兴趣的问题，这是科学无法回答的问题，"而神学家们的信心百倍的答案，也已不再像它们在过去的世纪里那么令人信服了"③。神学预设了"上帝存在"等一系列不证自明的命题，"带来了一种武断的信念，说我们对于事实上我们是无知的事物具有知识，这样一来就对于宇宙产生了一种狂妄的傲慢"④。

20世纪经历了"语言学转向"（Linguistic Turn），逻辑实证主义进一步强调宗教命题不可作为明证性前提，必须得到明确的经验证实（verification），外在于物理宇宙的超自然实在必须可被观察，否则无效、无意义（nonsensical），甚至如卡尔纳普所言，纯属呓语。艾耶尔（A. J. Ayer）虽然态度相对弱化，但也指出"上帝存在"等超验的宗教命题本身无法被经验证实或证伪，因此无关乎意义；关于宗教经验的命

---

① 这种看法印证了澳大利亚著名学者彼得·哈里森的历史描述：从17世纪开始，在西方思想界，"宗教"的词义转变为对特定学说教义的认同，科学逐渐成为尘世拯救的手段（参见［澳］彼得·哈里森《圣经、新教与自然科学的兴起》，张卜天译，商务印书馆2018年版，第368页）。
② ［英］罗素：《罗素文集》第11卷，余奕春、胡溪、渔仁译，商务印书馆2012年版，第76页。
③ ［英］罗素：《西方哲学史》，何兆武、李约瑟译，商务出版社1982年版，第11页。
④ ［英］罗素：《西方哲学史》，何兆武、李约瑟译，商务出版社1982年版，第13页。

题属于心理学的范畴，不能等同于知识论命题。① 逻辑实证主义自称旨在治疗而非繁殖此类疯狂、无意义的论断，② 清除这类"幻影"③。哲学与宗教的不相容在此得以彰显。④

不相叠、不相关、不相容，分离的旧章在高潮处落下帷幕，创变的新章奏响了低鸣的序曲，新的剧目开始了。

---

① Eugene Thomas Long, *Twentieth-Century Western Philosophy of Religion*, 1900-2000, Dordrecht: Kluwer, 2000, pp. 275-276.

② [美]查尔斯·塔列弗罗：《证据与信仰》，傅永军、铁省林译，山东人民出版社2011年版，第314—315页。

③ [美]韦廉士：《近代神学思潮》，周天和译，基督教文艺出版社1990年版，第27页。

④ 德国古典哲学美学终结后出现的哲学与宗教之分离乃世俗化的重要产物，而在世俗化研究中，神人关系乃核心议题之一，围绕这一议题，在20世纪前期存在着诸多回应德国古典哲学宗教观的思想进路，除了上文所述的卡尔·巴特式神人分立的立场，还有一条迥然不同的进路，那便是俄国思想家别尔嘉耶夫（Nicholas Berdyaev）的方案。别尔嘉耶夫从源自波墨（Jakob Böhme, 1575—1624）等人的"自由"概念来理解神人关系，对传统的宗教命题予以新释，并且对重思德国古典哲学美学的内在理论资源和历史传统，提供了启发价值，更对德国古典哲学美学之后的现代哲学与宗教分离问题给出了自己的回答。由于别尔嘉耶夫处于哲学与宗教、西方与东方之间，故而对中国思想而言，这一方案颇具启发意义，也受到唐君毅等不少中国现代思想家的关注和回应。参见陈龙《成神论的跨文化旅行——论唐君毅对别尔嘉耶夫的阐释》，《道风：基督教文化评论》2021年第55期，第235—270页。

后　　记

　　德国古典哲学美学自 19 世纪末传入中国，对中国现代思想影响深远。百余年的研究中，中国学人积累了自身的独特思想经验，融构了属己的理解视域和阐释框架，"西学在中国"演变为"中国的西学"。本书的撰写秉持这一精神，以中国视野审视西方思想，在中国学人理解的西方思想的构架中阐释，尊重历史原貌，厘清思想疑难，总结经验得失，展开平等对话，表达中国学人严肃的思想态度与学术立场，努力推动西学研究中国模式的开掘和马克思主义理论中国化的发展。

　　全书由三部分构成，以还原、批判与对话为纲，坚持马克思主义，立足中国，注重谱系追踪，回返德国古典哲学美学宗教观的历史现场，探究马克思主义宗教批判，并在 20 世纪思想语境中展开对话，实现文本、文献、文化的统一，从不同角度对德国古典哲学美学宗教观进行阐释。

　　上篇为"德国古典哲学美学宗教观还原性阐释"，共五章，依次由张政文（第一章）、徐贤樑（第二章）、黄钰洲（第三章）、陈龙（第四章）、郭孟悦（第五章）撰写，力图还原德国古典哲学美学宗教观的历史现场与思想真貌。

　　中篇为"德国古典哲学美学宗教观经典马克思主义批判性阐释"，共四章，依次由张政文（第一章）、徐贤樑（第二章）、黄钰洲（第三章）、陈龙（第四章）撰写，探究经典马克思主义对德国古典哲学美学宗教观的批判。

下篇"20 世纪西方德国古典哲学美学宗教观对话性阐释",共三章,依次由张政文(第一章)、徐贤樑(第二章)、陈龙(第三章)撰写,考察现代西方哲学的宗教批判和解构工作。

全书由主编张政文策划和审定,副主编袁宝龙和陈龙负责协调统筹,郭孟悦帮助整理了讨论录音。

作者识见有限,还望读者不吝指正。